時刻表が薄くなる日

上岡直見 著

緑風出版

はしがき

一九六四年一〇月に東海道新幹線が開業した。当時の『交通公社時刻表』はＢ６版（単行本サイズ）の判型で六八〇頁だった。そして日本は高度成長を迎え、日本の鉄道が最も活況を呈していた頃の時刻表一九六七年一〇月号から判型がＢ５版（週刊誌サイズ）に大型化して四九六頁となった。ページ数は減ったが判型が倍なので情報量は圧倒的に増えた。その後も次第に厚くなり、ＪＲ発足時点の一九八七年四月号は八七〇頁であった。さらに近年は一〇〇〇頁を超えることもあった。しかし近い将来、時刻表は薄くなるだろう。新幹線と大都市周辺の通勤路線しか残らないからだ。

筆者が初めて鉄道関連の本を執筆したのは一九八八年の『ＪＲって何だ!?』[1]である。当時はＪＲ発足直後で期待と不安が入り混じる混沌とした情勢であったが、最も懸念したのは「民営」の体制で全国的な鉄道ネットワークが維持されるのかという点であった。同書では二一世紀のＪＲ路線網として、大都市圏の通勤路線の他には、新幹線とそれに沿ったいくつかの主要都市間の在来幹線が残るのみという悲観的な未来図を載せた。それはおよそ明治二十年代の鉄道ネットワークの姿である。

また「ＪＲ残って線路残らず」という項がある。ＪＲの名称を冠していても本業の鉄道は最低限に縮小し、不動産業などを軸にする企業に変質する予測である。これはまさに現在のＪＲ各社の姿である。当時、分割民営を推進した自民党は、国民の懸念に対して「ローカル線（特定地方交通線以外）もなくなりません」とする意見広告を全国の新聞に掲載した。それから三十数年間、いくつかの路線廃止があったが辛うじてネットワークは維持されてきた。

しかしローカル線では、ＪＲ発足時点に比べると利用者数が半減以下、ときには十分の一に減少する厳しい情勢にあり、減便・利用者減少・さらに減便という負のサイクルを繰り返してきた。そこへ二〇二〇年初頭からＣＯＶＩＤ19の世界的蔓延という思わぬ事態が発生した。新型コロナは、二〇二三年には二類感染症から五類に分類変更など共存の動きもみられるものの終息には至らず、社会・経済への制約はなお続いている。なお五類への移行に伴い、公式名称が「コロナウイルス感染症２０１９」とされたが、煩雑なので本書では特記以外は「コロナ」と表記する。日本では法的強制力を伴う外出規制は実施されなかったが、戦時中を除けば例をみない移動自粛が呼びかけられた。鉄道はもとよりすべての公共交通利用者と経営体に大きな影響を及ぼし、ＪＲ各社の収益の柱であった新幹線や大都市圏の主要路線も大きな打撃を受けた。

こうした背景のもと、日本で初めて鉄道が運行された一八七二年から一五〇年にあたる二〇二二年に、ローカル線に関する危機的な動きが伝えられた。国土交通省は二〇二二年二月から「鉄道事業者と地域の協働による地域モビリティの刷新に関する検討会」[2]を開催し、同年七月には「地域の将来と利用者の視点に立ったローカル鉄道の在り方に関する提言～地域戦略の中でどう活かし、どう刷新するか～」（以下「提言」）を公表した。これに対応して二〇二三年二月には「地域公共交通の活性化及び再生に関する法律等の一部を改正する法律案（略称「地域公共交通活性化法改正法」）」が閣議決定された[3]。こ

図　将来の鉄道ネットワーク予想図

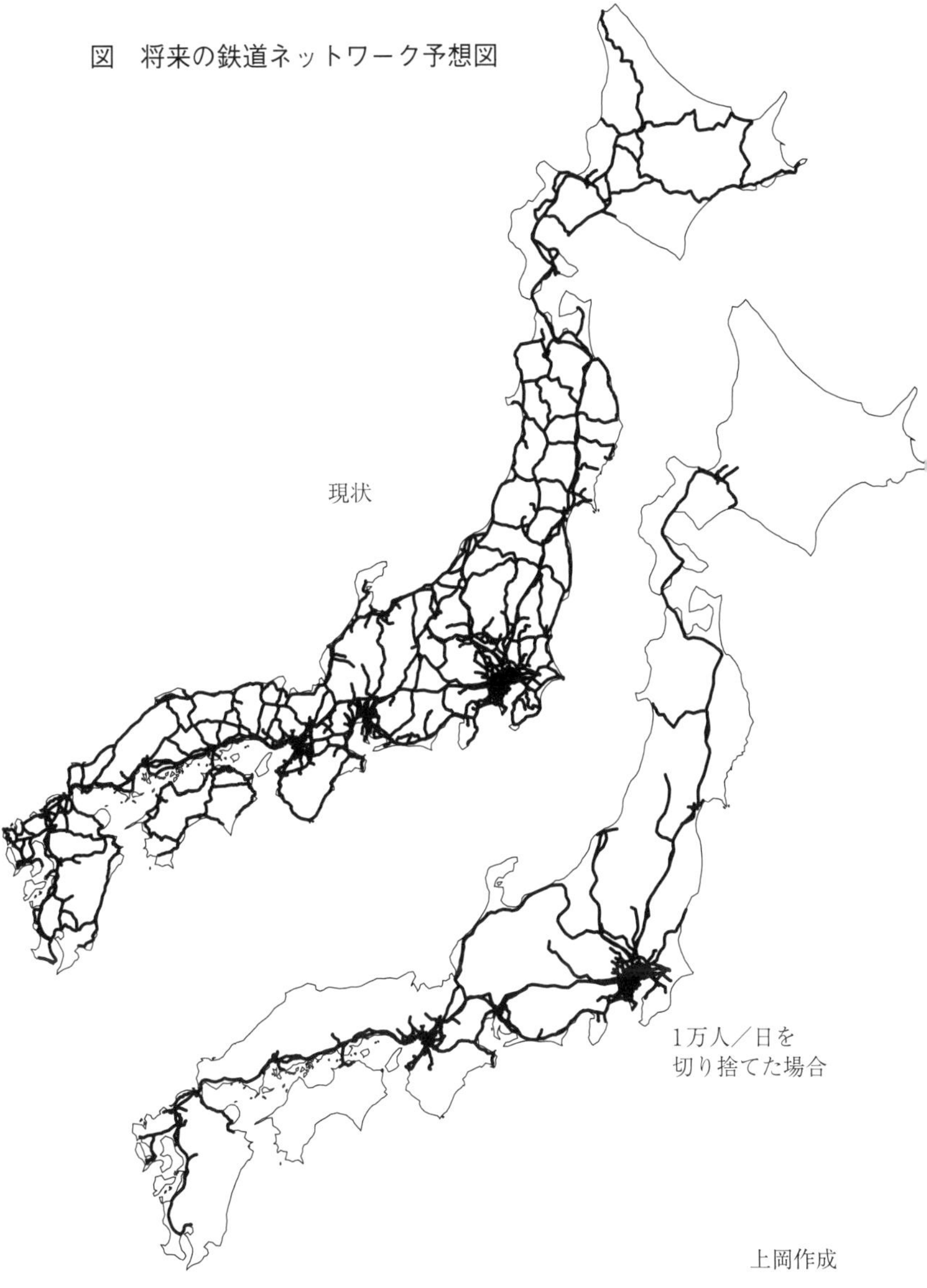

の中で輸送量の少ない鉄道線区については「交通手段再構築」として協議会を設置することとしている。法案通り可決・施行された場合、重大な影響が予想される。

鉄道路線の輸送状況をあらわす「平均通過数量」という指標がある。これは、ある区間を一日に何人の旅客が通過しているかの数値で「人／日」の単位であらわされる。一般に数千〜一万人／日前後が独立採算として成立する分岐点とされるが、もし一万人／日以下の線区を切り捨てたら日本の鉄道ネットワークはどうなるだろうか。図の上は現状、図の下は一万人／日以下を切り捨てた状態である。実は新幹線でも一万人／日を割る区間が存在し、これを除くと新幹線も小間切れになるが、さすがに新幹線は政策的に残すだろう。リニア中央新幹線は名古屋まで開業したものとする。

このような動きは、将来的な人口減少などを考えればいずれ直面する問題であって、コロナによって時期が早まったにすぎないともいえる。もしこのまま趨勢に任せれば「時刻表が薄くなる日」は現実化する。「車が使えれば公共交通は不要」と考える人も多いだろうが、高齢者の運転による人身事故、店舗突入、逆走などが毎日のように伝えられ、免許返納が奨励されている。一方で鉄道に限らずバス・タクシーを含めて地域の公共交通は総じて弱体であり将来の持続性も疑わしく、車の代替として日常の必需的な交通に応じられる状態ではない。筆者は最近の鉄道に関して『鉄道は誰のものか（二〇一六年）』『JRに未来はあるか（二〇一七年）』（いずれも緑風出版）等を執筆し、現代の鉄道問題について論じてきた。『鉄道は誰のものか』では主として都市鉄道の混雑現象を取り上げ「人を大切にしない日本の鉄道」というテーマを論じた。次いで『JRに未来はあるか』では旧国鉄の分割・民営後三〇年の評価を主なテーマとした。次いでコロナと交通への影響に関して『新型コロナ禍の交通

（二〇二〇年）』（緑風出版）で論じている。

日本でいう「公共交通」は「乗り合わせ」を意味するだけで、「公共」的に経営されていない。[4]伊東尋志（元えちぜん鉄道専務）は「米国の姿はモータリゼーションの最終地点であり、『民間鉄道会社』が存在しなくなった社会であるが、地域主体の『公共交通』が維持され、交通網整備と都市開発が総合して計画、実行されている」[5]と述べている。日本でもモータリゼーションが極限まで進行すれば鉄道はじめ「民営」の公共交通事業者が存在しなくなる可能性があるが、そのとき本来の「公共交通」が整備されていなければ、公共交通手段がほとんど存在しない社会となる。

国鉄の分割民営が決まったとき、終始これに懐疑的だった鉄道ジャーナリストの種村直樹は「これで日本が将来戦争をする気のないらしい点だけは安心だ」と感想を述べている。しかし最近の情勢は異なる。中国の軍事的脅威や、二〇二二年初頭からのロシア・ウクライナ戦争を背景に軍備増強論が高まっている。国交省の「今後の鉄道物流のあり方に関する検討会」では防衛省から「自衛隊における鉄道輸送」との資料が提出された。三十数年のタイムラグの後、鉄道にかかわるさまざまな問題が新たな局面を迎えている。

本書の構成

第1章では、JR発足以後三十数年間に全国の鉄道の状況がどのように推移してきたか、また新型コロナの影響を蒙った鉄道ネットワークが危機に瀕している現状を検討する。

第2章では、鉄道が人と社会に対してどのような価値を有しているか、ことに地域交通の観点を主に検討する。ローカル線問題に対しては、しばしば「郷愁でローカル線は残らない」との言説がみられるが、そのような制約を設ける正当な根拠が説明されたことはない。それは最初から「廃止ありき」の議論であり、鉄道の社会的な価値を故意に低く評価する議論である。

第3章では、鉄道の「お客さま」とはいったい誰なのか、利用者は果たして「お客さま」に位置づけられているのかを検討する。近年のＪＲ各社のサービスレベルは、鉄道好きの筆者でさえ「できるだけ乗らないでほしいと思っているのか」と感じるほど低下している。その根本として鉄道と社会の接点である「駅」の重要性について検討する。

第4章では、鉄道は「人」で動いていること、機械は決して人の代替にはならないことを指摘する。

第5章では、鉄道に乗ってもらうにはどのような要素を改善すべきなのか、また昨今注目されるＭａａＳ《マーズ》（Mobikity as a Service、車以外のすべての移動手段を一連のサービスとして捉え、情報提供・予約・決済などまで一貫して行うシステム）は公共交通の活用に有益なのかを検討する。

第6章では「輸送量が少なければバスのほうが持続性がある」という転換促進論の誤りを指摘する。バス転換するとさらに利用者が減ってバスも廃止された事例が多い。バス転換論は公共交通全廃への過程に過ぎず、ＢＲＴ（Bus Rapid Transit. バス専用道などを整備し、定時性・時間短縮などを改善するバスシステム）や自動運転にも期待できない。

第7章では、近年注目されるＳＤＧｓを取り上げるが、環境の観点から鉄道の利用を推奨する議論の注意点を指摘する。また「SDGsウオッシュ」すなわち実態がないのに見かけだけSDGsを標榜する事例が多々みられるが、交通分野でのSDGsはほとんど「ウオッシュ」である。

第8章では、有事の輸送に鉄道を活用する動きとその現実性、鉄道貨物の特性と活用などに触れる。

第9章ではリニア中央新幹線を取り上げる。すでに多くの論者から問題点の指摘があり拙著でも過去に言及しているが、最近の情勢から新しい内容を補足する。大深度地下工事の危険性、際限なき事業費の膨張、工期の遅延から事業そのものがますます危機的な状況に陥っていることを指摘する。またリニア中央新幹線は東京〜名古屋〜大阪の直結を目的としてJR東海も中間駅を邪魔者扱いしているにもかかわらず、中間駅の活用として後付けで水増しの想定に基づく無責任な計画が推進されていることを指摘する。第10章では、ここまでの検討をもとに、鉄道ネットワークを守るための適切な評価や財源を提案する。また前述の「地域公共交通活性化法改正法」に対する評価を述べる。なお本書全体に深刻なテーマが多いが、筆者の体験から旅行記風のコラムも掲載したので気分転換に読んでいただければ幸いである。

用語と資料

個別の議論において「地域（公共）交通」「地方鉄道」「ローカル線」「地方交通線」等の異なった用語が使用され、その経営形態もJR・民鉄・第三セクターなどさまざまである。また自動車に関する用語でも「車」「クルマ」「マイカー」「自動車」などさまざまな用語がみられる。物理的には乗用車だけでなくバス・貨物車・二輪車も自動車の一種であるが、公的統計でも統一されておらず「自動車」を「マイカー」の意味で使用したり、逆にタクシーを「（車両としての）乗用車」と表記する場合もある。本書全体としてこれらの用語の統一は難しいので、必要に応じて説明を付した上で記述する。

本書では多くの先行研究や資料を引用させていただいたが、各著者の所属・専攻等は執筆当時のものである。また引用に際して漢数字への変換や工学的な単位を片仮名書きにするなど体裁上の統一を施している。インターネット上の引用はＵＲＬを記したが、新聞・雑誌の記事は掲載期間限定があり、その他もリンク切れあるいは内容が削除・変更される場合があるのでご了解いただきたい。また交通関係の大規模な調査の多くは五年おき（西暦末尾が〇と五の年）に行われるが、コロナの影響による調査延期などによりデータとしてコロナ前までしか参照できない場合もあるのでご了解いただきたい。

注

1　上岡直見『『ＪＲって何だ!?　鉄道―未来への絆』草の根出版会、一九八八年。
2　国土交通省鉄道局「鉄道事業者と地域の協働による地域モビリティの刷新に関する検討会について」。https://www.mlit.go.jp/tetudo/tetudo_tk5_000011.html
3　国土交通省「「地域公共交通の活性化及び再生に関する法律等の一部を改正する法律案」を閣議決定～地域公共交通「リ・デザイン」（再構築）に向けて～」二〇二三年二月一〇日。https://www.mlit.go.jp/report/press/sogo12_hh_000292.html
4　大井尚司「地域鉄道が［地域］［公共交通］たりうるには―鉄道の［特別］性と地域のかかわり方に関する考察―」『運輸と経済』八一巻九号、二〇二一年九月、一五頁。
5　伊東尋志「会計・財政情報から見る第三セクター鉄道の存在意義―日本の第三セクター鉄道とアメリカの公営鉄道」『運輸と経済』七九巻二号、二〇一九年二月、五四頁。

目次

第1章　時刻表が薄くなる日

コロナの影響

二〇一九年末に発生したコロナの感染拡大により世界的に大きな影響が生じた。日本では二〇二〇年一月から感染者の報告が出始め、「緊急事態宣言」「蔓延防止等重点措置」などいくつかの措置が講じられたが、同年の「第一波」から、二〇二二年一〇月〜二三年にかけての「第八波」まで消長を繰り返し、本書執筆時点では最終的な終息はまだ予想できない。

日本では法的強制力を伴う外出規制は実施されなかったものの、戦時中を除けば例をみない移動自粛が強く呼びかけられた。加えて他者との接触・近接、いわゆる「三密」が発生しやすい公共交通が感染源になるとの不安から利用が敬遠され、利用者が大幅に減少した。これは鉄道はもとよりすべての公共交通利用者と経営体に大きな影響を及ぼした。二〇二二年末になり三年ぶりに行動制限のない年末年始など、公共交通の利用者は回復傾向にあるものの、コロナ前の水準には戻っていない。コロナ自体は将来のある時点で終息するとしても、公共交通の需要はコロナ前のレベルには戻らず八割前後の回復で均衡するのではないかという推測が大勢である。ただしこれは人口動態などからいずれ不可避の状況であり、コロナにより時期が早まったにすぎないと考えることもできる。

図1―1は一九七〇年以降、およびコロナの影響が最も強かった二〇二〇年の公共交通機関（バス・タクシー・鉄道・航空）による国内の一人あたり年間移動距離の推移を示す。二〇二〇年は前年と

図 1-1　旅客年間移動距離［km／人・年］

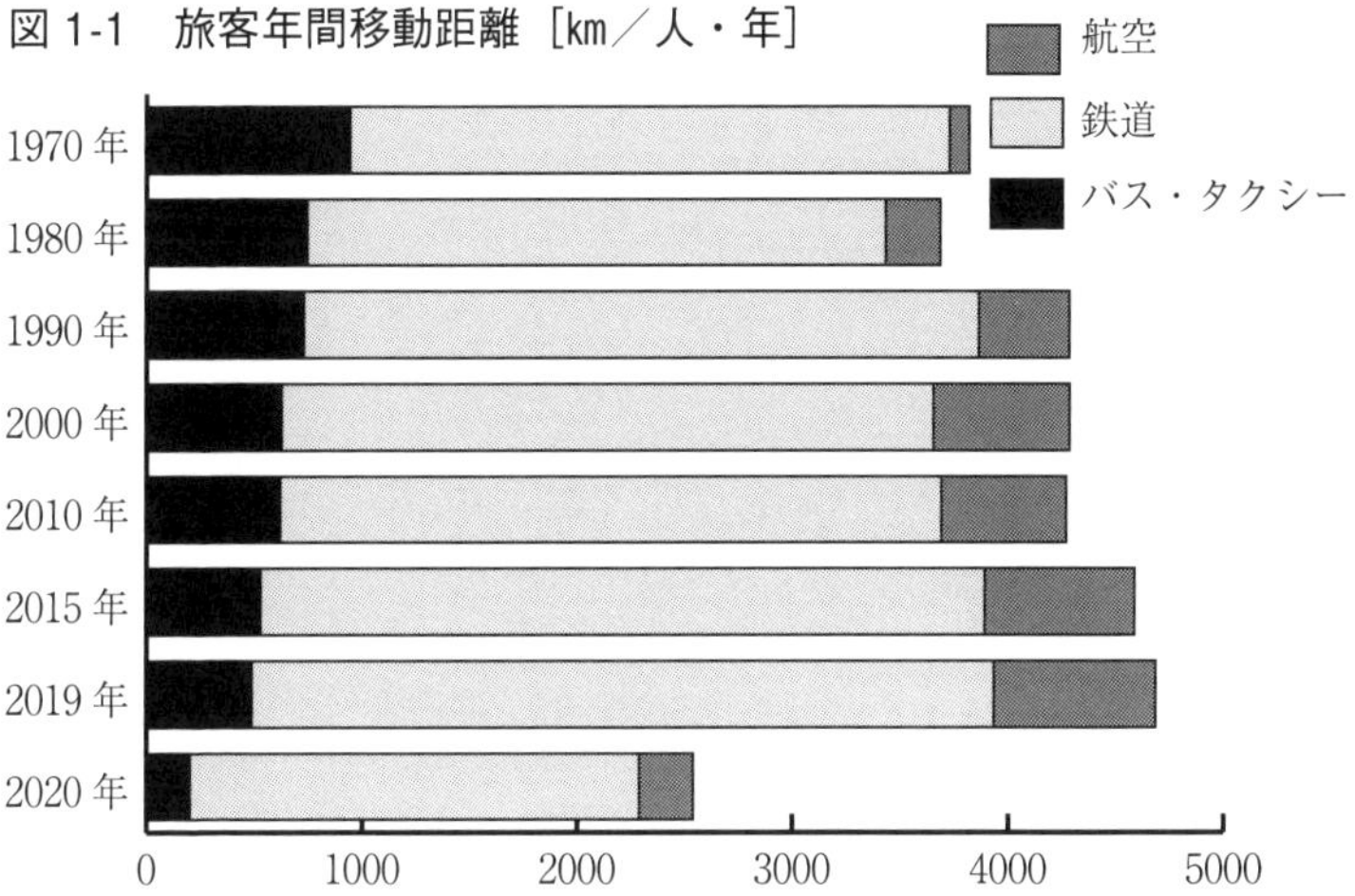

図 1-2　乗用車走行距離［台km／人・年］

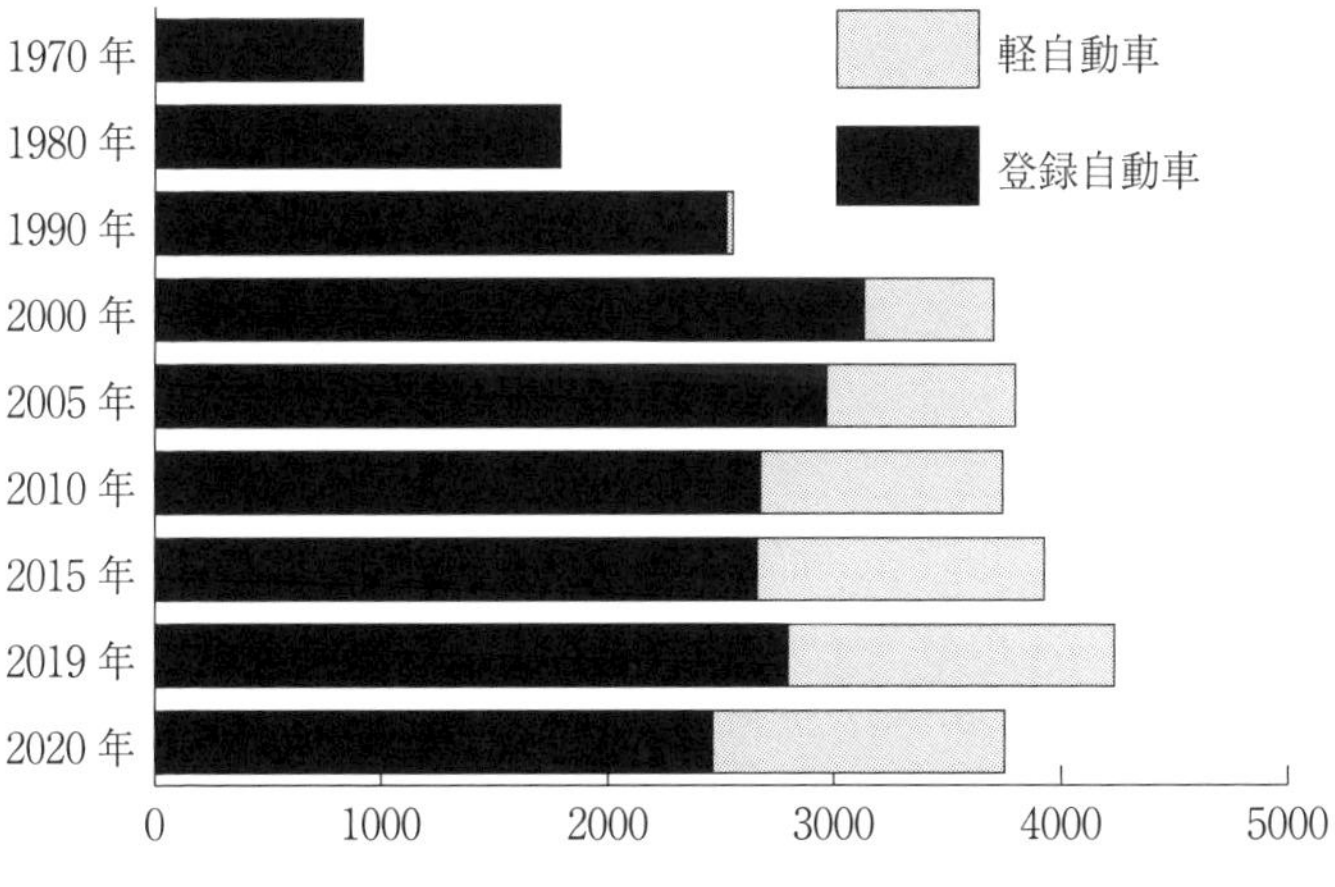

比較するとおおむね半減の影響がある。一方で図1―2は一人あたり乗用車走行距離（軽自動車・登録自動車の合計）の経年変化を示す。[1]二〇二〇年は前年と比較して落ち込みはあるが、二〇〇五～一〇年と同程度であり極端な変化ではなく、公共交通機関の変動に比べると影響が少ない。人の移動全体が激減したのではなく、公共交通機関による移動が避けられた影響が大きい。たしかに「自粛」により都道府県をまたぐ移動や観光旅行等は減少したが、日常の必需的な移動はコロナ下であってもそれほど削減できず、乗用車により担われたためと考えられる。また貨物に関しては、コロナによる輸送量の落ち込みはあるが旅客の変動ほど極端ではない（図示省略）。これは人々の生活や産業に必要な物流はコロナ下であっても削減できないことによるものと考えられる。なお表示を省略したが、国際旅客航空はほぼゼロ近くまで減少する打撃を受けた。国際貨物輸送は生活や産業に必需の輸送であり落ち込みは少なかったが、コンテナの不足など混乱が生じた。

全般的な輸送状況とともに「動き方」の変化はどうか。コロナを契機に人口の地方移転あるいは二点間居住のブームが起きたかのように伝えられたが、不動産関係者の報告によるとそれは錯覚であり、実際に不動産の市場構造が大きく変わるほどの変化はない。[2]また交通事業者で他の分野を兼業している企業の経営業況をみると、ホテル・レジャー関係の落ち込みが大きいことは当然として、不動産関連の売上げはほとんど変化していない。[3]日本のあらゆる分野のビジネスモデル、ひいては社会のあり方そのものが「三密」を前提に構成されている背景を考慮すれば、根本的な方向転換は考えにくい。政府は地方移住支援金の増額など移住を促進しようとしているが、実際はむしろ都心回帰が進んでいる。[4]またJR東海の収益の主力である東海道新幹線もコロナで大きな打撃を受けたにもかかわらず、リニア中央新幹線の建設は続行されている。リニア新幹線は「スーパー・メガリージョン」と称される東京圏・名古屋圏・大阪圏の一体化をコンセプトとしており、人口の地方移転とは全く方向を異にする概念である。今後も一極集中の流れは継続すると思われる。

一方で、リモートでなく実際に移動して人と会うことの重要性は今後も変わらない。大都市圏の公共交通では他人と交錯したり迷惑行為に遭遇するなど、負の印象を抱く人が少なくない。あるいはコロナにより、できるだけ移動せず人と接触しないライフスタイルが求められる風潮もあったが、それでも人と会うことの重要性を否定する理由にはならない。原武史（政治思想史・近現代史）は「誤配」の価値を指摘している。誤配とは、移動の途中で予想外のものに出くわす、予期せぬ人々とコミュニケーションすることである。それはクルーズトレインのような閉鎖的な列車の旅ではなく、まして自動車ではなく、ごく普通の列車の旅で得られる価値であるという。[5]

スイスのダボスで世界経済フォーラム（ＷＥＦ）の五三回目の年次総会（ダボス会議）が開催され、気候変動を抑えるための生活スタイルなどが議論された。[6] そこで興味深い点は、主催者の一人は「難しいテーマは、現在の技術だとオンラインでは率直な議論がしづらい」として対面の会議を重視すると述べている。また米国でＡＩや自動化ソフトウェアを開発する企業の幹部は対面の会議は「一度にたくさんの人に出会える機会だ」と発言している。こうした先進的なテーマを議論するにも、今なお実際に人が移動して会うことが重視されるのである。

公共施設などには、天皇・皇后ほか皇族の来訪を記念する写真等が飾ってある例をみかける。しかし二〇二二年以降、コロナの影響で皇族は外出を避け、天皇・皇后でも大半がリモート参加に切り替えられている。リモートなら奉送迎や警備体制が不要で楽だという関係者の本音も想像されるが、「お手植え」でなければ祭祀として意味がない植樹祭までリモートで行われた。宮内庁ではこれも「オンライン行幸啓」[7]だとして回数に加えているが、やはり本人がその場にいるかどうかで大きく価値が異なるのではないだろうか。

国の「かたち」が消える

一方で国の「かたち」が失われかねない危機が懸念される。日本で初めて鉄道が開業した一八七二年から一五〇年にあたる二〇二二年に、地方交通線に関する大きな動きがあった。国土交通省は二〇二二年二月から「鉄道事業者と地域の協働による地域モビリティの刷新に関する検討会」[8]を開催し、同年七月には「地域の将来と利用者の視点に立ったローカル鉄道の在り方に関する提言～地域戦略の中でどう活かし、どう刷新するか～」を公表した。続いて二〇二三年二月には「地域公共交通の活性化及び再生に関する法律等の一部を改正する法律案（略称「地域公共交通活性化法改正法」）」が閣議決定された[9]。法案の中で輸送量の少ない鉄道線区について「交通手段再構築」の協議会を設置することとしている。しかしどのような路線が対象であるかについて具体的な基準はなく「輸送需要の減少その他の事由により大量輸送機関としての鉄道の特性を生かした地域旅客運送サービスの持続可能な提供が困難な状況にある区間」との抽象的な記述にとどまっている。一方で地方公共団体あるいは鉄道事業者が協議会の組織を要請することができるとされているから、結果として鉄道事業者が不採算路線を任意に廃止できる道筋が設けられたともいえ、きわめて憂慮される事態である。その評価については第10章で再度触れる。

鉄道やバスの利用状況については、一日にある区間（断面）を何人が通過しているかを示す「平均通過数量」という指標が重要となる。「輸送密度」という呼び方もあるが同じものである。単位は「人／日」であらわされ、目安を示せば、在来線でJR東日本の山手線が一一〇万人／日（コロナ前・以下同様）、首都圏のJR・大手民鉄の主要路線が一〇万〜数十万人／日、地方主要都市圏の幹線が数万人／日、いわゆる「ローカル線」や中小民鉄が数千〜一万人／日程度である。JR三島会社（北海道・四国・九州）では約七〇〇〇人／日である。新幹線では、JR東海の東海道新幹線（東京〜新大阪）が二七万人／日、JR東日本の東北新幹線（東京〜大宮）が一〇万人／日などである。

参考までにEU圏では、平均通過数量が最も大きいオランダは約一万七〇〇〇人／日、EU圏全体平均では約五八〇〇人／日である。[10] すなわちEU圏の鉄道を全体平均でみれば、輸送状況はJR北海道・JR四国以下である。日本の鉄道の平均通過数量が例外的に高いのは「詰め込み輸送」の結果であり、高いほど望ましい指標ではない。旧国鉄に関しては一九八〇年の「国鉄再建法」[11]に基づく政令で、平均通過数量が四〇〇〇人／日未満の地方交通線についてバス転換・第三セクター化・民鉄譲渡など事業形態の転換が推奨された。

線区ごとに評価した場合、JR・民鉄・三セクなど経営形態により基準の相違があり、大きな事業者の場合は管理費や固定費をどのように配分するか等の相違もあり、必ずしも統一した基準が設けら

図1-3　鉄道駅が存在する市区町村

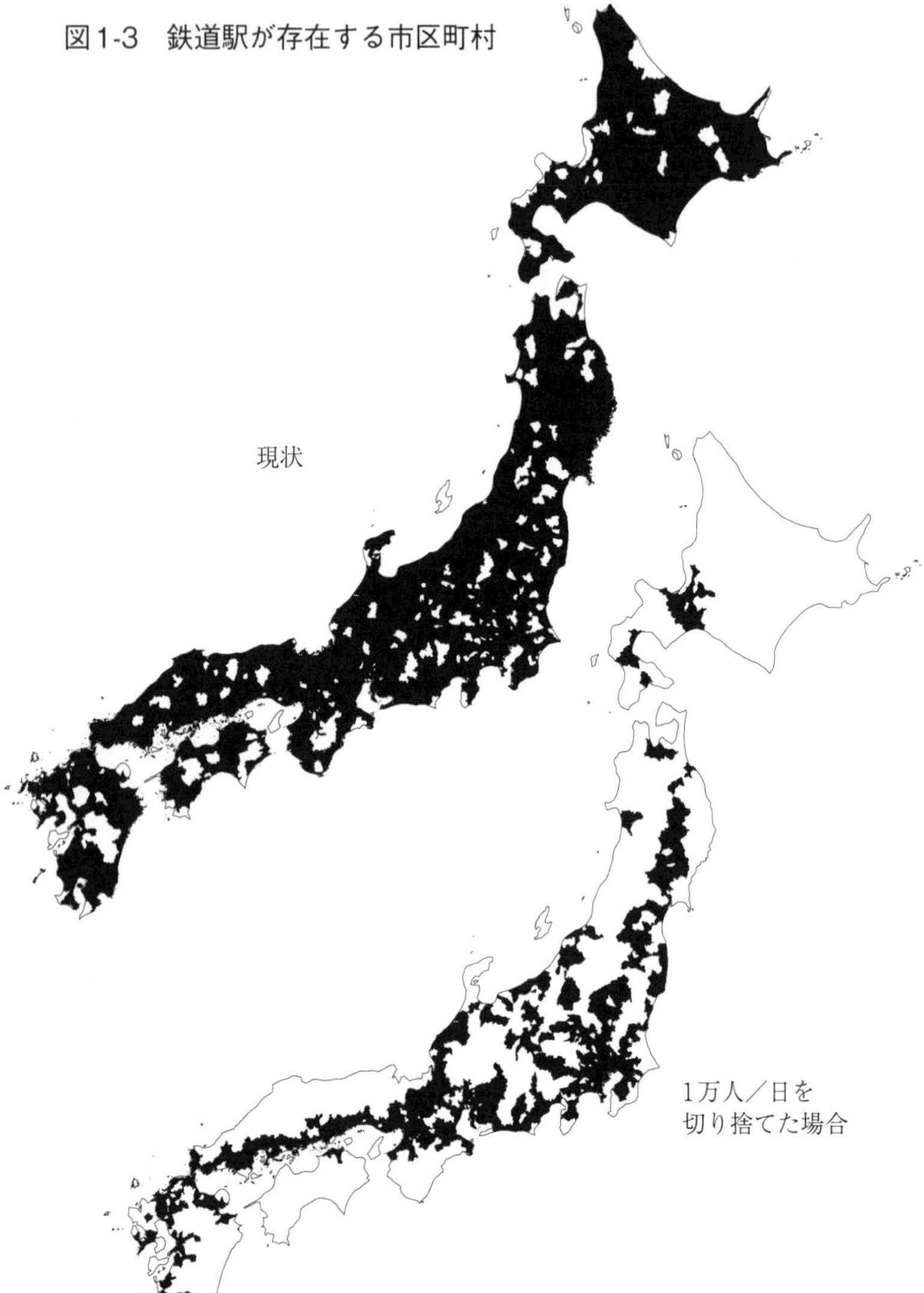

上岡作成

れないが、おおむね数千〜一〇〇〇〇人／日前後が純粋な営利事業として成立する分岐点になるとされている。

それ以下の線区は、同一事業者内の他線区で得た収益による内部補助か、または何らかの外部からの関与によって運営されている。平均通過数量が少ない線区では、JR発足時と比べるとコロナ前から年々利用者が減少し、半減から極端な場合には数分の一となっていた線区が多い。そこへコロナの影響により、特に二〇二〇年には新幹線・在来線を問わずすべての線区で平均通過数量が前年から大きく減少し、地方交通線はさらに窮地に追い込まれることとなった。一面では、いずれ来るべき事態が時間を繰り上げて到来したともいえる。

分割民営直前の一九八五年には鉄道駅が存在する市町村は図1―3上の状態であった。当時でも必ずしも便利とはいえないローカル線も含まれているが、先人の努力により津々浦々に鉄道が通じ、ほぼ日本列島の形を描き出している。しかし今後、採算性だけで鉄道路線の存廃が決められた場合、かりに採算性が成立すると思われる平均通過数量一〇〇〇〇人／日で区切ると、鉄道駅が存在する市町村は図1―3下のようになる。日本列島の形は痩せ細り、分断された地域が点在するだけになる。二〇二二年からのウクライナ戦争を契機に防衛に関する議論が高まっているが、「かたち」の失われた国を守ろうとする国民がいるだろうか。

なお沖縄県は図示していないが、二〇〇三年八月に「沖縄都市モノレール」が開業して戦後初めて鉄軌道系交通が登場した。さらに那覇〜名護間に鉄軌道を新設する計画[12]があり本土とは異なった動きを見せている。

鉄道は「赤字」なのか?

それでは新幹線を除く鉄道は不採算事業なのだろうか。全くそのようなことはない。図1―4は鉄道統計年報[13]より全国の鉄軌道事業者の「鉄道業収益」と「鉄道業営業費」のコロナ前の二〇一九年度の値を示す。JR北海道・四国とJR貨物は赤字ではあるがJR他社に比べると経営規模は桁ちがいに小さく、したがって損益額もJR全体の中では小さい。一方で全国の鉄軌道事業者の鉄道業収益と鉄道業営業費を総合計（JR貨物を除く、以下同様）すれば一兆三五一三億円の営業黒字であり、JRグループとして総合計すれば九二六七億円の営業黒字である。

コロナの影響については、収益が直接影響を受けるのに対して、営業費は同じ列車を運行していれば節減は難しい。コロナが終息した時点での収益予測はまだ不確定であるが、鉄道の輸送需要はコロナ前の二割減少程度で均衡するという見方が大勢である。そこで収益が二割減に対して営業費は同じとしてコロナ終息後の収支を予測すると、全国の鉄軌道事業者の収益を総合計すれば三二一八億円の営業黒字、JRグループの総合計は三二一八億円の営業黒字である。日本の鉄道を全体として、あるいはJRだけでも統合して「日本鉄道ホールディングス」といった企業形態にすれば、コロナの影響を考慮しても大幅な黒字である。

図1―5左はJR東日本、右はJR西日本について、路線ごとに営業収入と営業費用を比較したも

図1-4　国内の鉄道事業者の収益構造

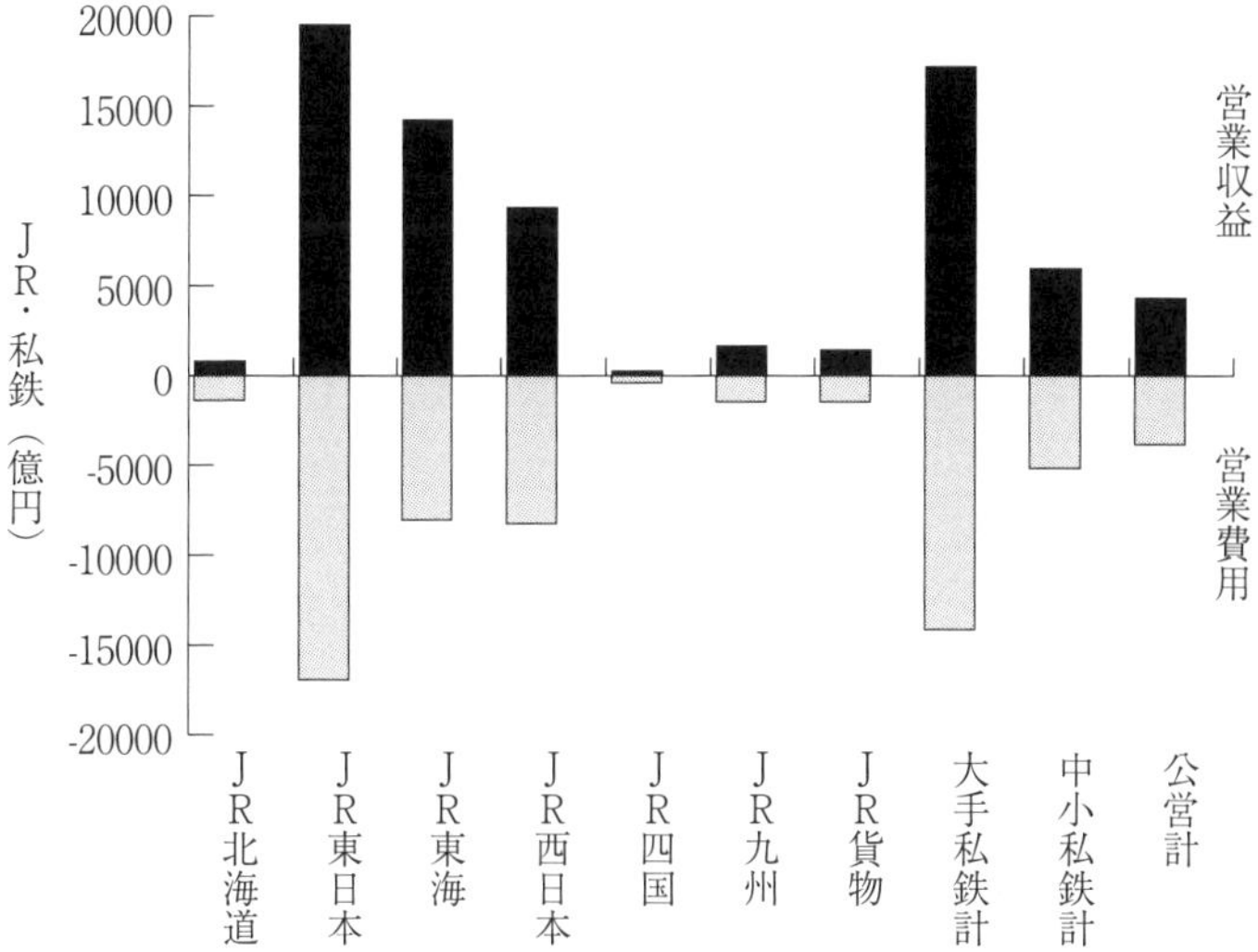

図1-5　JR東日本・西日本の線区ごとの収益

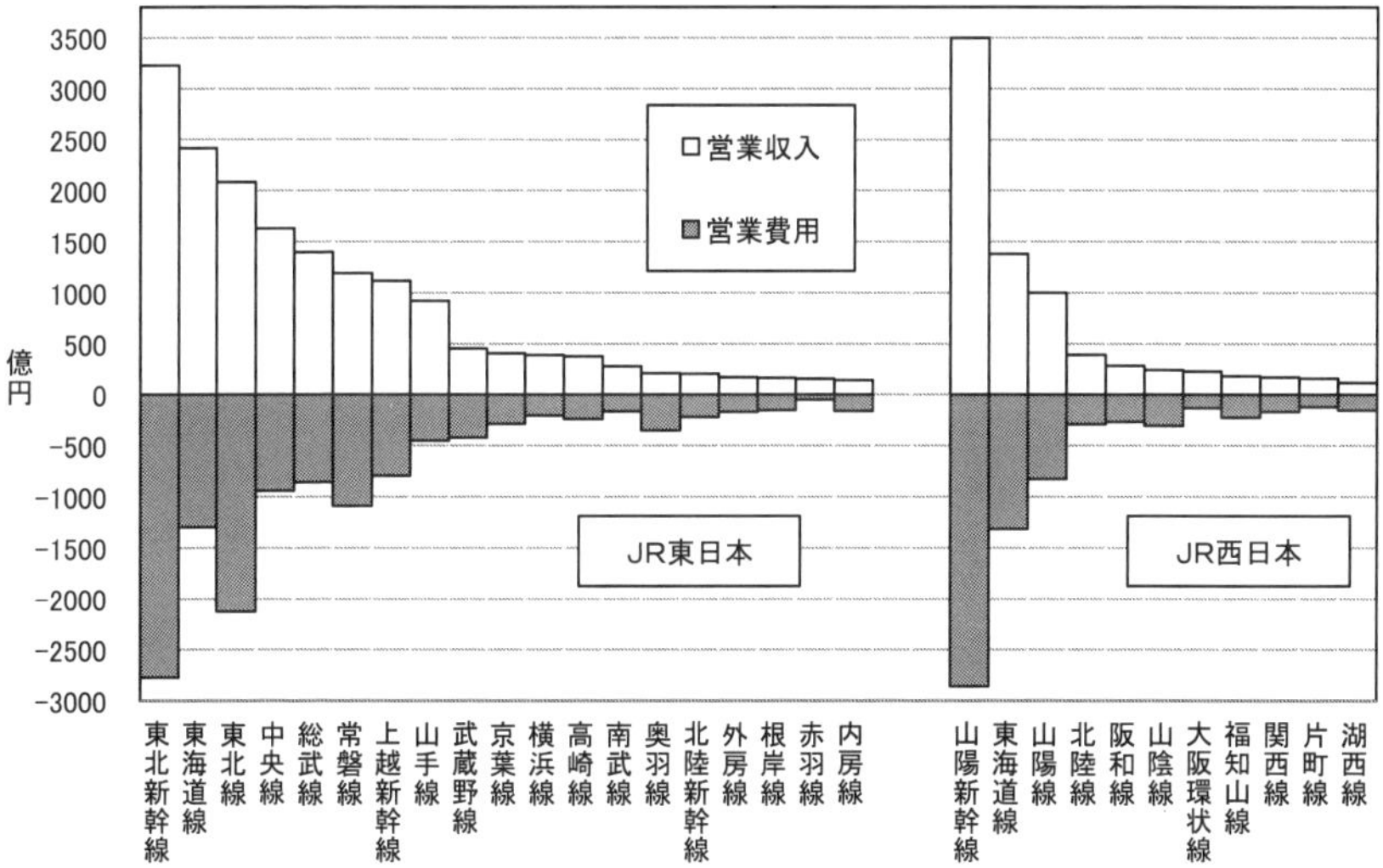

のである。元のデータは中嶋茂夫（鉄道ジャーナリスト）による二〇一二年の推計[14]による。残念ながら全国の路線・区間ごとの営業損益を統一的な基準で網羅的に整理した公開データはない。ただしコロナ前までの二〇一九年までは輸送状況・経済状況は大きく変化していないことから全体的な傾向をみるには差し支えないと判断した。グラフの上から下を引いた差が営業収益であり、それがプラスなら線区として黒字、マイナスなら赤字と評価される。JR東日本では上位一〇路線、JR西日本では上位五路線程度で収入も費用も大半を占め、それ以降は図にほとんど現れない程度の路線が並ぶ（JR東日本・五一路線、JR西日本・四〇路線）だけなので表示を省略している。すなわち主要線区以外は収益も費用も全体に占める影響は少なく、全体に大きな影響は与えない。閑散線区は、今のサービスレベルのままならば無料にしてしまえばいいのではないか。

図1―6は同じデータを別の見方で集計したものであるが、JR旅客六社の収益構造、すなわち営業収益と営業費用を、路線の性格別すなわち「新幹線」「幹線」「地方交通線」の分類で集計した結果である。まず全体の規模ではJR東日本とJR東海が圧倒的に多くを占め、次いでJR西日本と、その他にJR北海道・JR四国・JR九州のいわゆる「三島会社」は桁ちがいに事業規模が小さく「二強四弱」ともいうべき構成である。そのうちJR東日本とJR東海は収益構造が極端に異なる。JR東日本は首都圏を中心とした在来線での収益が大きいが、JR東海は収益のほとんどを東海道新幹線が占める。

このほかJR各社の関連事業についても注目する必要がある。JR各社は関連事業の展開に力を入れている。二〇一六年に自社の鉄道ネットワークの半分を放棄することを示唆したJR北海道でさえ、札幌駅前に三八階建ての「ＪＲタワー」を建設した（二〇〇三年）。このような現状は、株主の評価を高めるかもしれないが「利用者の立場に立った交通機関」とはいえない。日本の若年人口・労働力人口が減少してゆく環境下で、営利事業として存続するためには関連事業を展開せざるをえない事情はあるが、逆にいえば本業の鉄道ではもはやサービスレベルを改善するインセンティブは失われている。

　鉄道事業者の収益について「赤字」「黒字」という評価は容易にはできない。新幹線は一見「黒字（北海道新幹線を除く）」ではあるが、建設費まで考慮した事業全体として

図1-6　ＪＲ各社ごとの収益構造の違い

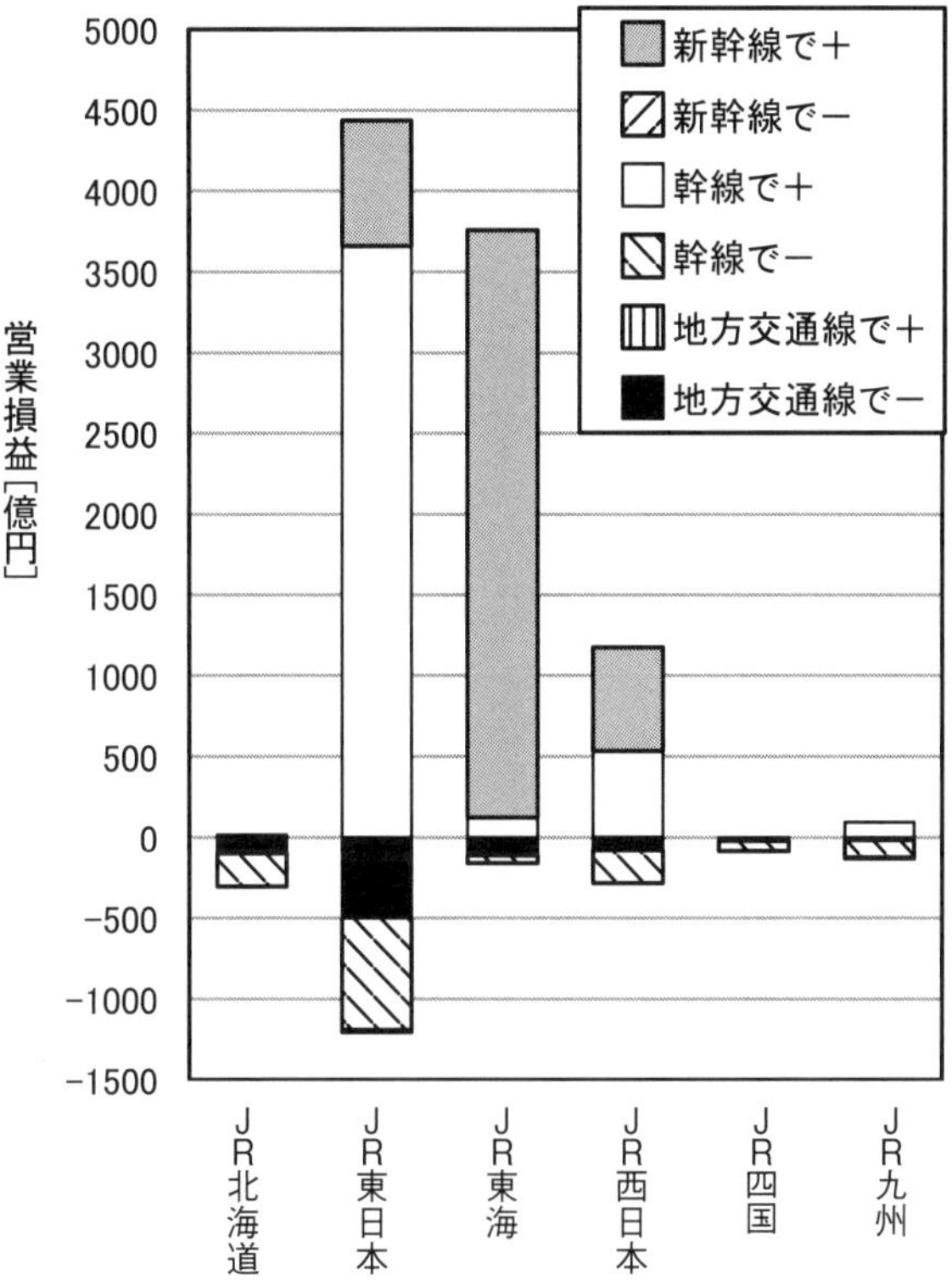

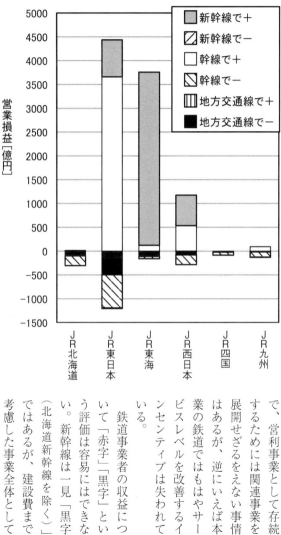

の意味で黒字なのは東海道新幹線のみである。それも東海道新幹線は戦前に計画された高速鉄道のためにかなりの用地取得がなされており、一部のトンネル工事等も戦前に着手されていた特殊条件がある。それ以降の山陽新幹線・東北新幹線（東京〜盛岡）・上越新幹線と、「整備新幹線」[15]に分類される北海道新幹線・東北新幹線（盛岡〜青森）・北陸新幹線・九州新幹線では、建設費まで経費に含めて収支を賄っている路線はない。整備新幹線は国費と沿線自治体の財源が投入され事実上の公設である。山形新幹線と秋田新幹線は在来線の改良扱いとなっており制度的には新幹線ではない。こうした経緯から「新幹線は収益性が高く在来線は非効率」といった短絡的な評価はできない。

このように計算上の基準が必ずしも統一できないが、中嶋のデータを基に全国のＪＲで収支が「赤字」の線区の赤字額を合計すると年間二一七〇億円となる。これに対して第９章でも触れるがＪＲ東海のリニア新幹線事業では、当初、東京〜名古屋間で五兆五〇〇〇億円とされていた事業費に対して、二〇二一年四月には一兆五〇〇〇億円の増額が発表され、見込額は七兆円に膨張した。[16]二〇二二年以降は建設資材やエネルギー価格の高騰から、さらに額が膨張すると思われる。また本来は民間企業としてのＪＲ東海の自主事業とされていたのに、二〇一六年八月には財政投融資（財投）による三兆円の融資が決定した。ただし財投は民間企業には適用できないため、法改正まで行って、いったん「鉄道建設・運輸施設整備支援機構」に資金を融資し、そこからＪＲ東海に再融資するという抜け道により行われている。

計画当初の需要予測はコロナの影響で完全に破綻しているし、各地で工事の遅れが発生しており名古屋まで二〇二七年とされていた開業の見通しは立っていない。また別の面では、道路事業と比較して鉄道ごとに在来線への投資は桁ちがいに少ない。[17] たとえば神奈川県内の十数kmの道路事業（圏央道）だけで一兆三六二〇億円の事業費が計上される。このように整合性を欠いた交通政策の下で鉄道ネットワークを崩壊に任せることは政策の重大な誤りであり、国民的な議論の対象とすべきである。

地域輸送の縮小

ローカル線の維持に関してＪＲ東日本の深沢祐二社長は、ローカル線の利用者減少について地方の人口減少を大きな要因として挙げ、鉄道会社が収益重視で便数を減らしたことが利用者減少の原因とする批判は的外れであり、沿線人口が減る中でサービス利便性をいくら改善しても、需要喚起には限界があると主張している。[18] しかし利用者の実感からすると正当な説明ではない。筆者は移動にはできるだけ鉄道を利用し、ローカル線も優先的に使っているが、ＪＲ各社ではコロナ前から全国的にダイヤ改正のたびに普通列車の減便など「乗ろうにも乗れない」状況が拡大している。駅の窓口の廃止や営業時間短縮、さらには無人化など、需要喚起どころか「できるだけ乗らないでほしい」と言わんばかりのサービスレベル低下がみられる。国鉄末期には赤字路線の廃止を正当化するためにあえて乗り継ぎの利便性を低下させる「いじわるダイヤ」が批判されたが、現在のＪＲでもそれと同じ現象が起きている。

利用者の増減が沿線人口の増減と相関が強いことは事実である。特にローカル線では、利用者数の多くを占める高校生の減少も影響が大きい。線区ごとの事情として新幹線の開業で旅客の流れが大きく変わった区間もある。しかしJR発足時と比較して、沿線人口あるいは高校生の減少率以上に利用者が大幅に減少しているとすれば、人口要因で仕方がないとは説明できない。一例を挙げると、JR東日本・花輪線（岩手県）ではJR発足後に増便が行われ一日に一四本（片道）が運行された時期もある。ところがダイヤ改正のたびに便数が減り二〇一〇年代には国鉄時代よりさらに不便になった。この結果、花輪線の利用者（正確には「平均通過数量」）は二〇一九年（コロナ前）でJR発足時から六七%低下している[19]。その一方で沿線人口も減ってはいるものの同期間で一七%の低下にとどまる。そこで国勢調査データ等を集計して、沿線人口の減少率と、JR東日本が公表している区間ごとの利用状況を全体的に比較してみた。

利用者数に影響を及ぼす基本的な要因として「沿線人口」「高校生（相当年齢）人口[20]」「従業者数」が考えられる。そこで一方でJR東日本の路線の中からいくつかのパターンとして、①典型的な地方ローカル線区として北上線・ほっとゆだ〜横手間、②新幹線と接続し観光資源が存在する線区として陸羽東線・最上〜新庄間、③東京駅から一〇〇km圏内にも存在するローカル線として内房線・君津〜館山間、④中小都市間の連絡線として米坂線・今泉〜小国間、⑤幹線系で現在も貨物列車の主要なルートでもある羽越線・酒田〜羽後本荘間、⑥観光路線として小海線・小淵沢〜小海間の六パターンについて平均通過数量の推移を比較してみた。一方で人口関連のデータは国勢調査のメッシュデータ（五〇〇mメッシュ）から得られる。すると図1—7のように、いずれのパターンでも「沿線人口」「高校生（相当年齢）人口」「従業者数」は減少しているが、その減少率以上に利用者数が減っている。最近

図1-7 地方線区の人口減少率等と利用者減少率の比較（2000年を1.0とする）

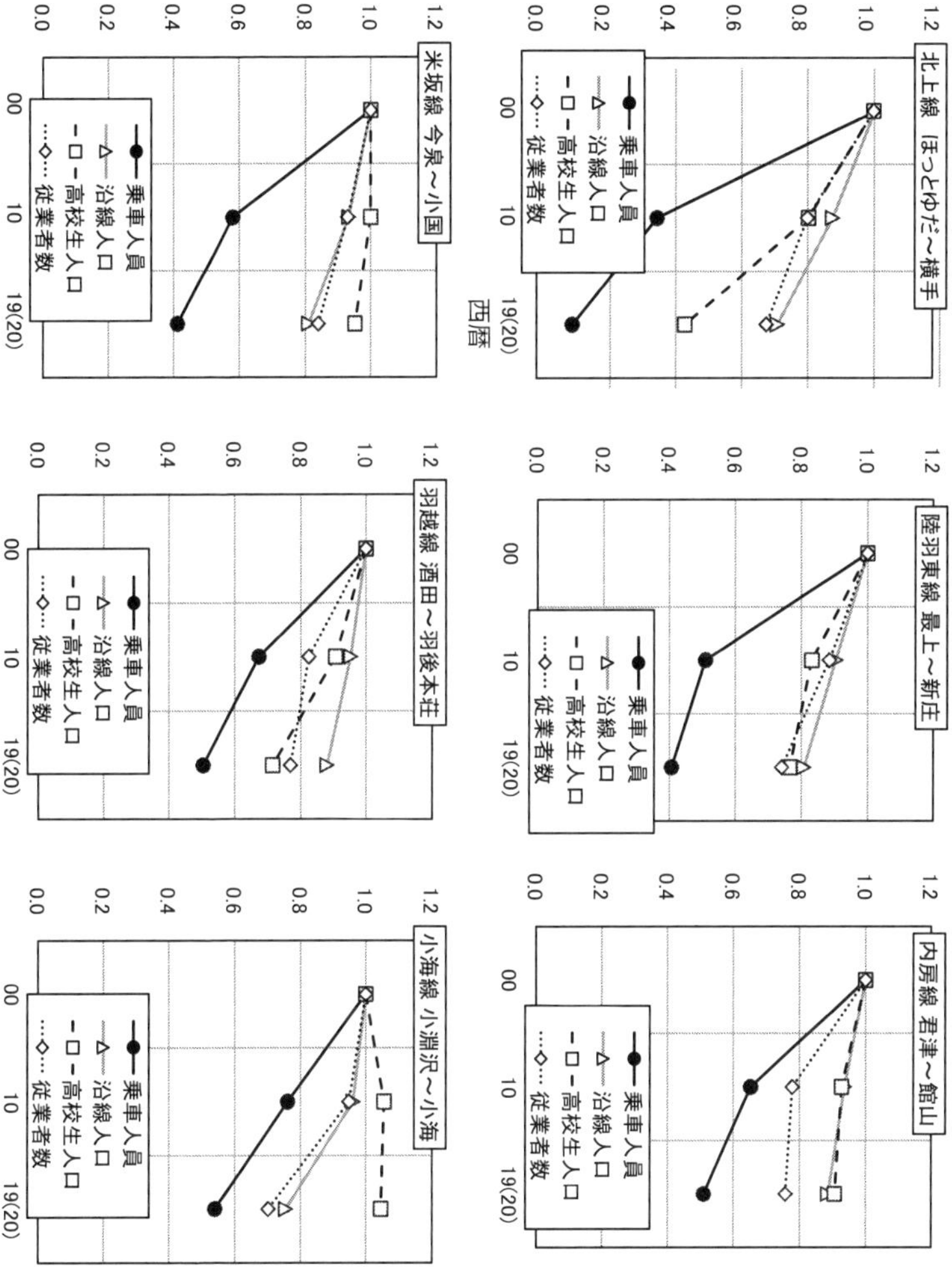

図1-8　平均通過数量と営業係数の比較

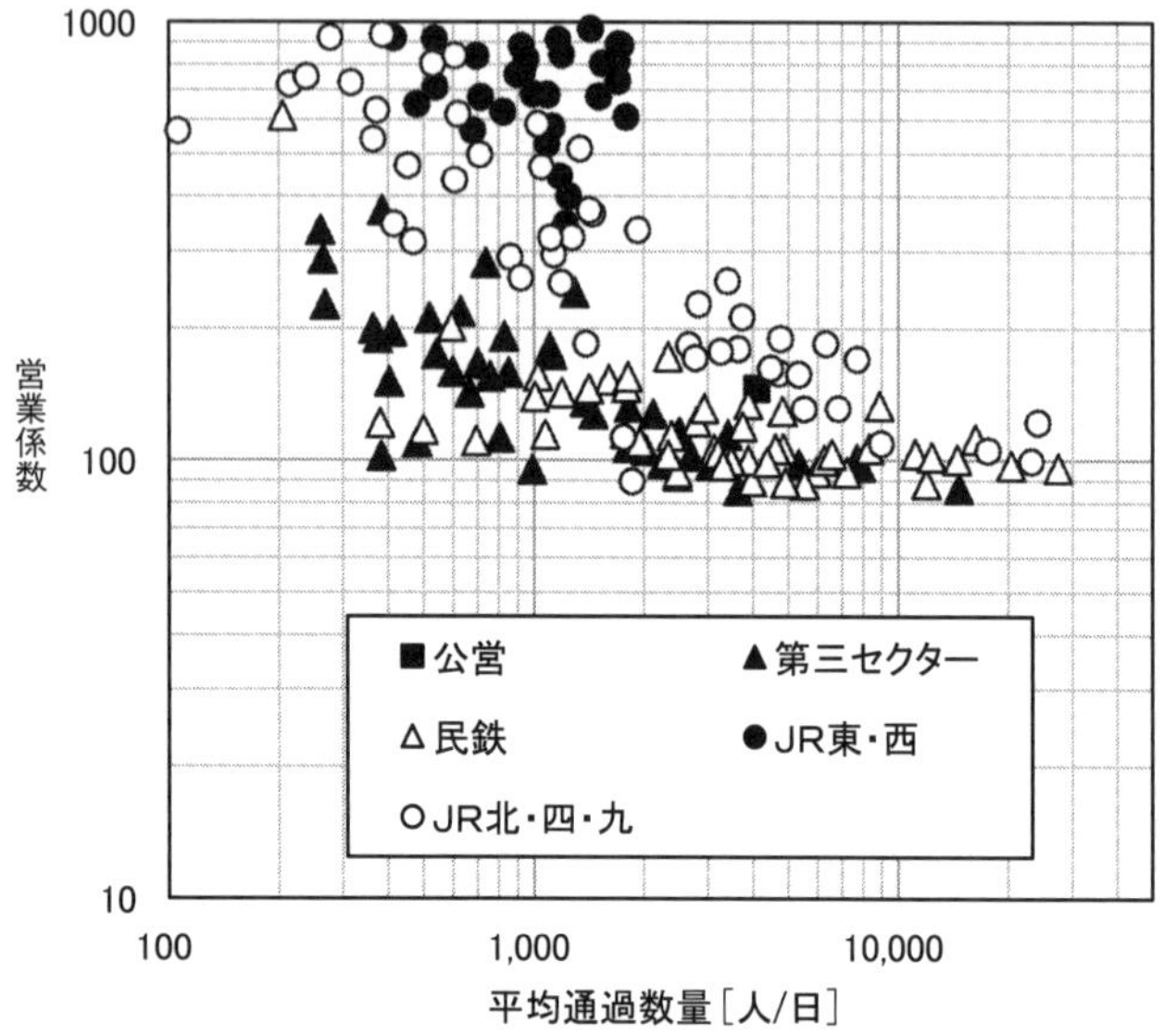

の研究では、大津賀柚花（富山大学大学院）らが運行本数などより詳細な要因を加えて検討している。JR・中小民鉄・第三セクターの計一四七区間について分析したところ、JRでは輸送密度が低下している区間が多いのに対して、中小民鉄・第三セクターでは増加している区間が多いと指摘している[21]。

一方でJRは地方線区で効率的な経営を行っているのかという疑問がある。鉄道は線区によって輸送規模（平均通過数量）が大きく異なるが、比較の一つとして「営業係数」の指標がある。これは一〇〇円の収益を挙げるのに何円の経費がかかるかの数値であり、数字が小さいほど経営状態が良好と評価される。これをJR東日本・西日本（●）、JR北海道・四国・九州（○）、民鉄（△）、第三セクター（▲）、公営（■）のグループごとに比較すると図1―8のようになる。なおJR東海は在来線の線区別営業係数を公開していないのでデータからは除いた。全体として平均通過数量が大きいほど営業状態が良好（右下がり）となるのは当然であるが、前述のグループごとに特徴がみられる。同じ平均通過数量に対して、JRは民鉄と第三セクターより営業係数が大きい、すなわち同じ収益を挙げるのに経費が多くかかっていることを示す。またJRの中でも東日本・西日本（●）は北海道・四国・九州（○）より営業係数が大きい。これは線区別の存廃を論じる際に重要な論点となる。ただしいずれの事業者も、営業係数の算出にあたり具体的な内訳を公開していないので統一的な基準による比較ができない。これは今後の課題である。

都市間輸送の縮小

地域輸送だけでなく中長距離の都市間輸送でも不自然な経緯がみられる。図1―9は仙台～秋田間、図1―10は仙台～新潟間の交通手段別の移動量について、国土交通省の全国幹線旅客純流動調査[22]から、一九九〇年と二〇一五年について比較したものである。仙台～秋田間と、仙台～新潟間は、経済的・社会的・歴史的なつながりから人の動きは全体として減っていないにもかかわらず、鉄道の分担率が低下している。仙台～秋田間については、一九九〇年には存在しなかった秋田新幹線が一九九七年に開業しており、「仙台駅」と「秋田駅」の間では列車を選べば乗り換えなしに直達できる。それにも

図 1-9　仙台〜秋田間の移動

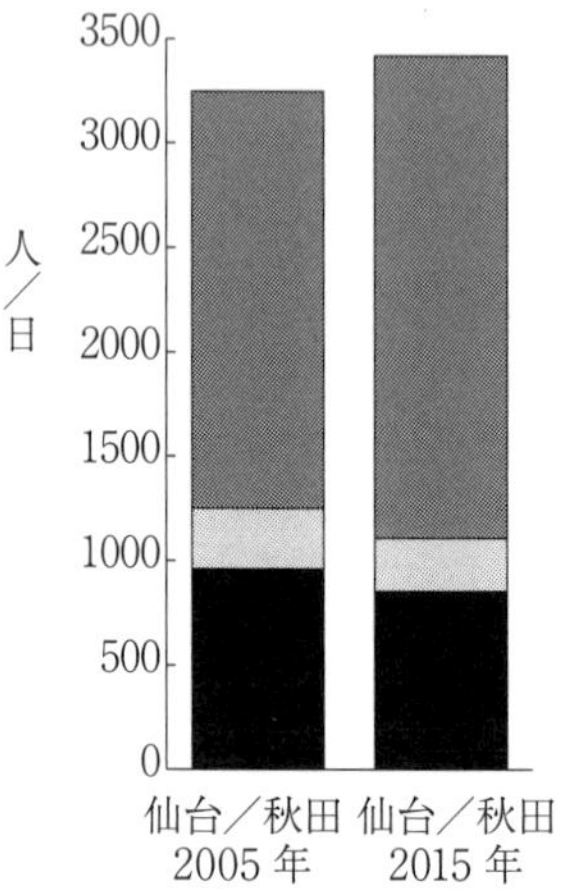

図 1-10　仙台〜新潟間の移動

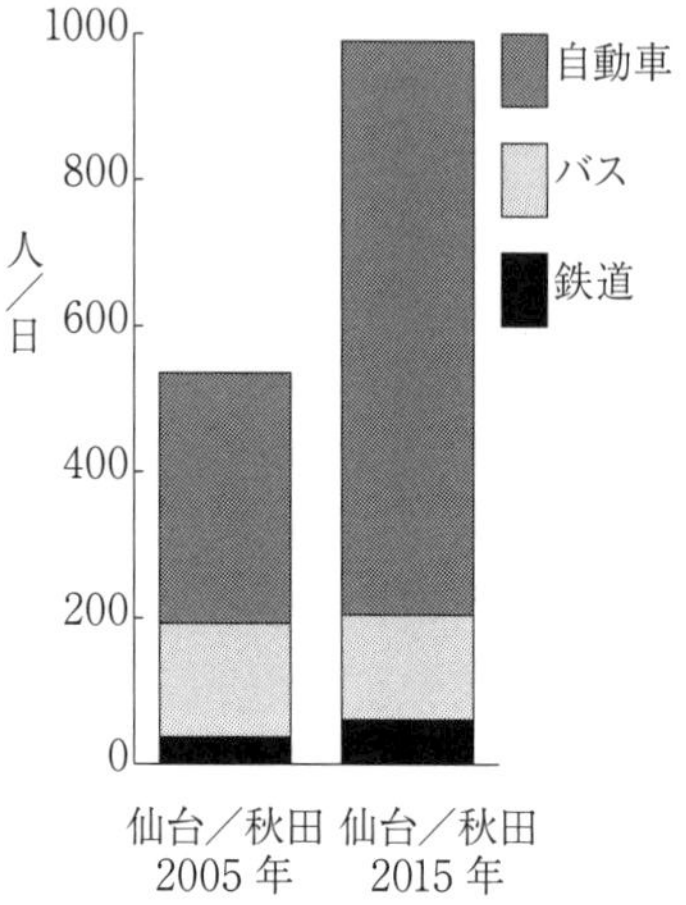

かかわらずこのような分担率低下はなぜだろうか。ＪＲ発足前、あるいはＪＲ発足後もしばらくは地方都市間を結ぶ急行列車が運行されていた。仙台駅から仙山線・奥羽本線・米坂線・羽越本線を経由して秋田まで運行される急行列車があり、途中でやはり他の都市同士を結ぶ急行と連結・分割を繰り返す巧妙な運行形態が組まれていた。結局、ＪＲはその発足に際して掲げられた理念とは逆に、都市間輸送についても消極的・縮小指向の運営を続けてきた結果として集客の機会をみずから放棄している。

一九八〇年代後半から活発化した分割民営に際して、自民党は当時の反対・懸念に対する公式見解として一九八六年五月に意見広告を新聞各紙に掲載した中で[23]「ブルートレインなど長距離列車もなくなりません」としている。しかし長距離列車の廃止は分割民営の枠組みに内在していた要因である。種村直樹は「もともと監理委は審議の途中

図1-11　新潟〜秋田間の利便性の低下

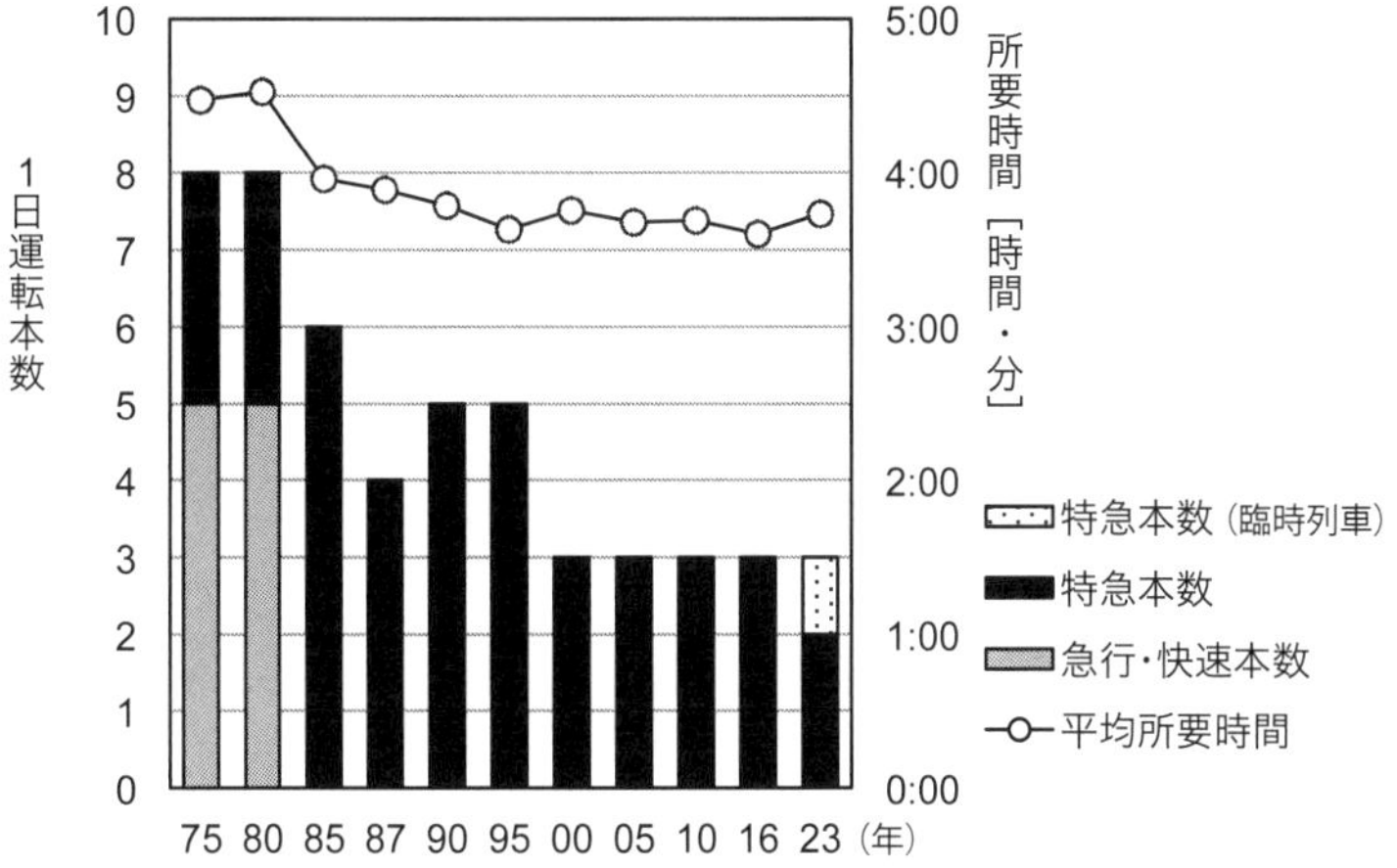

でも夜行長距離列車を非効率だと目の敵にしてきたようで、複数会社間直通列車の必要性を新幹線のほかは認めていないのではなかろうか[24]」と指摘している。

日本の交通政策は一貫して道路優先・鉄道軽視が続いてきた中で、全国に展開した新幹線ネットワークの効果は大きかった。その時間短縮効果は圧倒的であるが、新幹線はあくまで三大都市圏（特に東京）への中心指向である。たとえば山形駅から東京駅へ行く所要時間（二時間四六分）よりも、同じ東北内で山形駅から秋田駅への所要時間（三時間四六分）のほうがはるかに長くかかる。[25]この面での格差は近年むしろ拡大している。本州内の県庁所在地や主要な地方都市を結ぶ幹線あるいは主要な地方交通線においても、ＪＲ発足以後にサービスレベルが向上していない。列車の走行速度が遅くなったわけではないのに、本数の削減や乗り継ぎなどの利便性が低下しているためである。

図1―11は新潟市と秋田市を結ぶ特急（および以前の急行）列車の本数と所要時間を分割民営を挟んでおおむね五年おきに比較したものである。この区間は将来も新幹線が建設される可能性は乏しく、また両市とも空港はあるが相互の航空便は設定されていない。高速バスでは直通便はなく仙台経由となるので現実的でない。すなわち将来とも都市間の公共交通としては鉄道が担うと考えられる。しかしながら分割民営にかけて本数が半減し、JR移行後に一本増えたもののその後はまた削減され現在に至っている。

鉄道による所要時間の変化をみると、全体として東京を起点とした各都道府県所在地への所要時間は短縮されており、これは新幹線の効果によるものと考えられる。一方で県庁所在地相互間の所要時間は短縮されていないか、あるいは増加しているケースもあり、地域間輸送のサービスレベルの低下が影響しているのではないか。二〇一七年三月のダイヤ改正では、二〇一六年三月にせっかく北海道新幹線が開業したにもかかわらず、函館～青森間において乗り継ぎの待ち時間も合計した最長所要時間が九分増加して二時間四〇分になり、乗り継ぎ駅での待ち時間が一時間を超えるケースもあると報じられた[26]。

両駅間の所要時間は新幹線と在来線の接続の悪さなどから全体の七割のケースで開業前より増加し利便性が低下することになった。リニア新幹線が開業しても、関連する在来線の線区ではこの弊害はますます深刻化するであろう。

「全国幹線旅客純流動調査[27]」によって全国の地域エリア間の手段別（鉄道・バス・航空・船舶・自家用車）の交通量で年間で一〇〇万人以上の人の往来があるルートで、鉄道の分担率が低い（二〇％以下）

ルートをリストアップすると全国で一九〇カ所ある。一例としては新潟と福島県の会津地方のように歴史的・文化的にも関係があり今も人の動きが多いルートで、鉄道路線（ＪＲ東日本・磐越西線）がありながら鉄道のサービスレベルが低くて利用が阻害されているケースがある。こうしたルートの運行頻度や乗継ぎの改善により、低廉な料金で乗れる急行列車を復活し快速・普通列車を充実したダイヤに転換すべきである。

　こうした改善はインフラ整備などの多額の投資を要さずに実施できる。もし鉄道の利用者を二割増加できればＪＲ全社で一三〇〇億円の増収の可能性がある。これは赤字のＪＲ北海道・四国・九州の欠損額の合計をはるかに超える額となる。

　現在このような輸送は高速（都市間）バスが担っており、輸送需要はあるのに、ＪＲ各社ともはじめから後ろ向きの戦略なき減量経営の結果として収入の機会を次々と放棄している。またルートによってはＪＲグループであるはずの各地域のＪＲバスが鉄道と競合する便を運行するなど、整合性に欠けた事例が随所にみられる。

　千葉好史らは、ＪＲ発足以後現在までの期間でスイスと日本を比較したところ、日本ではＪＲ発足から二〇〇五年頃までは利便性は大きく向上しているが、その後二〇二一年にかけては低下した区間が多いとしている。一方でスイスではどちらの期間においても多くの区間で改善している。また乗り継ぎによる損失時間はスイスでは小さいが、日本では改良は見られないとしている。[28] こうした経緯が、ＪＲの都市間輸送においてもシェアを大きく減らした要因となっているのではないか。改良工事により速度向上が可能ならば実施するに越したことはないが、乗り継ぎの改善など多大な設備投資を必要

図1-12　ネットワーク型

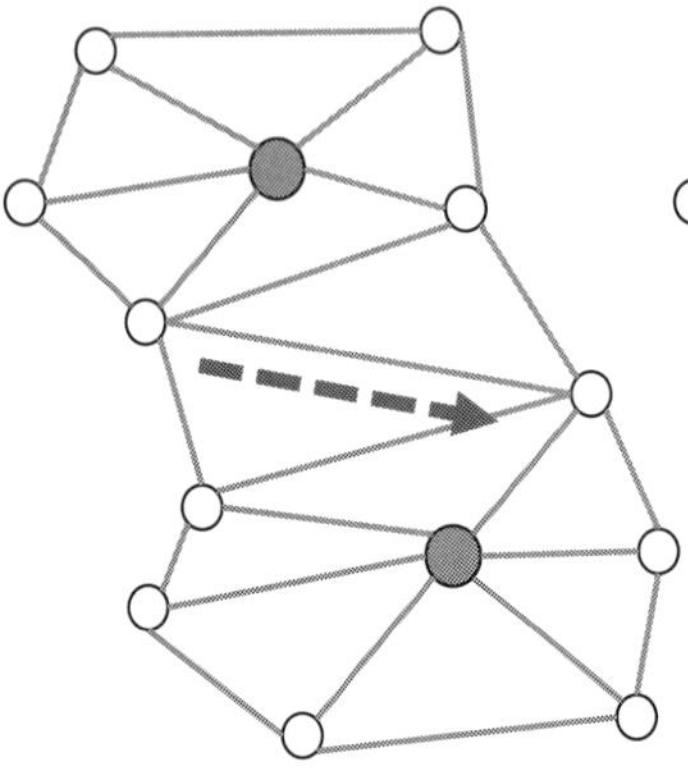

図1-13　ハブ&スポーク型

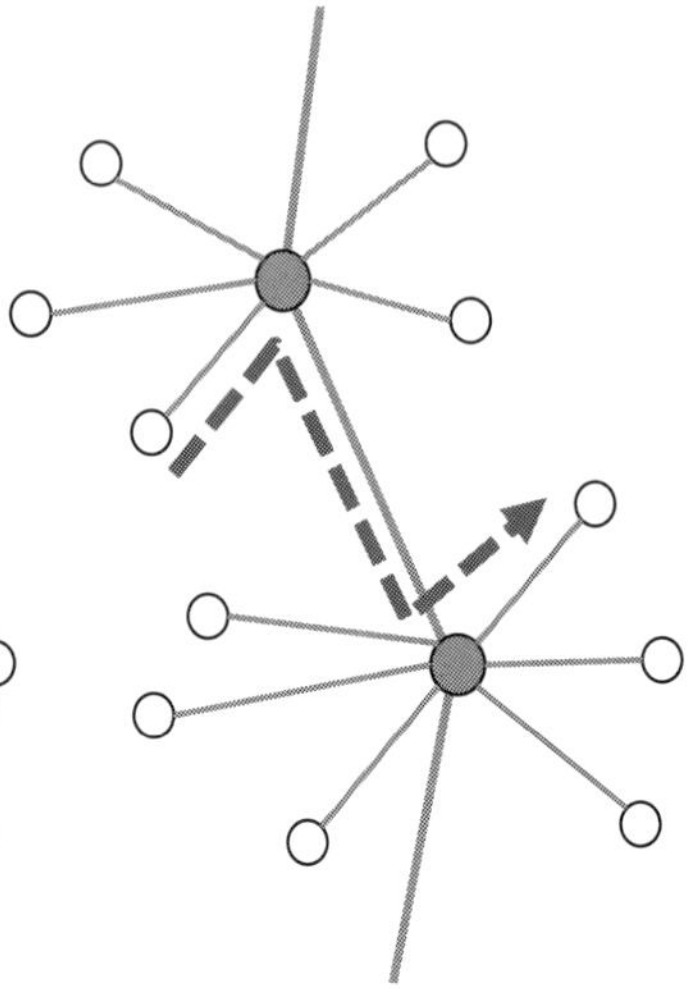

としない範囲でも鉄道のサービスレベルを向上させることは可能である。

「ハブ&スポーク」の弊害

構造的な要因として交通体系が「ネットワーク型」から「ハブ&スポーク型」に変化してきたことが挙げられる。「ネットワーク型」とは、図1—12のように、各々の出発地・目的地の間をそれぞれ路線が網状に結んでいる形態である。物流分野では「PtoP《ピー・トゥ・ピー》」と呼ばれることもある。これに対して「ハブ&スポーク型」とは、図1—13のように、ハブ（元は「車軸」の意味）に各々の路線を集約し、ハブ間をまとめて輸送する方式である。鉄道だけでなくバス・航空でも同様のシステムが考えられる。情報・通信の分野ではもともと「ハブ&スポーク型」が前提である。たとえば固定電話・携帯電話とも、ユーザー側では個々の電話同士が通話しているように感じられるが、実際の通信は交換局・基地局・サーバー等にいったん集約されてから再配分されている。これは「ハブ&スポーク型」である。古くから存在する郵便、近年では宅配便も概念としては同じである。

「ハブ&スポーク型」は事業者（運営者）にとっては効率的である。また情報だけが行き来をすればよい通信や、利用者自身が動く必要がない郵便・宅配便もハブ&スポーク型で問題ない。しかし利用者自身が物理的に移動する旅客交通の場合は、必ずしも利用者として利便性が改善されるとはいえない。たとえば図（右）の●を新幹線の駅、○を在来線の駅とみなすと、「ネットワーク型」では在来線の各出発地・目的地に直接行き来することができるが、そうした経路が断ち切られる（路線は存在しても列車がないなど）と、いったん目的地を通り過ぎて新幹線の停車する駅から在来線で逆方向に戻るなどの行動が必要となる。

現に新幹線を利用すると、停車駅から逆方向に戻る列車の案内も放送される。その在来線もダイヤ改正のたびに不便になる。場合によっては、新幹線を利用しながら全体として時間短縮にならない上に、乗り換えの労力や運賃が余計に発生する。このため新幹線の駅からわざわざ在来線に乗り換えて最終目的地に向かう方法は敬遠され、自動車が選択されるようになる。鉄道側がみずから自動車の利用を促進するような実態が発生している。

注

1 （公益社団法人）日本交通政策研究会『交通政策研究２０２２』二〇二二年、四一頁。https://www.nikkoken.

or.jp/pdf/publication/2022j/2022j.pdf
国土交通省「陸運統計要覧」「自動車輸送統計調査」「自動車燃料消費量調査」より集計したもの。

2 宗健「ｗｉｔｈコロナ時代の住まい選択と地方交通」交通権学会二〇二一年度研究大会（二〇二一年一一月二八日）。

3 中村陸哉・神田佑亮・小倉亜紗美「上場公共交通事業者の決算短信によるＣＯＶＩＤ―19が公共交通事業経営に与えた影響分析」土木計画学研究・講演集、六五巻（ＣＤ―ＲＯＭ）二〇二二年六月。

4 山田稔「地方移住で支援金［大盤振る舞い］のお寒い実態　都心回帰が鮮明、三年間の移住支援は結果伴わず」『東洋経済オンライン』二〇二三年一月二二日。https://toyokeizai.net/articles/-/645571

5 原武史『最終列車』講談社、二〇二一年、二二五頁。

6 『日本経済新聞』「ダボス会議始まる　気候対策へ新しい暮らしを議論」二〇二三年一月一七日。https://www.nikkei.com/article/DGXZQOGR152BE0V10C23A1000000/

7 宮内庁ウェブサイト「国内のお出まし（年次別）」。https://www.kunaicho.go.jp/about/gokomu/odemashi/odemashi01.html

8 国土交通省鉄道局「鉄道事業者と地域の協働による地域モビリティの刷新に関する検討会について」。https://www.mlit.go.jp/tetudo/tetudo_tk5_000011.html

9 国土交通省「地域公共交通の活性化及び再生に関する法律等の一部を改正する法律案」（前出）https://www.mlit.go.jp/tetudo/content/001492230.pdf

10 European Comission, Statistical pocketbook 2021, pb2021-section23.xlsxhttps://transport.ec.europa.eu/media-corner/publications/statistical-pocketbook-2021_en

11 正式名称「日本国有鉄道経営再建促進特別措置法」、ＪＲ発足とともに一九八七年に廃法。

12 「沖縄鉄軌道計画」ウェブサイト。https://oki-tetsukidou-pi.com/

13 国土交通省「鉄道統計年報」。https://www.mlit.go.jp/tetudo/tetudo_tk6_000032.html

14 中嶋茂夫『徹底解析!!最新鉄道ビジネス』洋泉社ＭＯＯＫ、二〇一二年。

15 一九七〇年の「全国新幹線鉄道整備法」により政府が計画を決定した新幹線の路線。山形新幹線と秋田新幹線は在来線の改良扱いのためこれには含まれない。

16 東海旅客鉄道（株）「中央新幹線品川・名古屋間の総工事費に関するお知らせ」二〇二一年四月二七日。https://jr-central.co.jp/news/release/_pdf/000041054.pdf

17 国土交通省関東地方整備局「神奈川県圏央道連絡調整会議（第四回）開催結果について」本文資料、二〇二二年一二月一五日。https://www.ktr.mlit.go.jp/ktr_content/content/000846574.pdf

18 『日本経済新聞』「ローカル線は維持できるか」二〇二二年九月五日。

19 ＪＲ東日本「線区別収支（二〇一九年度）」。https://www.jreast.co.jp/company/corporate/balanceofpayments/pdf/2019.pdf

20 国勢調査の公開データでは「高校生」という集計はされていないので「一五〜一九歳」の区分の数値を使用する。

21 大津賀柚花・中川大「地方鉄道の輸送密度・運行本数・駅勢圏人口の経年変化とそれらの関係分析」土木計画学研究・講演集、六五巻（ＣＤ―ＲＯＭ）二〇二二年六月。

22 国土交通省「全国幹線旅客純流動調査」集計データファイル。https://www.mlit.go.jp/sogoseisaku/soukou/sogoseisaku_soukou_fr_000018.html

23 『朝日新聞』一九八六年五月二三日朝刊。

24 種村直樹「レールウェイ・レビュー　監理委答申に失望」『鉄道ジャーナル』第二二四号、一九八五年一〇月、一一〇頁。

25 朝八時以降出発として、二〇二三年一月現在。インターネットの時刻検索サイト『トレたび』の検索例。

26 北海道新聞Ｗｅｂ版、二〇一七年三月三日。「遠ざかる函館―青森　最長二時間四〇分に　乗り継ぎ待ち一時間超」

27 前出・国土交通省「全国幹線旅客純流動調査」。http://www.mlit.go.jp/sogoseisaku/soukou/sogoseisaku_soukou_fr_000016.html

28 千葉好史・中川大・波床正敏「タクトダイヤによる地方都市間の鉄道の利便性向上に関する研究―スイスと日本を対象にした経年変化の分析―」土木計画学研究・講演集、六五巻（ＣＤ―ＲＯＭ）二〇二二年六月。

第2章　公共交通の価値

交通は人権である

日本国憲法ではさまざまな基本的人権を記述している。「集会、結社及び言論、表現の自由（第二一条）」「居住、移転及び職業選択の自由（第二二条）」「学問の自由（第二三条）」「健康で文化的な最低限度の生活を営む権利（第二五条）」「教育を受ける権利（第二六条）」「何人も、裁判所において裁判を受ける権利を奪はれない（第三二条）」などである。憲法には「移動の権利」という明記はないが、前述の権利を実際に行使するには自由に移動できることが前提である。「リモート」で実現しうる項目はほとんどない。しかし基本的人権に関する議論の中で交通がテーマに上がることは少ない。

現在の日本では、外出や旅行に際して公的機関の許可などを必要としないという意味では交通の自由は保証されている。しかし経済的・社会的制約により移動の自由がなく、憲法に記載された権利や自由を行使できない人々は実際に存在する。さらに第二七条には「すべて国民は、勤労の権利を有し、義務を負ふ」とあり、勤労は権利でもある。生活保護の受給に対するバッシングがしばしばみられるが、勤労の意思があるのに交通手段がないためにその機会が得られないのであれば、義務の履行を怠っているのではなく権利の侵害である。

三大都市圏以外では、自動車が利用できないと基本的な生活のニーズも満たせない状況が拡大してきた。公共交通のサービスが乏しい地域では自動車は日常生活に不可欠ではあるが、それは必ずしも普遍的に人々の移動の自由に寄与しているとはいえない。経済的条件によっても移動の自由に関する格差が発生するからである。人々の生活圏（就職、就学、その他）の拡大や、核家族化の進展にともなって、私的・個別的で多様な移動のニーズが増えている。これと連動して、社会のさまざまなしくみが車の利用を前提として組みかえられてしまった。かつては主に鉄道の駅を中心として徒歩や自転車で日常の用が足りる生活圏で完結していた日常の暮らしが郊外へスプロール化し、車が必需品となった。車の普及は、一見すると人々の移動が多様になったように見えながら、現実には車以外の移動手段が選べず選択の余地が限定された交通体系が形成された。

　世帯の年間収入に占める交通関連（鉄道・バスその他・自動車）の支出[1]や、世帯の収入と自動車の保有率[2]には明確な相関関係がある。移動距離あたりの公共交通の運賃・料金や自動車の運行費用は世帯の収入にかかわらず一定であるから、交通関連の支出は直接的に移動の距離と比例する関係にある。収入の差は移動の自由の差に直結しており格差の存在が示されている。また自動車の保有率に関して注目されるのは、年収区分が最も少ないレベルでも半数近くの世帯で何らかの自動車が保有されていることである。ことに就業のため無理をしてでも自動車を保有せざるをえない実態を示している。いずれにしても経済的・社会的格差の議論において、移動の制約こそが就業・教育・健康レベルその他社会的な活動やサービスに参加できない制約（社会的排除）をもたらしているが、日本ではこの問題が政策課題として注目されることは少ない。

　企業で従業員の採用に際して免許の保有を条件としたり、鉄道や路線バスなど公共交通が不便な地域でもそのダイヤと無関係に会合のスケジュールが組まれたりなど、社会のさまざまな分野で、車を利用しない人にとっては、排除とまでは言わないにしても不便・不快を強要する仕組みができている。大都市圏の鉄道による通勤・通学輸送がかろうじて現状を維持しているのを除けば、公共交通は崩壊の一途をたどっており、それがますます車の必要性を高めて循環的に互いを促進する関係に陥っている。

日本の高度経済成長期（一九八〇年代以前）には、公害などさまざまな負の側面を伴いながらも人々の物質的な生活レベルが全体として向上し「一億総中流」[3]と言われるまでになった。もとよりこの間にも貧困の問題が存在したことは事実であるが、さらに一九九〇年代後半からは社会のさまざまな面で「格差」の弊害が表面化してきた。交通に関しても同じ現象がみられる。所得の向上に伴い自動車の普及率は平均値としては上昇し、人々の移動量も増加した。

その反面で自動車の普及は公共交通の縮小をもたらし、ことに地方都市や町村部では自動車を利用できる人とできない人の間で、移動の自由において大きな格差が生じるようになった。交通は人権であるという認識が必要である。

公共交通の存在意義はより広い概念で捉えられる。「格差の緩和」はその一つである。小島英俊（交通史）は「十九世紀前半に理想主義を掲げたフランスのサン・シモン派の人たちは駅や車内でのコミュニケーションが、単に人間相互を近づけるだけでなく、それによって階級差別もなくす役割を果たすのではないか」と、鉄道による平等化の実現に期待を示している。また、フランス人のベクールの「来たる鉄道車両は従来の駅馬車のように階級と資産によって区別するようなシステムを継承してはならない」という主張を紹介している。[4]

物流についても同様である。原田勝正（政治学・和光大学）は、日本の鉄道の創成期を担った井上勝の回顧として「偶々此歳［注・一八六九年］東北及九州地方ニ凶荒アリ。米価非常ニ騰貴シ、外国米ヲ輸入シテ救済ス。而シテ北陸其他ニ低価ノ米穀剰残スルモ運輸ノ不便ナルニ依リ以テ此ノ急ヲ救フ能ハザリシ。パークス氏ハ拠テ以テ例証トシ、切ニ鉄道布設ヲ勧告ス」という進言を紹介している。[5]かりに国内で食糧の総量が足りていても、配分の偏在で物価騰貴や飢饉が発生するが、そうした偏在の緩和のために鉄道が期待されたのである。

交通は物理的移動を伴うために、いかに技術を改良してスピードを向上させたとしても、必ず距離に応じた一定の時間がかかることを意味する。すなわち、交通の目的とは「距離」と「時間」の克服と考えてよいであろう。人間にとって望ましい社会を作り出すことが交通の最終の目的であって、そのために必要な手段としての交通のあり方を考えることが重要である。この問題は、新型コロナという思いがけない事態の生起によって改めて考えさせられることとなった。

二〇世紀以降における交通の特徴的な変化は、移動量そのものの増加とともに、移動手段として、自動車交通と航空の増大が著しいことである。いわゆる「モータリゼーションの進展」である。モータリゼーションとは『広辞苑』では「自動車が普及し、人々の生活の中で広範に利用されるようになる現象」、『大辞林』では「自動車が生活必需品として普及する現象。自動車の大衆化」と記述している。旅客交通機関として一般人の自動車利用が普及したのは二〇世紀後半である。自動車の普及とともに、身体上の制約ではなく自分の選択として「歩かない」人が増えてゆく。

日本における徒歩・自転車の移動実態は全国的・網羅的には得られていないが、東京都市圏パーソントリップ調査[6]によると、年々自動車の分担率が増える一方で自転車・徒歩の分担率が減っている。各種の調査によると人々が「抵抗なく歩ける」と許容する距離は気象条件や移動の目的によっても異なるが、内閣府の世論調査では約半数の人が一〇〇〇m（一km）と回答している。[7]極端な例では一五〇mという調査もある。[8]これは山手線の電車の長さ（二一〇m）より短い。この結果として歩行者に対する交通政策は相対的に軽視され、ますます自動車優先の都市や道路の構造が形成された。

交通格差の実態

先進国では、多くの人が自動車を日常の道具として利用しており、免許と自動車さえあれば道路上で運転するのは一見自由であるように思える。しかし自動車を利用するには実は多くのハードルをクリアしなければならない。すなわち、①身体的機能として運転に支障がなく、②実際に運転免許を保有し、③自分用の車が任意に使える（経済的な面も含む）などの条件が揃った場合に限り、自動車は有効な移動手段である。逆にこのうち一つでも条件が欠けたとたんに移動の困難に直面する。②の運転免許の保有では、法的に免許が取れない年少者も条件から外れる。

加藤博和（名古屋大学大学院・持続的共発展教育研究センター）は、公共交通の議論は高齢者の移動手段として注目される場合が多いが、実際には高校生をはじめとした子ども（免許年齢未満）のモビリティも著しく低いことに注意が必要であると指摘している。[9]首都圏の東京都町田市でさえ、公立小学校の統廃合の計画では通学距離が三km近くに達するケースが生じ、スクールバスが検討されている。同市では少子化を理由に挙げているが、建替え費用の抑制が背景にあると指摘されている。[10]まず高校への通学、商業施設、運動・文化施設、総合病院などへのアクセスに対して、徒歩・自転車で可能な距離（常識的な範囲で）を超えるにもかかわらず、公共交通の便がない状況がしばしばみられる。その場合は結局のところ保護者の車で送迎とならざるをえない。琉球新報社（沖縄県）が名護市の高校生を対象に行ったアンケート調査では、鉄道（那覇市の沖縄都市モノレールを除く）がない沖縄では通学バス代の負担が大きく最大で月に四万円に達する例もある。通学費を捻出するためバス通学制の六割がアルバイトに従事したり部活動を断念するなど学校生活に支障をきたし、あるいは保護者が送迎に時間を割かれる等の実態が報告された。[11]必ずしも便利とはいえない地域公共交通であっても、それがなければ別の形で住民が多大な負担を必要とする。

自由な移動とは「他人の意志の介在なしに、自分の意志だけで行動できる」ことを指すと解釈すべきである。「他人の自動車に乗せてもらう」という方法によって物理的には用を足すことができるとしても、他の人の意志に依存しなければならない移動であり、自由な移動とは言えない。自動車を自由に使えない人は、家族や知人に乗せてもらうにしても、たび重なると頼みにくい。そのため私用の外出はもとより、医療機関へ行くことも躊躇するといった例も地方都市ではよくみられることであり、それが心理的・身体的な健康にいっそうのマイナスの影響をもたらす。[12]

図2―1は青森県平川市（旧平賀町）で「自動車を自由に利用できる人」と「利用できない人」について、一人あたり一週間の行先地数と買い物のための移動の平均移動距離を調査した結果を示す。自

図2-1　自動車の有無による買い物・外出の格差

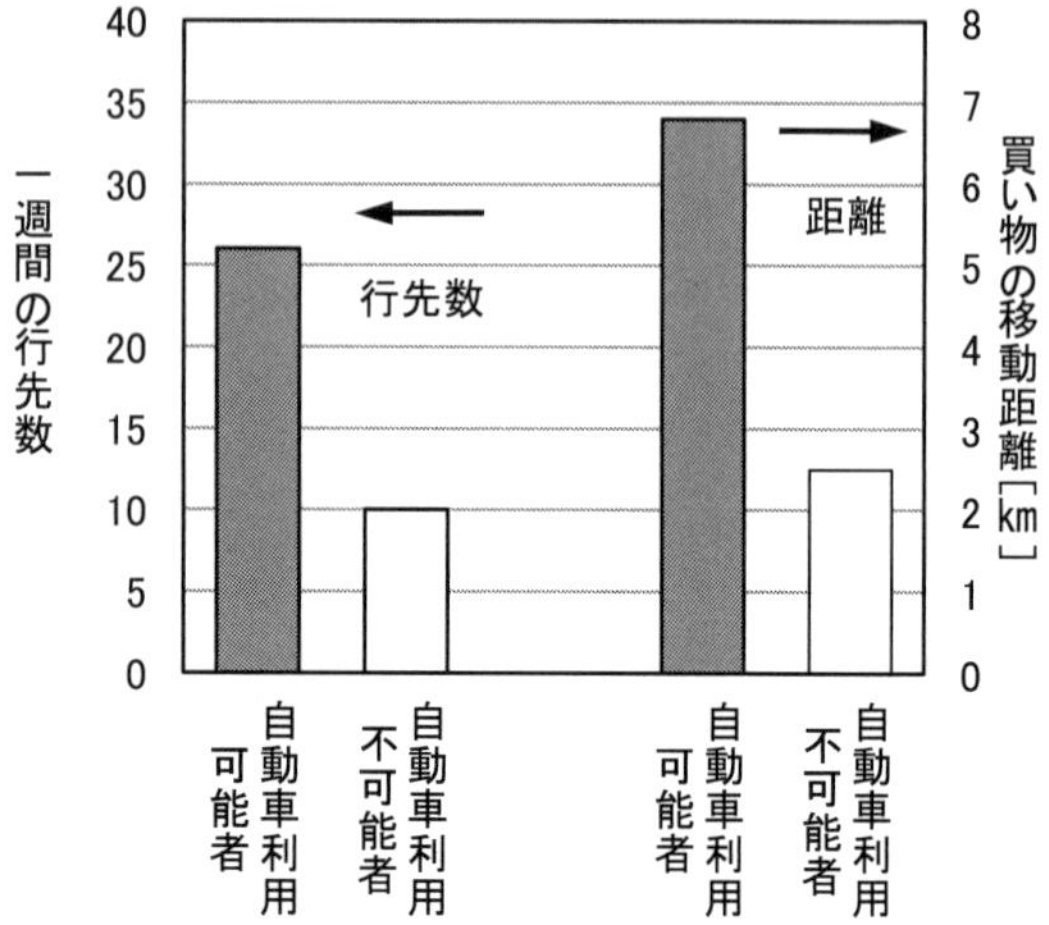

動車を自由に使える人は、そうでない人の約二・六倍の行先地に出かけ、買い物のための移動距離でも約二・七倍の差があった。[13] ある地域に住んでいる人にとって、外出のニーズそのものは誰でもそれほど差がないはずであるが、自動車の利用可能性によって行動の自由あるいは選択の格差が生じ、生活の質に大きな影響を及ぼしている。

あるいは車が利用できるからといって公共交通は不要ではない。筆者が熊本県南阿蘇村（熊本市から東へ約三五km）で聞いた話では、地域内では車を常用しているが、交通量の多い熊本市内では怖くて運転できないので、市内に用事がある場合は鉄道（JR九州・豊肥本線）を利用するという。

大阪市から福井県永平寺町に移住した男性へのインタビュー記事では「自家用車を持つようになってからは生活の質がグッと上がり、より暮らしやすさを実感している」という。[14] これは逆に車がなければ生活の質が大きく損なわれていることを意味する。

東京駅のＬＥＤパネルに、島根県への移住を勧める広告が掲載され「働きやすい、住みやすい」というキャッチコピーが添えられている。しかし「働く・暮らす」には手段は何にせよ交通が不可欠である。県内では大きな都市である松江市（県庁所在地）や出雲市でも公共交通のサービスレベルは高いとはいえない。東京の暮らしに慣れた人にとって許容できるレベルとは思われない。ホワイトカラーの職種で通勤だけならば、あるいは子供の高校までの通学だけならば不便ながらも対応可能かもしれないが、地域の平均的な社会活動に参加するには、公共交通ではほぼ対応不可能である。すなわち島根県に移住するには車の使用が考慮するまでもない前提になっている一方で、公共交通は最初から考慮されていないのではないか。一方で近年は高齢者の交通事故が注目され免許返納が推奨されている。車の使用を前提として移住し、やがて運転できなくなったらどうするのだろうか。その時は東京に「戻る」のだろうか。

　北海道では国鉄・ＪＲを通じてすでに多くの路線が廃止されているが、鉄道が廃止された中頓別《なかとんべつ》町（人口一六〇〇人弱）の生活実態を調査した報告（二〇一六年六月）がある。[15] 同町は国鉄からＪＲに継承された天北線が通っており中心駅の中頓別は急行列車も停車していたが、天北線はＪＲ発足後まもなく一九八九年に廃止された。廃止後は民間バス事業者が代替バスを運行しているが、車を持たない人は生活の基本である買物と通院に困り、町内では生活の質に制約がある。町民の九割は町内の小規模スーパーで買物し、日常の医療は町内の診療所を利用するが、それで済まない場合は約一〇〇km先の名寄《なよろ》まで行く必要がある。公共交通で名寄に行く場合、中頓別からバスでＪＲ北海道の宗谷本線音《おと》威子府《いねっぷ》駅に出て鉄道を利用する。天北線廃止直後の一九九〇年には、図2―2上の円内のように自宅を八時過ぎに出て一一時前に名寄に到着し、六時間弱の滞在後、逆ルートで一九時過ぎに帰宅するこ

図2-2　中頓別町住民の行動パターン

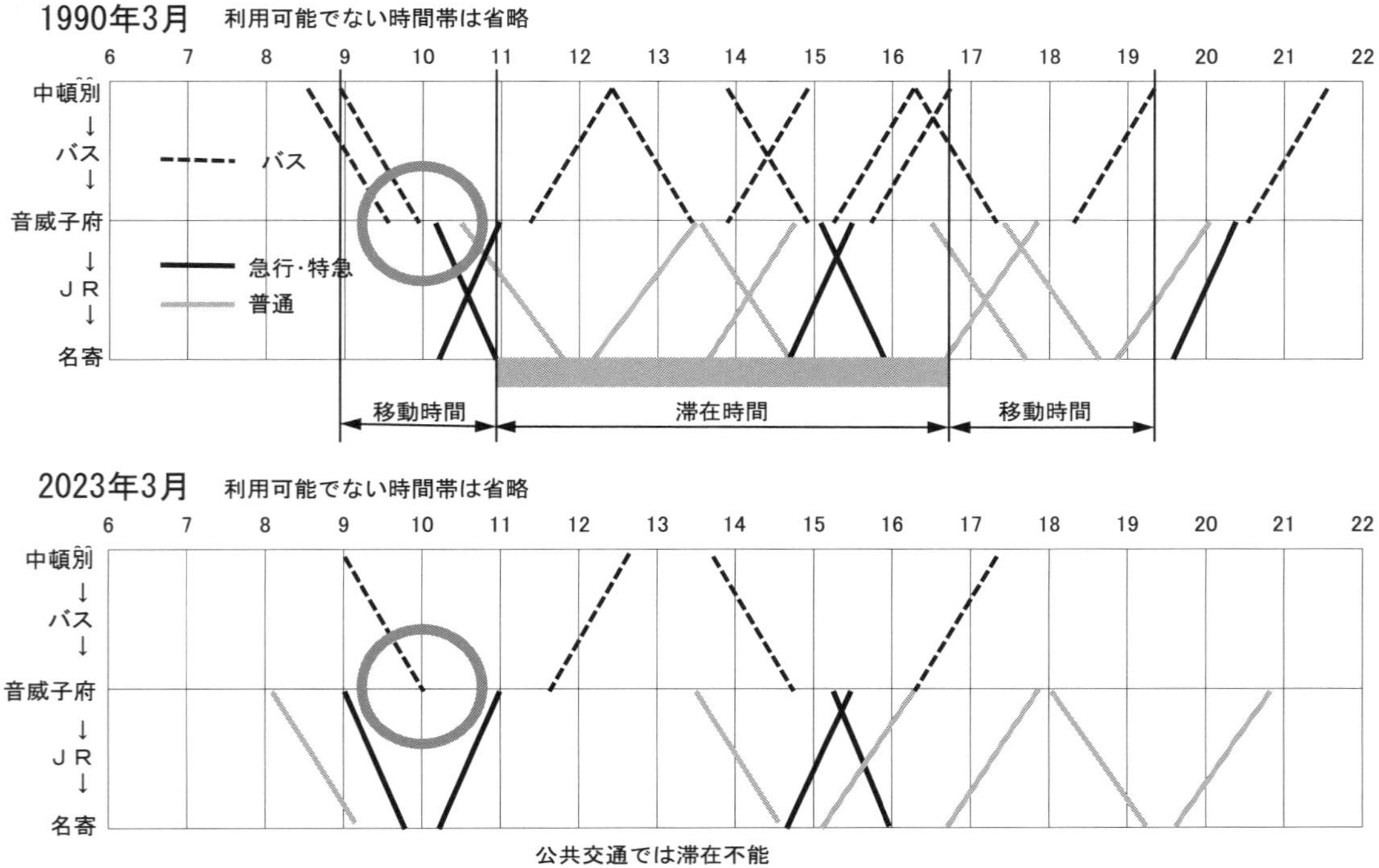

図2-3（写真）　店舗に突入した乗用車

とが可能であった。また前述の調査時点ではバスと鉄道のダイヤが変更されて名寄での滞在可能時間が多少短くなっているが、公共交通での往復は可能であった。ところが二〇一七年三月以降は同図下のようにバスと鉄道のダイヤが乗り継ぎ不能となった。他に音威子府駅を通る高速バスがあるが中頓別を通らないので利用できない。公共交通を使わない場合、人によってはタクシーで往復六万円かかる区間を他の人と乗り合わせで一人一万六〇〇〇円程度を分担して名寄を往復することもあるという。いずれにしても鉄道を引き継いだはずのバスも便数が減り、かつ鉄道と整合性のないダイヤとなり、バス転換が地域公共交通の持続性を破壊した典型例である（第6章参照）。

　図2―3のように高齢者による「店舗突入」や「逆走」がしばしば報道される。コンビニやスーパーが特に被害対象となっているように感じられるが、大都市圏以外では日常の買物にも自動車の利用が不可欠となっているためであろう。高齢者の免許返納が推奨されて

いる一方で、近年は新規に免許を取得しようとする高齢者も増加している。都市の住人が現役をリタイアして地方移住を検討する動きがあるが、地方移住では車が不可欠となる。さらに切迫した理由として、本人の通院や配偶者の介護のために早急に車の運転が必要となる事態が発生する。短期間に免許を取得するため「高齢者向け合宿免許」というビジネスが登場している。通常は七〇歳以下などの条件があるが，特定の地域ではより高齢でも受け入れる教習所があり、多くの高齢者が参加しているという。「若葉マーク」がただちに「紅葉マーク（現在は表示義務はない）」となる。

吉田樹（福島大学・交通工学）は、運転免許自主返納の影響要因について調査した結果、公共交通への家計支出が相対的に大きいほど、自主返納率が高いとしている。ただし地域や年齢層によってその度合いは異なる。公共交通のサービスレベルが低い地域ほど自主返納率が低いことは容易に想像されるが、年齢層による差があり八五歳以上では全国でほぼ一様に一〇〜一五％の返納率がみられる。[16]

「ローカル線ヘイト」の背景

あるウェブサイトでは「赤字まみれのローカル線」「オワコン化へ突き進む地方路線」などと否定的に表現されている。[17]交通の研究者でも「ドライに言えば、ローカル線の多くは役割を終えているのではないか[18]」などと発言する。しかしそれには合理的な根拠はなく、感情的・情緒的な印象にすぎない。

前述（第一章）のとおりローカル線は、収入・費用ともに鉄道全体に占める比率は少ない。しかしローカル線といえば「赤字」「非効率」と目の敵にされるのはなぜか。すでに多数のローカル線が廃止されたが、これは工業と比べて農業が軽視されてきた経緯が関連していると考えられる。宇沢弘文（経済学）は「社会的共通資本」の議論の中で、日本で工業と比べて農業が軽視されてきた経緯を挙げ、農村を一つの社会的共通資本と考えて、農地など生産基盤だけでなく、生活に必要なインフラ、文化的施設、街路、交通機関など公共的サービスを整備する必要があるとしている。[19]第10章で触れるが、交通研究者の間でも、公共交通ことに地域公共交通は「産業」ではなく「社会資本」として捉えるべきとする主張が近年は増加している。また最近の国際情勢から防衛力の強化が議論されるようになった。鉄道と直接に関連する事項では鉄道貨物による自衛隊の装備輸送が注目されている。しかし装備をいかに買い揃えたところで食糧が止まれば国は崩壊する。[20]食糧自給率の向上、農業の尊重が重要である。

もし鉄道ローカル線を「赤字まみれ」と評価するのであれば、かりにそれをバスその他の交通モードで引き継いだとしても赤字まみれには変わりない。「デマンド交通」など片仮名文字を使って画期的な解決策であるかのように提唱する論者は少なくないが、地域公共交通の専門家である加藤博和（前出）は「オンデマンド乗合交通で採算範囲に到達した例は稀有である」としている。[21]「赤字路線は黒字路線の利用者の負担で補助されているのだから、赤字路線を廃止すればその負担が解消される（適正化される）」といった言説もしばしばみられる。しかし多数のローカル線がJR発足前後に廃止され、さらに地方の中小民鉄も廃止されたが、都市部や幹線の運賃値下げや混雑時の詰め込みの改善はなかった。混雑率が緩和されたのは新型コロナという外的要因であった。バス転換の議論では「もともと鉄道のなかった地域もあるのだから、あえて鉄道の形で存続する根拠はない」と指摘されることがある。しかし鉄道をバスに転換すると、すぐ続いて「もともとバスのなかった地域もある」という論理が持ち出される。すなわちバス転換論とは公共交通不要論を引き出すための口実にすぎない。この典型的な主張は、次の藤井彌太郎（慶應義塾大学・当時）の言説である。

「［過疎地のバスの経営が困難になったことについて］そのときに足を守れという話になった。そのときのわれわれのグループの議論は、それじゃ最初からバスがなかったところはどうしているんだろうかという発想だったのです。これはだれもが調べていないので実地に調べて、その結論が、もう少し自治体が一括補助を出して住民に自由に選ばせたほうがいいということでした。［中略］そのとき思ったのは、公共交通を守るということは既存の公共交通事業者を守るということではないという点だったんですが、そこがよく理解されなかった[22]」

車の相乗りを促進したほうが地域の選択の幅を広げるという結論が示されているが、全く意味不明である。路線バスの有無にかかわらず車の相乗りは可能であるし、現に自然発生的に行われている。路線バスがあるために車の相乗りが妨げられるという関係が存在するはずもない。「自由に選ばせる」どころか選択肢を減らしておいて「自由な選択」と説明するが、これは公共交通の分野に限らず新自由主義に立脚する論者に典型的にみられる言説である。新自由主義はほんらい、個人の自由や市場機能を重視して政府による個人や市場への介入を最低限にする思想である。ところが政策的に公共交通を廃止する一方で、自治体が住民に補助金を交付して自家用車の利用を推奨することが「自由な選択」であるという支離滅裂な言説である。

今世紀に入ってからも公共交通の休廃止は続いている。JRや中小民鉄のローカル線が二〇〇〇年から二〇二二年の間に累積で一一五八km廃止[23]された間に、バス路線は累積で六一万六〇〇〇kmの休廃止[24]がある。また既存の公共交通事業者、たとえば国鉄や中小私鉄のローカル線が廃止されて民営バス事業者が継承した路線では、ほぼ例外なくバスの利用者が大きく減少して民営事業者も撤退し、やむをえず自治体が代替バスを運行してもこれも廃止という経緯を辿る。

鉄道に「文化」は不要か

ローカル線の存廃議論に際して、しばしば「郷愁でローカル線は残せない」という言説がみられる。しかしそのような制約を設ける根拠が説明されたことはなく、最初から「廃止ありき」の議論である。もし直接的な経済価値で評価できる財貨やサービス以外は存在価値がないとすれば、あらゆる芸術・文化・スポーツ・芸能等の存在価値は認められない。あるいは近代以前のように、限られた特権階級だけが享受できる価値にとどまる。原武史は「あえて言おう。鉄道は経済的な価値に還元されない文学や芸術と同様、人生にとって大切な文化ではないかと。漱石といい賢治といい、鉄道がなければあれだけの作品群は生まれなかった。いまや欧州のほうが鉄道の文化的な価値に気づいているのに対して、日本は採算に合わない路線をどんどん切り捨てている。それは欧州に比べて文学や芸術を大切に

図2-4　ＪＲ東日本のキャッチコピー

しない現在の日本のあり方にもつながっている」という。また原は柳田國男の「日本はつまり風景のいたって小味な国で、この間を走っていると知らず識らずにも、この国土を愛したくなるのである。旅をある一地に到着するだけの事業にしてしまおうとするのは馬鹿げた損である」という一文を引用し、「この国土を愛したくなる」感情というのは、英語で言えばパトリオティズムである。それは車窓から見えるような、地域ごとに異なる風景に根差した感情であって、目に見えない抽象的な国家を愛するナショナリズムとは区別されるべきものだ」としている。[25][26]

ＪＲ東日本では各種の旅行商品や企画に図２―４の「列車なら、旅の途中も思い出に。」というキャッチコピーが使われている。鉄道の価値を的確にあらわした秀逸なフレーズである。いま子どもの「体験の格差」が問題となっている。世帯の収入格差が子どもの学力差に反映されやすい関係はよく知られているが、学校や塾での教育機会だけでなく「体験の格差」が子どもの学力に大きく影響を与えている。[27] 子どもは読書、習い事、旅行など多様な体験を通じ、多くの情報に触れることによって成長する。この「体験」に鉄道はじめ公共交通が果たす役割は大きい。自力で移動できない子どもについて、今井博之（いまい小児科クリニック）は子どもの自動車による「乗せられ移動」の弊害を指摘している。[28] 自立心が育たない、新しい状況への適応力が育たない、高速での移動によって、そうではない場合に得られるはずの社会性を育む多大な機会を失くしているなど、子供の発達にとって悪影響を及ぼしている可能性があるという。現在、子どもの運賃・料金は六歳未満の乳幼児は無料、六歳以上一二歳未満は大人の半額（ＪＲの場合）となっているが、この範囲を拡大すること、子ども連れのグリーン料金などを無料化すること、ローカル線は無料にするなどの方策が考えられる。その原資はほんらい教育予算の範囲であり、ＪＲはじめ公共交通事業者の反対はないはずである。

地域を変えた車社会

なぜ車がないと暮らせない地域が形成されてしまったのか。都市と交通は不可分の関係であり、いずれかを変えるともう一方に必ず変化（良くも悪くも）を及ぼす。ここでいう都市とは人口集積地には限定されず、「まち」でもあり「地域」を意味する。森本章倫（早稲田大学・交通計画）は、この関係は古くから指摘されており「元来は移動の要求を満たす交通手段の発達が、逆に要求をもたらした人間の生活を変え、また国土や都市のあり方まで拘束するようになった」[29] という。図２―５は全国の

図2-5　DID人口密度と家計消費支出に占める自動車関連支出の比率

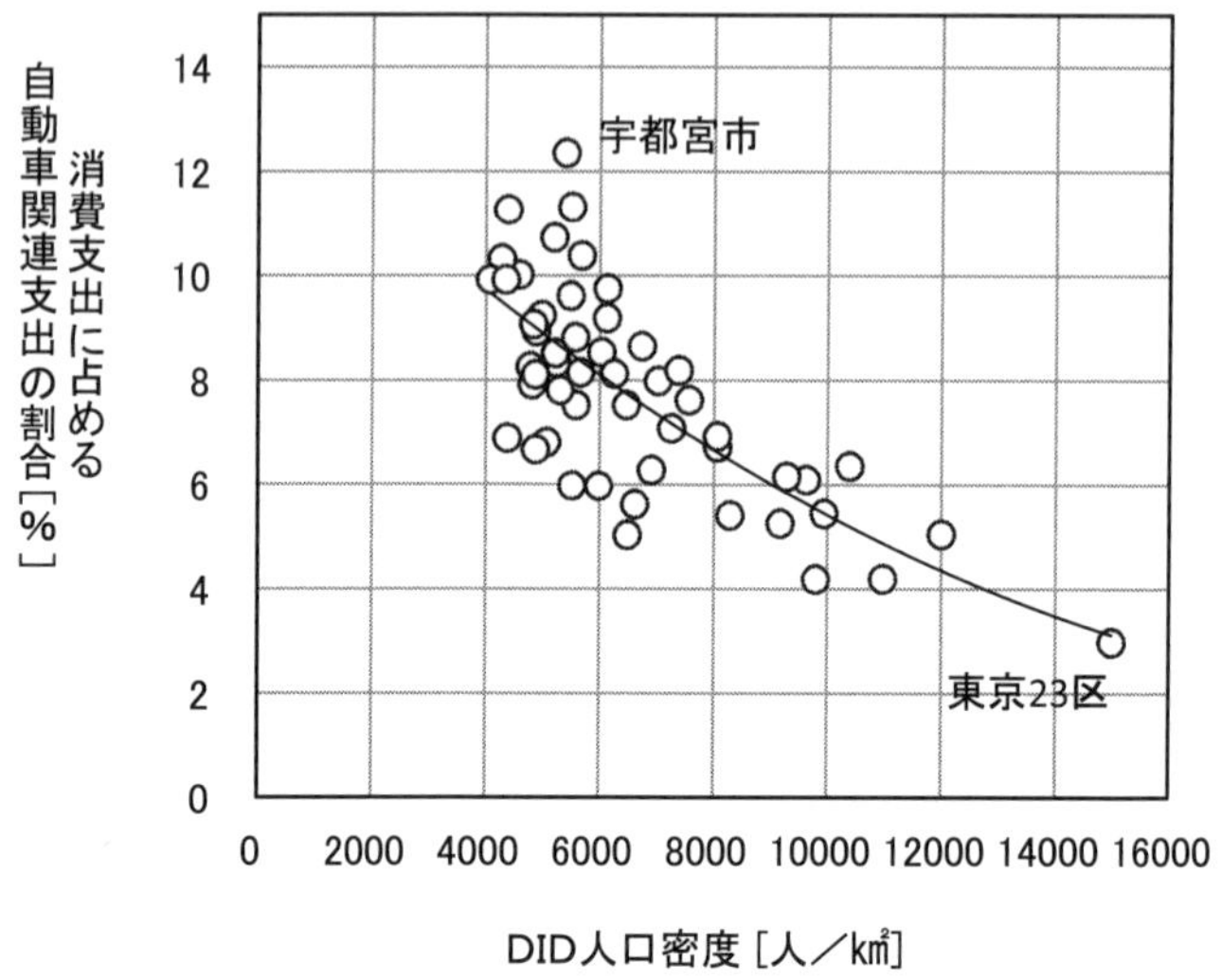

都道府県所在地および政令指定都市におけるＤＩＤ（Densely Inhabited District・人口集中地区）[30]人口密度と家計消費支出[31]に占める自動車関連支出の比率の関係を示す。ＤＩＤ人口密度が低い、すなわちスプロール化が進展しているほど消費支出に占める自動車関連支出の比率が高く、自動車に依存せざるをえない生活が示されている。東京二三区は例外的としても、住んでいる地域によって自動車関連支出の負担が数倍も違う。自動車の普及は一見便利である反面、負担の増加も意味する。

　自動車の普及は道路の整備と表裏一体である。それに伴って都市の郊外への拡散（住宅・職場・商業・公共施設などの郊外移転、いわゆるスプロール化）が起きる。自動車を利用できる者にとっては何の問題もないように思われるが、自動車を利用できない人々は、生活に必需的な買物・医療・行政サービスの利用さえ困難

図2-6　道路と交通・都市構造の因果関係

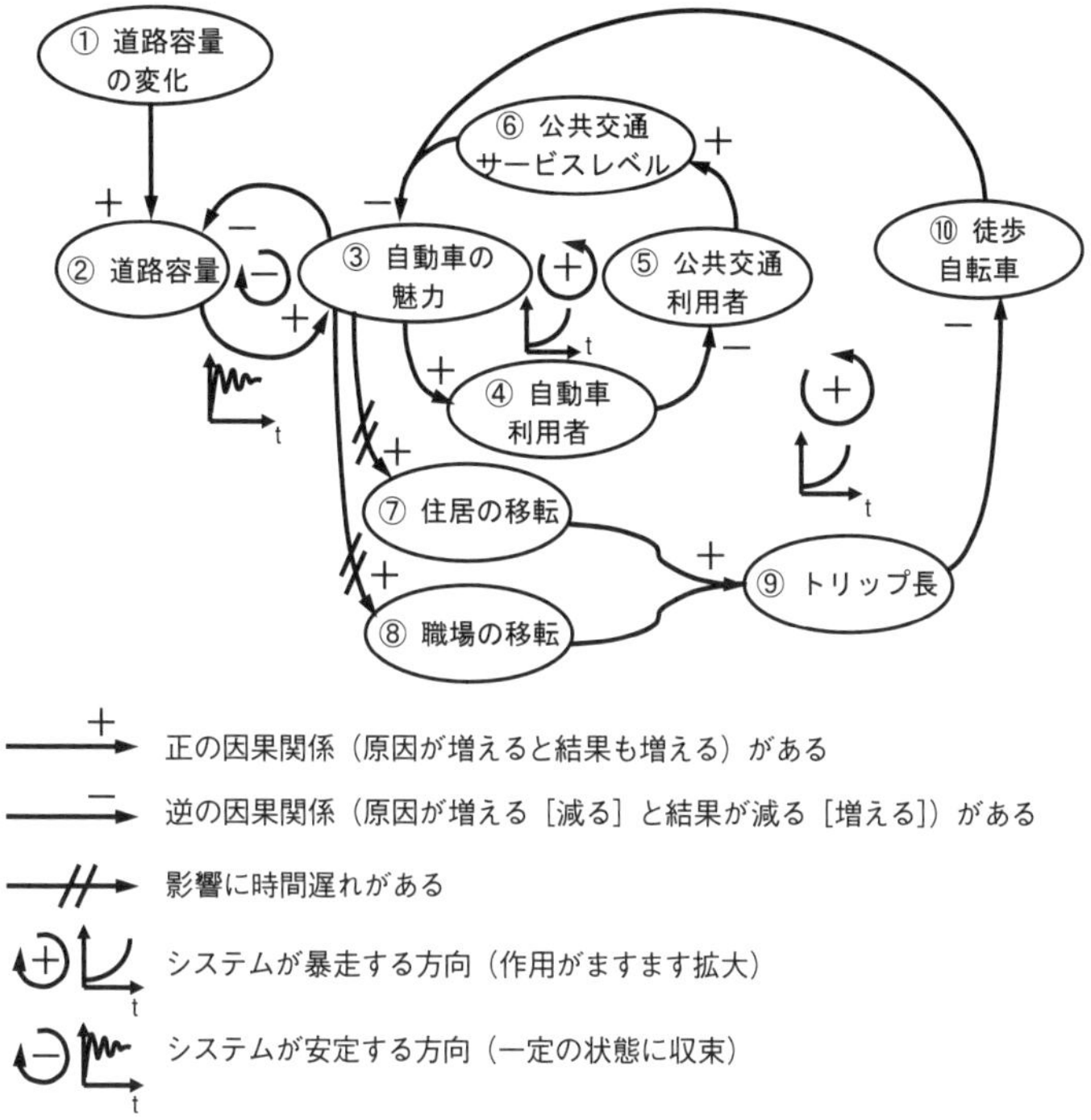

をきたすようになる。図２―６は林良嗣（名古屋大学・交通計画）らによる、道路が都市の構造を変えるメカニズムである。[32]各々の要素を結ぶ矢印は因果関係を示し、矢印の起点が「原因」、終点が「結果」を示す。また矢印に付された「＋」は正の因果関係（原因と同じ方向に結果が増幅される）を、「－」は逆の因果関係（原因と逆の方向に結果が減衰する）。たとえば②（道路容量）と③（自動車の魅力）の関係は、②（道路容量）が増えると、道路が走りやすくなるので、③（自動車の魅力）が増大する。しかし逆作用もあり、③（自動車の魅力）が増大すれば

道路を走行する自動車が増えて、②（道路容量）が足りなくなるので自動車の増加は抑えられる。この相互作用が、ある時間が経過すると一定レベルに収束する関係を示すのが「波型」の記号である。

これらの多くの因果関係が同時に平行して作用する結果、④（自動車の利用者）は増える一方で⑤（公共交通利用者）は減り、そのことが⑥（公共交通サービスレベル）を下げ、相対的に③（自動車の魅力）を高める。一方、③（自動車の魅力）が高まることは、郊外部への⑦（住居の移転）・⑧（職場の移転）を増加させ、それにつれて⑨（移動距離）も増加するので、⑩（徒歩・自転車）では対応できなくなり、ますます③（自動車の魅力）を高める。その③〜④〜⑤〜⑥のシステムと、⑦〜⑧〜⑨〜⑩〜③のシステムは、逆C型のグラフ記号で示すように、いったん始まると原因と結果が互いを増強される特性を持つ。

こうした無秩序な拡大によるさまざまな弊害を是正する試みはこれまでも行われてきた。国や地域（欧州・米国）によってそれぞれ注目する側面が異なっているが、日本では在来の都市中心部における「シャッター街」の出現などの問題がよく知られている。また都市域が広がるほど住民あたりの行政サービス（上下水道・ごみ収集・積雪地域では除雪など）のコストが加速度的に増大する。土地の利用規制などあるていどの政策的な対策を実施してきたが、市街地の魅力を高めるためには物理的な「コンパクト」だけではなく「コンパクト・プラス・ネットワーク」が指摘されるようになった[33]。これは公共交通の沿線に居住を誘導し、生活拠点と中心拠点を公共交通によって接続するというもので、これにより居住者の生活利便性の維持・向上や，公共交通の利用促進による交通事業者の経営改善などの効果を期待する施策である。

鉄道と安全

ある調査では、電車内で「こわい」と思ったことのある人の割合は約七割、そのうち恐怖の対象は約八割が「他の乗客」に対する恐怖だという（二〇二二年三月調査）[34]。車内・駅内での迷惑行為は常に発生しているし、近年は無差別殺傷事件も報じられる。コロナで公共交通の利用が敬遠されたのは、物理的に「三密」であるだけでなく「見知らぬ他人」との接触（接近）を警戒する要素が大きい。しかし公共交通ごとに鉄道の利用は道路交通よりはるかにリスクが低い。鉄道では、ＪＲ発足以後で信楽高原鐵道事故（一九九一年）で死者四二名、ＪＲ西日本福知山線事故（二〇〇五年）で死者一〇七名などの事故がある。一方で道路交通事故においては、日本では一九四九年～二〇二〇年の累積で六四万人の死者と四〇〇〇万人の負傷者が発生している。過去に日本が関与した戦争における被害者数と比較すると、集計の範囲（日本人と外国人、軍人軍属と民間人など）によって異なるが、例えば一九三七年～四五年における日本人で民間の死者は約八〇万人とされているから[35]、すでにその数に迫る被害が生じている。なおここまでの記述は警察統計によるが、傷害事故に関しては被害を過少に見せかけるため統計が操作されているとの指摘がある。自賠責では物損事故でも傷害保険金が下りる制度を利用して、人身事故を物損扱いにすることにより見かけの人身事故件数を過少に計上していると指摘されている[36]。

「リスク」の観点でみると「移動距離あたり」の被害が指標となる。ただし鉄道については、車両や線路外の第三者に被害を及ぼす可能性は乏しいが、自動車では利用者だけでなく外部の歩行者・自転車等への被害が多い。このためどのような範囲で被害を集計するかによって評価が異なるが、ここでは双方の「利用中」の範囲に限定するとして、一九五六〜二〇二〇年までの累計の一〇〇〇億人・kmあたりの移動に対して、鉄道では二・八人の死者、道路交通事故では乗車中が五〇二人である。なお鉄道では、三河島事故・鶴見事故[37]など重大事故が連続した時期を含んでもこのような桁ちがいの差がある。なお鉄道連絡船の洞爺丸事故・紫雲丸事故は海難事故の範囲として除く。

前述のように自動車では利用者以外の第三者の被害が多い。武部健一（道路文化研究所・土木工学）は「戦後の日本において、道路整備の第一の使命は貧しさからの脱却であった。生産への寄与を最優先とし、自動車が通りやすい道路にするための改修が行われ、歩く人のことはほとんど無視されてきた。加えて戦後の急激な自動車台数の増加は、当然のように交通事故の増大を招いた[38]」という。交通事故死者のうち歩行者と自転車が占める比率は、日本が五一％に対してドイツは二八％など、同じ敗戦国でありながら明瞭な差がある。また日本では道路横断中の車対人の事故のうち五八％が横断歩道（および付近）で発生しており、横断歩道さえ歩行者の安全を担保する施設としては機能していない[39]。

図2―7は東京都市圏（一都四県）と中部都市圏（三県）のパーソントリップ調査（後述）から市区町村別の公共交通分担率と人口一万人あたり交通事故死者数[40]の関係を示す[41]。なお交通事故死者数は貨物車の走行に起因する分もあるが、人の移動に起因するリスクとして貨物車の分は除いて評価する。人口あたりの交通事故死者数は都道府県別で最大で六・六倍の差があり、いわゆる「車社会」の道府県

図2-7　公共交通分担率と交通事故死者

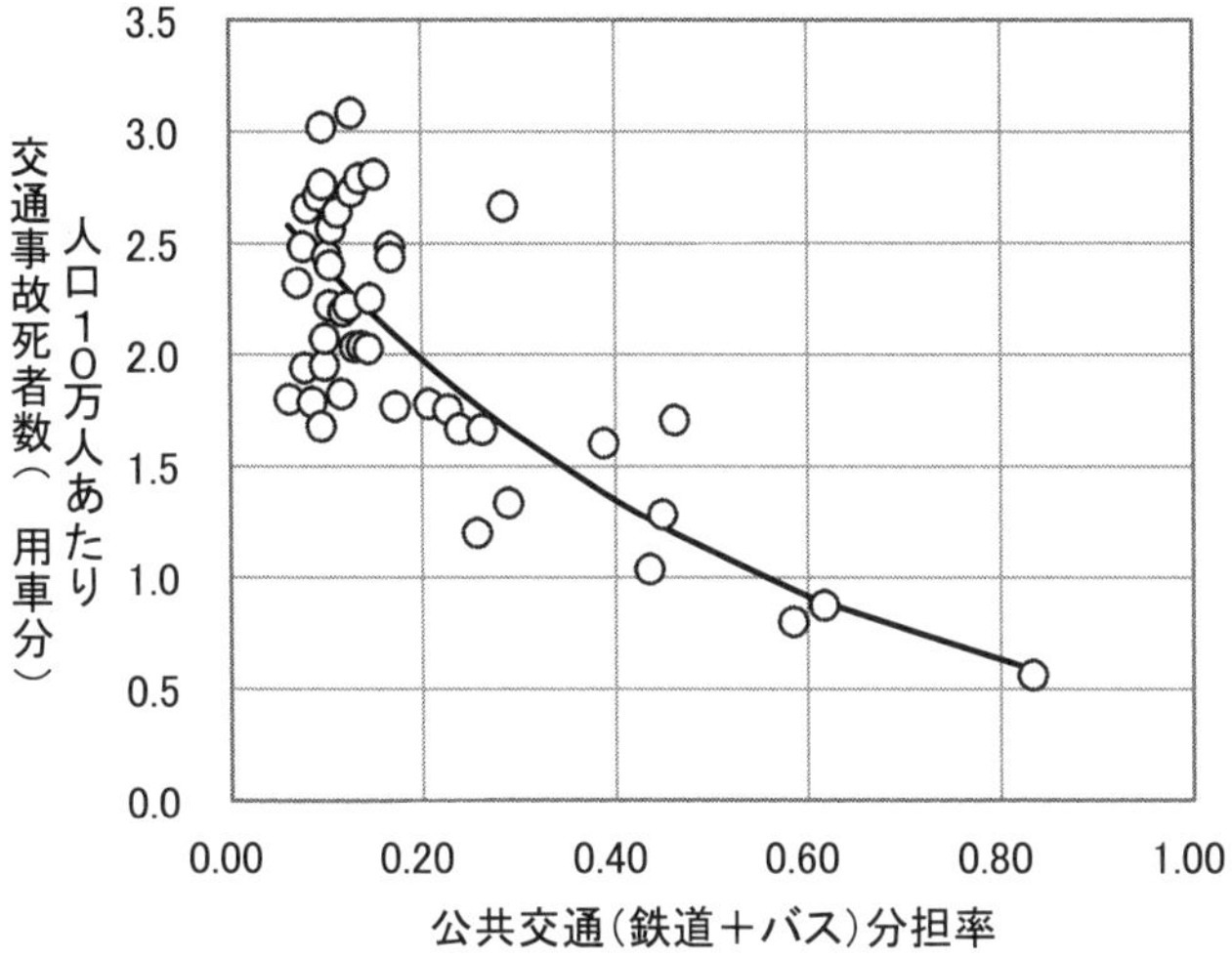

ほど交通事故リスクが高い。同図は統計的に有意であり、公共交通分担率が高いほど人口あたり交通事故死者の発生が抑制されることが示される。しばしば「何々県は運転マナーが悪いから交通事故が多い」等の通説があり都道府県別の調査もあるが[42]、そのような認識はいわば都市伝説である。「国民皆免許」と言われるほど誰もが運転しているが、ドライバーの注意力と操作のみに依存した現状の自動車では、誰でも一瞬の不注意や偶然により重大事故の加害者や被害者になる。自動運転に期待する意見もあるが、現時点では高速道路での追従走行などごく限定的な条件でしか機能せず、歩行者・自転車と混在し、信号・交差点・路上駐車・放置物などが散在する日本の一般道で実用化の見通しはない[43]。

もとより日常の買物にも車が不可欠であるような条件の地域では、車の機能を代替できるほど鉄道サービスを提供することは現実に難しい。

しかしたとえばこの問題を「防災」と同じ公共事業として考えた場合、数百年に一度の災害に備えて巨額の投資が正当化されることと比較すれば、国民の生命・健康を守るため、車からの転換を促すための公共交通のサービスレベル向上のための投資は正当化されるはずである。しかも後述のように、必ずしもインフラへの多額の投資を伴わなくとも公共交通の改善が可能である。

注

1 総務省「家計調査年報」二〇一四年年版。http://www.e-stat.go.jp/SG1/estat/List.do?lid=000001135066
2 総務省「全国消費実態調査」二〇一四年年版。http://www.e-stat.go.jp/SG1/estat/List.do?bid=000001061698&cycode=0
3 この用語の発案者や客観的な定義は明確でないが、各種の世論調査などから自らを「中流」と意識する国民が大半を占めるようになったことによる。
4 小島英俊『鉄道という文化』角川選書四五二、二〇一〇年、三〇頁。
5 原田勝正『鉄道史研究試論』日本経済評論社、一九八九年、四一頁。
6 東京都市圏交通計画協議会「パーソントリップ調査データ」データ提供ページ、一九八八年・一九九八年・二〇〇八年・二〇一八年（ウェブ上で利用できる年）。https://www.tokyo-pt.jp/data/01_02
7 内閣府「歩いて暮らせるまちづくりに関する世論調査」二〇〇九年七月。https://survey.gov-online.go.jp/h21/h21-aruite/index.html
8 『日本経済新聞』特集記事「常識に挑む③」一九九七年五月二八日。
9 国土交通省「交通政策基本計画小委員会」。http://www.mlit.go.jp/policy/shingikai/s304_koutuuseisaku01.html 第七回資料（加藤博和委員）二〇二〇年二月六日。http://www.mlit.go.jp/policy/shingikai/content/001328260.pdf
10 『東京新聞』「小学校減らす理由は少子化だけ？町田市の公立小四二校→四〇年度には二六校へ」二〇二三年一月

一日。
11 「バイトに追われ、部活諦め　沖縄の高校生、バス賃月四万円も　公共交通脆弱、家計を圧迫」『琉球新報』Web版、二〇一七年三月三〇日。
12 金持伸子「特定地方交通線廃止後の沿線住民の生活（続）〜北海道の場合」『交通権』第一〇号、一九九二年、二頁。
13 宮崎耕輔・徳永幸之・菊池武弘・小枝昭・谷本圭志・大橋忠広・若菜千穂・芥川一則・喜多秀行「公共交通のモビリティ低下による社会参加の疎外状況」『第二九回土木計画学研究発表会・講演集』二〇〇四年、CD－ROM版。
14 『福井新聞』「永平寺町移住でかなえた、都会にはない楽しみが広がる田舎暮らし」二〇二三年一一月二一日。
15 秋山哲男「人口減少社会のまちづくりと交通政策」『とうきょうの自治』第一〇三号、公益社団法人東京自治研究センター、二〇一六年一二月、二頁。
16 吉田樹「高齢者が［安心しておでかけできる］地域社会に向けて」『交通工学』五七巻四号、二〇二二年、四頁。
17 鉄道トレンド総研ウェブサイト「鉄道調査レポート」。https://sirabee.com/2022/12/01/20162982161/
18 「ローカル線は維持できるか　JR東日本社長らに聞く」『日本経済新聞』二〇二二年九月五日。
19 宇沢弘文『社会的共通資本』岩波新書（新赤版六九六）、二〇〇〇年、六三頁。
20 鈴木宣弘「武器を買うより食料の自給を　このままでは戦うどころか「兵糧攻め」で餓死させられる」『日刊ゲンダイ』二〇二三年一月二七日。https://www.nikkan-gendai.com/articles/view/life/317818
21 加藤博和「端末公共交通で日本のおでかけを楽しくする〜コロナ後の［ウェルカム］な地域づくりのために」『運輸と経済』八二巻二号、二〇二二年、一七頁。
22 「座談会　交通研究　昨日・今日・明日（岡野行秀・角本良平・廣岡治哉・藤井弥太郎）」『運輸と経済』五一巻一一号、一九九一年一一月、一九頁より、藤井発言。
23 国土交通省「近年廃止された鉄軌道路線」。https://www.mlit.go.jp/common/001344605.pdf
24 国土交通省「乗合バス路線の許可・休止・廃止状況の推移」。https://www.mlit.go.jp/common/001405904.pdf
25 原武史『歴史のダイヤグラム　鉄道に見る日本近現代史』朝日新書、二〇二一年、二六〇頁。
26 原武史『最終列車』講談社、二〇二一年、二九四頁。

27 「「体験の格差」で学力にも大きな影響　埋めるためにできることとは？」『通信制高校ナビ』二〇二一年一二月一七日。https://www.tsuushinsei-navi.com/real/issue/3554/

28 仙田満・上岡直見編著『子どもが道草できるまちづくり　通学路の交通問題を考える』（今井博之担当）「クルマ社会が子供にもたらす害」四二頁。

29 森本章倫「コンパクトシティとラストワンマイルの関係性」『運輸と経済』八二巻二号、二〇二二年、二〇頁（原典　八十島義之助『都市と交通』日本放送出版協会、一九六六年）。

30 ＤＩＤとは、人口密度約四〇〇〇人／㎢以上の国勢調査地区がいくつか隣接し、合わせて五〇〇〇人以上を有する地区をいう。全国のＤＩＤの存在状況とそのデータは、たとえば国土交通省『国土数値情報』を参照のこと。https://nlftp.mlit.go.jp/ksj/

31 総務省「家計調査年報」より。二〇二〇年以降はコロナの影響による特殊状況の可能性があるので二〇一九年を使用。http://www.e-stat.go.jp/SG1/estat/List.do?lid=000001135066

32 中村英夫・林良嗣・宮本和明編訳著『都市交通と環境―課題と政策』運輸政策研究機構、二〇〇四年、二七〇頁。（原資料　Emberger, G.E., A.D. May and S.P. Shepherd; Method to Identify optimal land use transport policy packages, Proc. 8th Internetional Conference in Computers in Urban Plonning and Urban Management, Sendai)

33 国土交通省都市局「コンパクト・プラス・ネットワークの推進について」。https://www.mlit.go.jp/common/001170865.pdf

34 鉄道トレンド総研「鉄道調査レポート」「電車で恐怖を感じた経験のある人は六九・一％、多数が［他の乗客への恐怖］」。https://tetsudotrend.com/202/

35 国立国会図書館レファレンス協同データベース。http://crd.ndl.go.jp/reference/modules/d3ndlcrdentry/index.php?page=ref_view&id=1000069104

36 斎藤貴男「本当は減っていない日本の交通事故～統計数字が暴く見せかけの安全神話　交通事故は本当に減っているのか？（上）」『朝日新聞Ｗｅｂ論座』二〇二一年四月二三日。https://webronza.asahi.com/politics/articles/2021042100002.html

37 三河島事故は一九六二年五月三日に、常磐線三河島駅付近で信号を誤認して脱線した貨物列車に旅客列車（電車）が衝突し、さらに線路に降りて避難中の乗客に別の旅客列車（電車）が衝突して一六〇名の死者を生じた。

38 鶴見事故は一九六三年一一月九日に、東海道本線鶴見駅付近で、走行中に脱線した貨物列車に上下二本の旅客列車（電車）が衝突した多重事故で一六一名の死者を生じた。

39 武部健一『道路の日本史』中央公論新社（中公新書２３２１）二〇一五年、二〇七頁。

40 交通事故総合分析センター『交通統計』令和一年版、二〇二一年、一八八頁。

41 交通事故総合分析センター『交通統計』（前出）各年版より。

42 交通事故総合分析センター『交通統計』（前出）各年版、国土交通省『全国道路・街路交通情勢調査自動車起終点調査』『自動車燃料消費量調査』（巻末の付・基本情報参照）より集計。

43 （一社）日本自動車連盟「交通マナーに関するアンケート調査（二〇一六年六月）」。http://www.jaf.or.jp/eco-safety/safety/environment/enq/2016_06.htm

上岡直見『自動運転の幻想』緑風出版、二〇一九年、四〇頁。

《コラム1》

宇田郷《うたごう》駅

写真は山陰本線の宇田郷駅（山口県阿武町《あぶちょう》）で二〇一〇年二月に撮影した。「うたごおえき」を頭文字に据えた短文が書かれている。（仮名づかいと漢字は原文ママ）

うたでも唄って元氣を出して
たれに頼まれた訳でもないが
ゴミを集めて打水すれば
お!!う、昔の駅がしのばれる
えき員さんが居なくて淋しいけれど
きれいにしてこそ我が家の玄関

文字は達筆で仮名づかいや漢字からすると戦前の教育を受けた人であろうか。「たれに頼まれた訳でもない」としているから近隣の住民が自主的に貼り出したものであろう。同駅は「えき員さんが居なくて淋しいけれど」とあるとおりJR発足前の一九八五年からすでに無人化されていた小駅であるが、「昔の駅がしのばれる」として地域の拠りどころであったことを思わせる。

　このような小駅を訪問した理由は、駅から二kmほど北にある「惣郷《そうごう》鉄橋」を見学するためである。鉄橋と通称されているが鉄骨造りではなく、一九三二年の山陰本線全通時に完成した当時としては珍しい「鉄筋コンクリートラーメン橋」という構造で土木遺産に登録されている。[1] 観光スポットとして地元の阿武町のウェブサイトでも紹介されている。[2] しかし二〇二二年一二月に再訪したところ前回よりさらに列車が減らされ、鉄道での訪問は

容易ではない。駅舎は取り壊されプラスチック板で三方を囲ったベンチのみとなっていた。

この旅行ではJR西日本・山陰本線の松江駅（島根県）〜幡生駅（山口県）を列車で通った。以前は特急列車も走っていたが現在は普通列車しかない。このあたりは日本海に沿って走り海の景観に優れる。しかし車窓の眺めが良い線区とは赤字とほぼ同義である。せっかくの景観だが砂浜には漂着ごみが山をなしている。気象条件による変動[3]要因もあるとされるが、前回は見た記憶がなく海の環境が悪化しているのではないか。たまたまJR西日本が運行するクルーズトレイン「瑞風《みずかぜ》」の運転日だったため途中駅で行き違った。「瑞風」は一〇両編成で定員三四名、一泊二日で最低ランクの三五万五〇〇〇円〜最高ランクの八七万五〇〇〇円（二〇二三年一月現在）という豪華列車である。「瑞風」の車内ではもちろん値段相応の酒食が提供されるが、荒廃した無人駅と漂着ごみを眺めながらの食事では興ざめではないだろうか。「瑞風」のキャッチコピーは「美しい日本をホテルが走る」なのだが。移動の途中では地元の人の話も聞いたが、クルーズトレインの歓迎行事等はあるものの、地元には金が落ちない不満もあるという。

注

1 土木学会選奨土木遺産「惣郷川橋梁の解説シート」。https://committees.jsce.or.jp/heritage/node/199

2 阿武町ウェブサイト「宇田郷エリアの見所⑤ JR惣郷鉄橋」。http://www.town.abu.lg.jp/sightseeing/sougoutekkyou/

3 東京海洋大学「平成二八年度 沖合海域における漂流・海底ごみ実態把握調査業務報告書」。https://www.env.go.jp/content/900543592.pdf

第3章　誰が「お客さま」なのか

「さっさとつめておしまい！」

窪田順生（ノンフィクションライター）は「［企業の］広報が発したメッセージというのは、企業の「脳」である経営者の経営姿勢だけではなく、この世の中をどう見ているのか、さらには思想や人間性が色濃く反映されているのだ」[1]という。ことに地方都市圏・町村部では、利用者の多くは通学の高校生など自動車が使えない人が主となっている。コロナ前からもダイヤ改正のたびに普通列車の便数や編成両数の削減、駅の無人化、駅舎の取り壊し、トイレ廃止、また大都市であっても日常の駅でのアナウンスの口調から、多くの鉄道利用者は「お客さま」としては扱われていないことを体感しているのではないだろうか。

旧国鉄時代は職員の接客態度に批判が多かった。ＪＲになり駅員や車掌の言葉づかいは表面上は改善された。安全や秩序維持の面から乗客が当然協力すべき事項（禁煙など）まで「何々させていただきます」など、むしろ過剰な謙譲語が使われるほどである。学会誌・専門誌の論文でさえ利用者は「お客さま」と表記されるようになった。しかし「お客さま」とは誰なのか。図３―１はＪＲ西日本のマナー呼びかけのポスターである（二〇一三年五月撮影）。座席を詰めて使用するようにという趣旨で、アニメのキャラクターが「さっさとつめておしまい！」と叫んでいる。国鉄時代に職員の接客態度が批判されていた時期でさえ、このように暴力的な表現は見たことがない。

このポスターを撮影したのは、いま存廃が注目されている同社の芸備線東部区間（広島県三次市〜岡山県新見市）であるが、この地域では朝の通勤・通学時でも一両だけのワンマン列車で運行され、国鉄時代（民営化前）と比べると座席の数が約六分の一に減らされている。いかにマナーの呼びかけでもこれでは利用者に対して節度を欠くのではないか。「アニメの登場人物を使用すれば若者に注目されるだろう」という安易な発想も見苦しい。ローカル線は最低限のサービスで構わないというＪＲ西日本の経営者の認識が露呈している。筆者も実際にこの線区の通学時間帯に乗車したことがあるが、座席が極度に減らされているためほとんどの高校生が立って乗車していた。これでは高校卒業と同時に移動手段として見捨てられてしまうであろう。

図3-1（写真）　ＪＲ西日本のポスター

　ＪＲ東日本の日光線では二〇二二年三月のダイヤ改正で、朝の通勤・通学時間帯の上り（宇都宮方面）の列車が三本から二本に削減された上に、編成が四両から三両に削減され混雑がひどくなった。日光線は大都市のように数分おきに列車が運転される

わけではない。地元から苦情が寄せられると、JR東日本は「全く乗れないほど混んではいない」と説明し「詰めて乗るように」という呼びかけで対応するだけであった。さらに夕方の下り方向（日光方面）でも列車の時間が繰り上がり高校の下校時間と合わなくなったため利便性が極めて低下している。

たまたま地元紙の『下野新聞』が取り上げて同年の五大記事[2]に選定されるほどの話題となって全国的に知られたが、これまでにも各地で同様の事態が発生している。筆者自身の経験でも、信越地区の人口二〇万人ほどの市の交通担当者の方から相談を受けたことがある。やはり朝の通勤・通学時間帯で、JR発足以後、列車の編成両数が削減されて混雑が激しくなった。JRの新潟支社に通勤列車の車両増結を要望したところ、支社から「列車が混雑していないと本社に説明がつかない」として拒否されたと憤慨していた。

JR東日本のある支社では、地方路線の沿線自治体が利用促進の一環として子どもの絵を車内に掲出したいと提案したところ、JR側から掲出料を要求され困惑したという。JRはできるだけ乗らないでほしいと考えているのだろうか。

二〇〇七年五月にはJR北海道留萌《るもい》本線の秩父別《ちっぷべつ》駅で、一両編成の普通列車に乗ろうとした通学高校生ら乗客五五人のうち二六人が乗り込めず置き去りとなるトラブルが発生した。このトラブルに関して当初JR北海道旭川支社は高校生の乗車マナーが悪い（奥に詰め合わせない）とのコメントを発表した。「大都市の感覚からすればまだ詰められる」との意見もインターネット上で散見されたが、そもそも定員を超えて乗車させること自体が違法であるのに、乗車マナーを理由として対策を回避しようとしたのは本末転倒であろう。さらにその後の対策も、車両を改造して出入口付近の座席を撤去し立席スペースを増やすという投げやりな対策で終わっている。

一方で伊東尋志（元えちぜん鉄道専務）は「定期券をお持ちの方はお客様の中で一番大事にしないといけません」と述べている。[3] 結果として「えちぜん鉄道」では、発足（二〇〇三年七月）いらい通勤定期客が倍増し、コロナによる落ち込みの後はコロナ前を上回る実績を挙げている。

業績が好調なJR東日本でさえも、東京駅からおよそ一〇〇km圏より外側では、前述の日光線の事例のように、ダイヤ改正のたびに列車の本数削減・ワンマン化・編成両数の削減・駅設備の撤去・無人駅の増加などサービスレベルの低下が続いている。最近の一例では同社の中央本線・鳥沢駅（山梨県）で、駅舎の建て替えを契機に無人化されるとともに

図3-2（写真）　破損したまま使用されていた新幹線車両

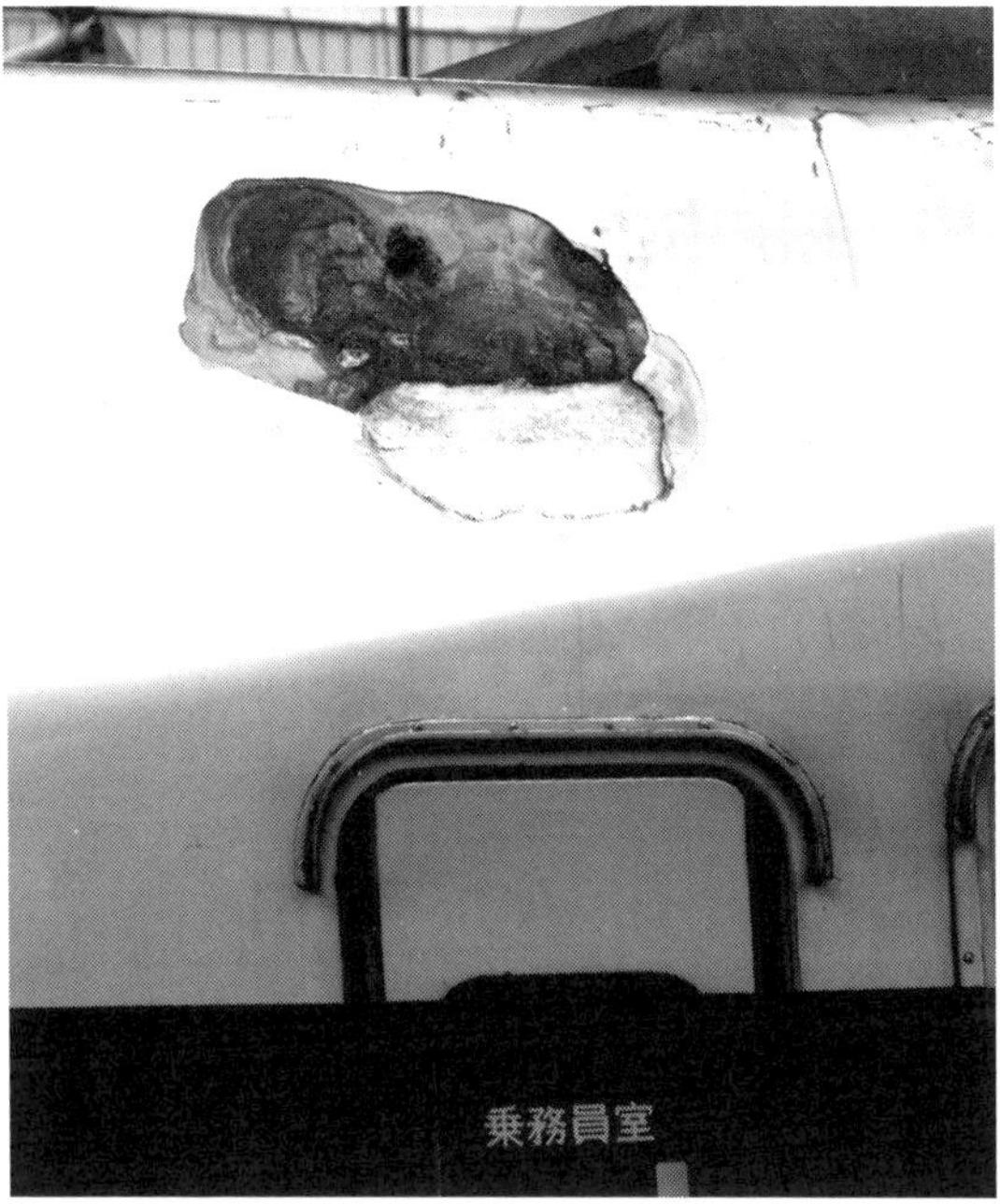

トイレを設けないことが二〇一五年秋に判明し、地元の自治体から強い不満が表明された。[4]これに対して同社では「総合的に判断」との常套句を示すだけで対応を拒否した。これは「必要ならば地元で負担せよ」というメッセージでもあるが「地域密着」どころかまさに旧国鉄に対して指摘された「お役所体質」が強まっている。

旧国鉄の民営化に際しては、「中央集権的な全国一元的運営を続ける場合と比べて、より多くの鉄道が再生され、地域住民の期待に十分応えていくことが可能となる」と説明されたにもかかわらず、利用者からみたサービスレベルは低下する一方である。JRになって一見改善しているかに見える部分は、旧国鉄時代の蓄積を取り崩しながら格差を広げて目立つところだけ取り繕ったからである。

図3―2は二〇〇九年一二月、福知山事故からわずか四年半後に、岡山駅に停車中の山陽新幹線の車両（現在は引退済み）を筆者が撮影したものである。この車両は旧国鉄時代に登場した形式で近々引退予定ではあるにしても、このような損傷を最低限の補修さえせずに乗客からも容易に目につく状態で使い続ける感覚は理解しにくい。新幹線の列車同士がすれ違う時は、相対的な速度は時速五〇〇km以上の航空機なみになる。ただちに車両全体の破壊的損傷に至る可能性はないかもしれないが、破片が飛散したり架線を損傷する等の連鎖的な事態に発展する可能性は十分に考えられる。

「客単価」が低い利用者、ことに割引率が大きい通学定期の利用者などは「お客さま」に含まれていない。原武史（前出）はJR東日本の「四季島」、JR西日本の「瑞風」などのクルーズトレインについて「だがこれらの列車は、最低でも二十五万円、最高で百五十五万円あまりもかかる。もっぱら内外の富裕層のためのサービスになっているのだ。しかも駅によっては、これらの列車を利用する客しか立ち入りができない専用スペースまでわざわざつくられている。誰もが利用できるはずの駅という公共空間までもが、どれだけ金を払ったかによって選別される時代になっている」[5]「明治以降の鉄道の歩みは、いまや明らかに転換点にさしかかっている。富裕層には徹底したサービスを提供し、クルーズトレインが停まる幹線の駅は大規模に改修する一方、交通弱者しか乗らない不採算路線は容赦なく切り捨てることで、『勝ち組』と『負け組』の格差が広がりつつある」[6]という。乗るのが気恥ずかしくなるような、某デザイナーによる奇抜で攻撃的、地域の風土に合わない派手な意匠は、地域の住民にとっては鉄道がいっそう日常生活と縁遠いものとの印象を与える。

誰が「お客さま」なのか

図3―3は、国鉄から事業を継承した後に現在までに完全民営化（株式が市場に開放された状態）したJR四社（東日本・東海・西日本・九州）および大手民鉄のうち七社の二〇二一（令和三）年度末の株式保有状況を示す。[7]株式は個人でも購入が可能であり、民鉄では伝統的に沿線の「大衆株主」が一定の割合を占めている事業者もあるが、株式保有数ではJRは相対的に金融関係の法人の占める比率が高く八割あるいはそれ以上を占め、さらに外国法人（いわゆる投資ファンド等）が三割以上に達する会社もある。

すなわち企業としての鉄道事業者は利用者よりも株主のほうを向かざるをえない。そして経営者は

図3-3　鉄道事業者の株主構成

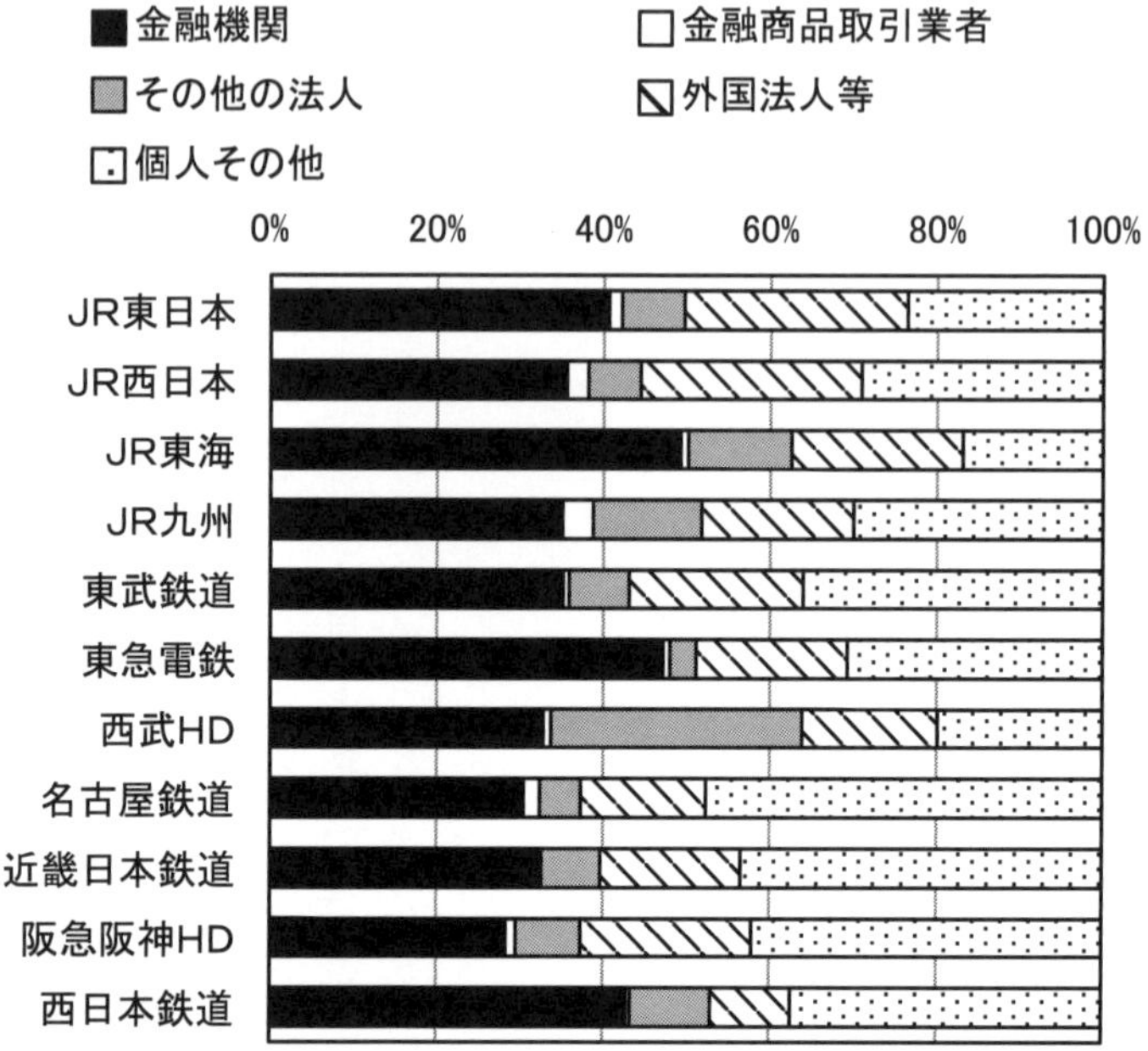

現場に対する関心を失い机上の経営指標のみが主要な関心事になる。そのしわ寄せが混雑放置や利用者に対するサービス低下をもたらしている。短期的・表面的なコスト削減には熱心な割には長期的・戦略的な視点がなく、第1章で指摘したようにむしろ本業での収益機会を次々と放棄している。

ＪＲ九州は二〇一六年に完全民営化を達成し東京証券取引所に上場したが、その一方で企業価値向上のためとして二〇一八年には列車削減を実施した。誰の、何の利益のために民営化したのか全く意味不明である。また民鉄の例では、西武鉄道は二〇〇四年に不祥事で上場廃止となった後、（株）西武ホールディングス（持株会社）が西武鉄道ほか関連企業を子会社とする体制に再編された。その際に米国投資ファンドのサーベラス・キャピタル・マネジメントが三〇％の株式を保有することとなり、サーベラスは株式売却益の最大化を意図して西武秩父線などの不採算路線と球団の廃止を要求した[8]。サーベラス側と西武側の対立の末、最終的に不採算路線と球団の廃止は回避されたが、同様の事態は他の鉄道事業者でも生起する、あるいは非公開の形ですでに生起している可能性がある。株主にとって、毎日の詰め込み輸送や、不便なダイヤをがまんして乗っている鉄道利用者はステークホルダーではなく、海外の投資ファンドのオフィスのパソコン画面上の数字として切り捨てられる。

まして広大な在来線ネットワークを有するJR各社に対しては、不採算路線を経営上の障害として排除する圧力が常に加えられていることは容易に想像できる。これは今回のローカル線の廃止促進政策との密接な関係が推定される。国は地域公共交通に対して、道路予算と比較すれば端数か計算誤差ていどの負担しかしていない。したがってローカル線の廃止を推進したところで国の財政が改善されるわけでもなく、そもそも民営化されたJRの事業内容に口を出す立場でもない。JRからの要求に基づいてローカル線の廃止を推進する役割を担っていると考えられる。

「提言」ではJR発足時の前提として「多額の国鉄長期債務を切り離して国民負担とするほか、国や地方自治体が多くの国鉄職員を受け入れてJR各社の負担を軽減した一方、JR各社には駅周辺部も含めた貴重な固定資産を数多く承継させるとともに、不動産・流通等の関連事業の展開によって経営基盤の強化を可能とした。これらによって、国鉄改革時の経営環境を前提とすれば、不採算路線を含めた鉄道ネットワークを維持していくことが可能と考えられた[9]」と述べている。この経緯を考えるならば、採算性を理由としてローカル線を廃止したり、明治以来築いてきたインフラを売り飛ばして企業収益を挙げることは、入口と出口をみれば税金を金融機関や海外ファンドに流しているのと同じである。それを「頑張る地域を応援」などという枠組みに転嫁することは欺瞞である。

「高校を卒業して免許を取ったら、こんなものに乗らなくて済む」と思われるような列車ではなく、「毎日乗りたい」「一生使い続けたい」列車でなければならない。もし一人の高校生が卒業後も一生にわたって鉄道を使い続けてくれれば数百万円以上の売り上げに相当する。そのほうが鉄道事業者にとっても長期的にみれば増収になる。「苦情を言ってくる客はまだいい。一番怖いのは何も言わずに去ってゆく客だ」というビジネスの基本的な認識に立ち返ってほしい。しかし株式の多くを保有する外国投資家は長期的な視点は持たず短期的な利益のみが関心事である。

一九八〇年代に国鉄の連続値上げと職員に対する批判が最高潮に達し「親方日の丸」と批判された。経営責任が不明確、非効率でコスト意識に欠ける「お役所仕事」、利用者に対する横柄な態度などに対する形容である。加藤寛（第二次臨時行政調査会第四部会長・国鉄再建監理委員会委員）はJR発足四年後の一九九一年に「その最大の実［註・一連の行財政改革のこと］は国鉄がJRに変わったことによって国民の『足』が国民の手に帰ってきたことである」[10]と述べている。すなわちJRの経営に利用者の声が反映される、今の言葉でいえば利用者もステークホルダーとなったかのように述べている。

もっともこの発言の時点では、まだ全てのJR会社は政府がJR全社の株式を一〇〇%保有する特殊会社であった。その後、JR東日本・JR西日本・JR東海・JR九州が完全民営化となった現在、JRは国民の手に帰ってきただろうか。それでは民営化されて抜本的に改善されたのだろうか。国鉄の民営化（一九八七年）に際して「役所と営利企業の悪いところを合わせた組織になる」と危惧する意見があったが、まさにそれが現実化している。

バブル経済崩壊の前後（一九九〇年代初頭）から「格差社会」の言葉が登場した。前述のクルーズトレインは極端な例であるが、一般利用者の中での「格差」が増大している。鉄道のサービスレベル（運行便数・スピードなど）は大都市圏・地方都市圏・町村部など地域の条件の違いであるていど異なることはやむをえないが、ＪＲで「地方交通線」に分類される路線は割増運賃を適用しているにもかかわらず、都市圏とはあまりにも露骨な格差があり、利用者を侮っているとさえ感じられる。こうした地域では、同じ市町村内であるのに、住民は利用する路線によって幹線系運賃と地方交通線運賃の相違が生ずるなど不都合を蒙っている。

ＪＲ発足当初には「地域密着」のコンセプトが掲げられていた。これは旧国鉄による画一的な経営のため地域のニーズとサービスが乖離していたことの反省に基づくとされたが、現在ではむしろ「格差」となって表面化している。たとえばＪＲ東日本では東京駅の赤レンガ駅舎復元（二〇一二年）にみられるように、輸送に直接かかわらない部分にまで多くの投資が行われている。ＪＲ東海のセントラルタワーズ（複合施設・名古屋駅）、ＪＲ西日本の大阪駅の巨大複合施設（大阪ステーションシティ）、も同様である。前述のようにＪＲ北海道はＪＲ北海道の「ＪＲタワー（二〇〇三年）」を開業しているが、それよりも本来の鉄道業に誠実に取り組むべきではなかったか。またＪＲ東日本は銀行業にも参入するという。

ＪＲ発足から三五年が経ち、旧国鉄でみられた横柄な接客態度などは表面的には姿を消したと思われるが、それらの負の部分が機械や電子システムに置き換わっただけで本質は変わっていない。たとえばICカード（Ｓｕｉｃａ）適用区間なのにICカードを販売せずチャージもできない駅がある。「使いたければ売っている駅まで買いに来い」という発想は依然としていわゆるお役所仕事である。サービスの改善その他について利用者や自治体から何かを要望しても「お客様のご理解・ご協力」という常套句を繰り返して聞き捨てるだけの姿勢も変わらない。

鉄道とは「駅」である

交通学では交通の三要素として「交通具」「交通路」「結節点」を挙げる。交通具とは物理的な移動手段であり、陸上なら車両、水上なら船舶などを指す。交通路は鉄道線路、道路などを指す。水上や空中には構造物としての交通路はないが通行方法のルールが決められている。結節点とは駅・バス停・港湾・空港などを指す。これらの三要素が揃わなければ「交通」としての機能を発揮することができない。自家用車が「便利」「楽」である理由は、自分の身体力を使わずに移動できるという特性は副次的に過ぎず、最大の要因は、まさにドア・ツー・ドアの言葉どおり「どこでもドア」ならぬ「どこでも駅」だからである。

社会的な意味で鉄道の存在意義は「駅」である。地域を鉄道路線が通っていても駅がなければ住民にとって鉄道は存在しないのと同じか、むしろ「迷惑施設」に過ぎない。駅こそは唯一の鉄道と住民の接点である。したがって事業者が何であれ、駅の軽視は鉄道の自殺行為である。メディアで、無人化された駅を地域の交流拠点や産業拠点、公共施設との複合施設として活用している事例が紹介された。この記事に対して原武史は次のようにコメントしている。

この記事は、鉄道とバスの違いを暗示していると思う。たとえどれほど地方でモータリゼーションが進もうと、鉄道の駅には長年の歴史が培ってきた「地域の玄関」としての公共性や象徴性がある。たとえ無人駅になっても、この記事が紹介するような「前例にとらわれないアイデア」が各地で生み出されることで、駅は依然として公共性や象徴性を失わない。もし鉄道が廃止され、バスに転換されたらどうなるか。バス停には駅に匹敵するほどの象徴性があるだろうか。しょせんバス停は、道沿いに立つ目印にすぎず、多くの人々がそこに集まるほどの公共性を持ちえない。この違いは、改めて認識されるべきだろう。[11]

種村直樹（鉄道ジャーナリスト）は旧国鉄時代の一九八〇年代から始まった「一駅一名物」活動を高く評価しているが、[12]これも駅があればこそである。道路では「道の駅」というシステムがある。施設としてはドライブインであって鉄道とは関係ないが、わざわざ「駅」と称するのは社会的に駅の機能を意識しているからであろう。また「駅弁」という文化がある。近年は駅での立ち売りは消滅し本来の「駅弁」は存在せず、食品・土産品の扱いで販売される「デパ弁」と揶揄されることもあるが、抽象的な意味であっても「駅」を拠りどころに「駅弁」が存在するのである。

しかし近年、ことに陸上の鉄道・バスにおける結節点機能は低下の一途を辿っている。加藤博和は結節点（駅・バスターミナル）が貧弱で「待てない」「何もできない」ことを指摘している。[13]「地方部の駅では、駅構内はもとより、周辺にも商店を見つけるのが大変なところが多い。自販機で缶飲料を買い、駅舎内のベンチで待つことができれば上出来である」[14]とはまさに筆者も常に体験している。ただし筆者の経験した範囲では、列車が一日に数本しか来ないローカル線の無人駅でも多くの場合は何らかの近隣住民の関与がある。待合室の壁掛け時計が管理されていて正しく時を刻んでいるのを見ると本当に安心する。清掃や積雪地では除雪に協力している例も少なくない。まさに鉄道とは「駅」である。

駅とは、物理的に利用者が乗降したり、乗車券等の販売をする営業上の機能だけではなく、地域の企業・自治体・学校などに対応する窓口でもあり「駅長」がその代表者となる。国鉄時代には全国の津々浦々に「駅長」がいて地域とのつながりの役割を果たしていた。かつて駅長は、地域の学校の入学式・卒業式・運動会などにも招かれる名士であり、ダイヤ改正や列車の運行に関して地域のニーズを国鉄当局に伝える役割もあった。また当局にとっても、たとえば大きな集合住宅や事業所が設置される予定など地域の情勢を先取りして対応を検討できるメリットもあった。国鉄が地域の信頼を失った主な原因の一つは、駅の無人化や業務の集約を過度に進めたため地域とのつながりが失われたことにある。

加藤寛（前出）は「駅に行っても多くの職員が仕事がそんなにあると思われないのにウロウロしていたように思えたのです[15]」と述べている。しかし今や駅から駅員の姿は消え、乗客のほうがウロウロするようになった。交通エコロジー・モビリティ財団は障害を持つ利用者から公共交通機関に対する利用上の不便情報（苦情）を集積しているが[16]、ホーム等に駅員がいないという指摘が多く寄せられている。新幹線やグリーン車にはアテンダント・パーサーが乗車している。たしかに特別料金を払った利用者に対する付加的サービスであるかもしれないが、駅に人を配置したほうがはるかに鉄道に対する信頼性が向上する。

改札がほとんど自動化される一方で、大きな駅であっても有人改札が減らされて出入口兼用で一カ所に集約するという極端な改造が行われたケースもある。このため自動改札を通れない乗車券等を持つ利用者や、あるいは駅員に何かを尋ねたいだけの利用者すら行列して待たざるをえず、また一人しか通れない幅の通路で両方向の人がすれ違うためにわずらわしい思いをする。筆者の主観だけではなくインターネット上の「駅で困ったこと」という投稿サイトには次のようなコメントがある（仮名づかい等は原文ママ[17]）。

横浜駅での朝のこと。私が改札を出る時、改札機の向こう側に男性がじっと立ってました。改札からどんどん人が出るので立ち止まることができませんでしたが、男性は改札機に切符を入れかけた状態で、ずっと待っているようでした。今切符の入る改札は少ないが、普段その駅を使わない人ほど切符を使うと思います。大きい駅ほど、切符が入れられる改札や駅員さんのいる改札の場所の表示が重要なのだと感じました。

寒冷地の駅でもホームに「整列乗車」の案内を表示している例をしばしば見かけるが、このような地域で冬期に吹きさらしのホームに並んで列車を待つのは、たとえ健康な若者であっても著しく不快である。駅員自身がホームに出なくなったから利用者の体感がわからなくなったのではないだろうか。国鉄時代の東北や北海道の駅では、利用者に寒い思いをさせないため列車の到着直前まで改札口を開けない駅もあった。昔は小さな駅でも多くが有人駅であったため、列車の遅延が発生しやすい積雪期などには運行状況に応じて利用者を案内することができたからである。

加藤寛（前出）は「あるいは駅についても、なにも立派な駅をつくる必要はありません。ヨーロッパでは終着駅は大きいけれども、途中の駅はどこでもただ土が盛ってあるだけという感じです。これが駅なのです」[18]と述べている。前述のとおり加藤寛は「国鉄がJRに変わったことによって国民の『足』が国民の手に帰ってきた」と述べているが「土が盛ってあればいい」との認識からは利用者の視点が全く感じられない。

一般に「有人駅」「無人駅」と呼ばれるが、駅には管理体制からみていくつかのパターンがある。JR旅客会社で社員が常駐する駅（ただし早朝・夜間は無人となる時間帯限定の場合もある）は「直営駅」である。駅全体が各JRグループの関連会社に委託されて社員の管理者が常駐しない場合は「業務委託」である。この場合は利用者からみれば「駅員がいる」という点では同じである。ただし運転上の指示・命令権限がある社員がいないため、事故などの場合に近隣の社員常駐駅から担当者を派遣する必要があり、対応に時間がかかる場合もある。

「簡易委託」は主にローカル線にみられる方式で、市町村や関連団体（観光協会など）・農協・近隣商

表3-1　全国の駅の有人・無人状況

事業者	社員常駐	業務委託	簡易委託	完全無人	無人化率％
北海道	72	36	15	332	76
東日本	458	381	117	715	50
東海	91	65	26	229	62
西日本	296	230	133	543	56
四国	51	6	15	186	78
九州	82	152	39	299	59
第三セクター	48	17	27	51	55

店・バスやタクシー事業者・個人などに委託して近距離の乗車券の販売など限定的な業務を取り扱う駅である。時間帯や曜日を限っての営業や、駅舎には人が常駐せず駅前の商店などで乗車券を取り扱う事例もみられる。こうした簡易委託駅は運転業務に関与せず緊急時の対応もできないので運行管理上は無人駅であるが、利用者からみれば人がいるのといないのとは大きな違いである。この他に本当に誰も人が関与しない完全な「無人駅」もある。

一九八七年の分割民営に際して自民党は意見広告を新聞各紙に掲載した[19]。その中に「明るく親切な窓口に変身します」との項目がある。たしかに当時、国鉄駅における職員の接客態度には問題があった。しかしいま、駅から駅員の姿が消えてしまった現状では「明るく」も「親切」も意味がない。表3―1はJR各社および第三セクター（並行在来線）に継承された路線の有人・無人の駅体制を集計したデータ[20]である（二〇一七年三月現在）。

また同時期の神奈川新聞の調査[21]によると大都市圏でさえも無人（省人）化が進展している。東京都と神奈川県のJR東日本とJR東海の二四九駅・四三一本のホームのうち、ラッシュ時のみの配置を除き社員か委託かを問わずホームに駅員が常駐するのは六五本にとどまる（二〇一七年四月現在）。主要なターミナル駅でさえもホームに駅員が常駐しない。その後

図3-4　山陰本線（島根地区）の駅状況

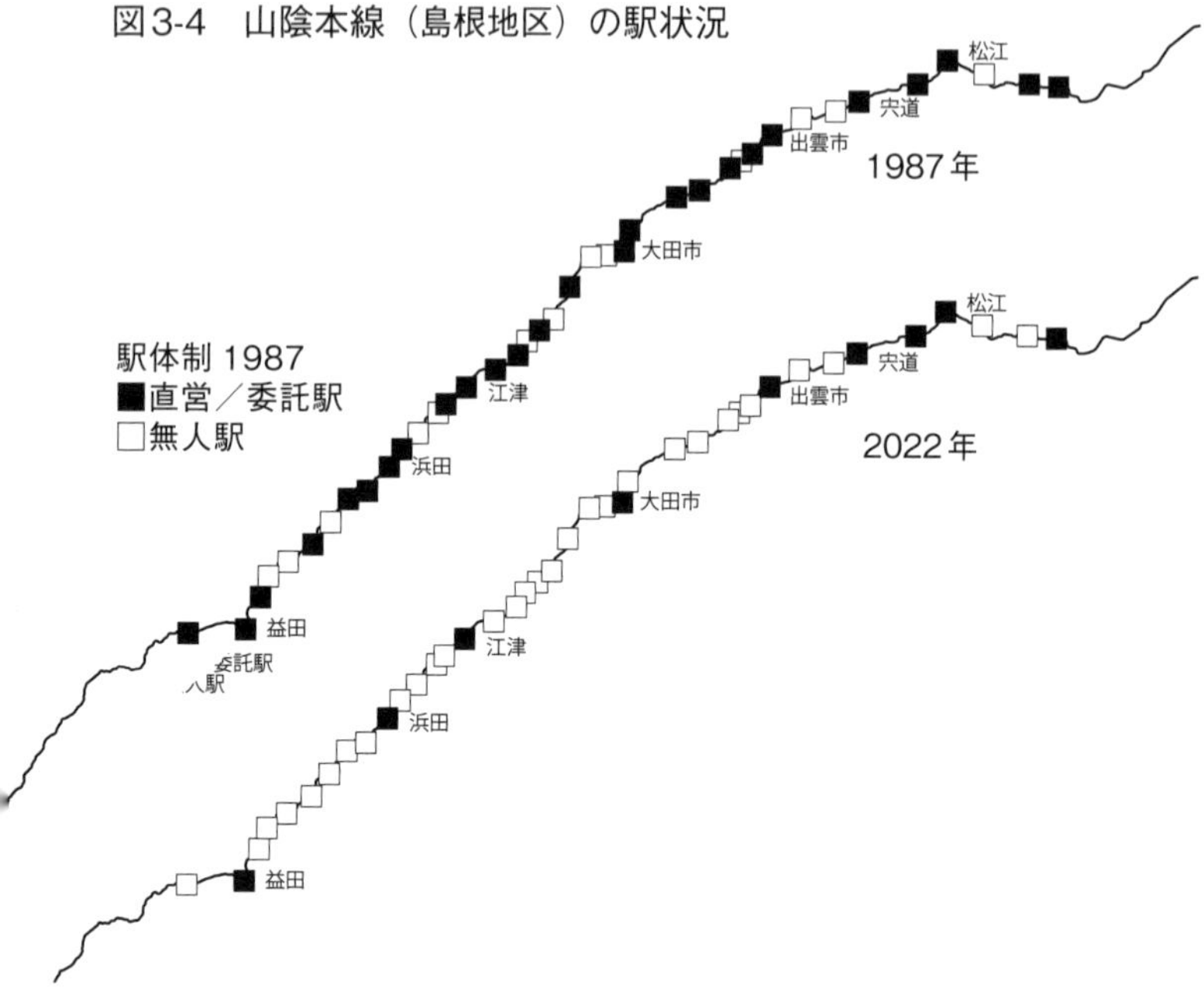

の最新の報告は見いだせないが、現在は委託化あるいは無人化がさらに拡大していると思われる。

図3―4は山陰本線の島根県区間での駅体制の推移である。■は社員常駐あるいは委託により何らかの形で人がいる駅であるが、□は完全無人駅である。JR発足時点では大部分の駅が何らかの形で有人駅であった。しかしコロナ前後から急速に無人化が進み、沿線の大部分が完全無人駅となっている。また有人駅でも営業時間の短縮・中断、駅員が勤務していても乗車券の販売をしないなど著しいサービスレベルの低下が進展している。

現実に駅の無人化（省人化）は利用者に多大な不快・不安を与えている。インターネット上の投稿欄では次のような指摘が寄せられている（仮名づかい等は原文ママ)[22]。

「困った時に駅員インホメーションに聞こうとしても先客がほとんどいてなかなか聞けない時が多い」「乗りたい電車が目の前の電車で合っているか、改札口を探す際、ホームで駅員さんを探しても、ほぼ見つからないです」「ホームで駅員に尋ねたくても誰もいなくて電車を乗り過ごしてしまった」「今は不審物や不審者がいたら駅員に・・と放送は入るがどこにいる？改札まで呼びに行く時間もない状況で、喧嘩や線路転落などの緊急時対応が不十分」「下車した無人駅の改札口で男性のつきまといにあい、周囲に誰もひとがいなくて、駅構内でトラブルがあったときに通報するボタンもなくて、助けを求められず［以下略］」

駅の体制はサービスの問題だけでなく安全にも密接に関連する問題である。図3―5（写真）は、JR東日本の東北エリアの駅ホームの状況である。この駅は前述の分類でいえば直営駅であるが、駅員は室内業務のみでホームには配置されない。近年は大都市圏では非常ボタンが設置されているが、この駅ではホームの柱に赤旗が差してあって、緊急時には乗客がそれを振れという。鉄道ではこの旗を「フライ旗」と呼ぶが、持ち方・振り方には決まりがあって職員はその研修を受けている。それを「乗客が旗を振れ」で済ませるのは余りにも杜撰ではないだろうか。

国土交通省によると、二〇二〇年三月時点で無人駅は四五六四駅（ただしJR・民鉄・第三セクター等の合計）で全国の駅の四八％にあたる。現在も無人化は年々拡大しており、たとえばJR西日本で

図3-5　東北地区の駅ホームの状況

緊急に列車を停止させる
場合に使用してください。

は、二〇三〇年度までに北陸エリアの駅の約八割を無人化する方針を示している。無人化・省人化は第４章でも触れるようにバリアフリーの点でも問題を生ずる。国土交通省では二〇二〇年～二一年にかけて「駅の無人化に伴う安全・円滑な駅利用に関する障害当事者団体・鉄道事業者・国土交通省の意見交換会」を行っている。[23]内容は障がい者の利用（バリアフリー）の観点であり、無人化に伴う障がい者の利用困難性への対応が議論されている。ただし無人駅に関する全体の議論はなく統計も公開されていない。

後退を続ける駅サービス

二〇二〇年のコロナを契機に、あるいはそれ以前から既定の方針であったと思われるが駅の機能低下がますます拡大している。筆者は通勤でJR東日本の東海道本線横浜駅を利用しているが、神奈川県内で利用者最多の横浜駅でさえ「みどりの窓口」の営業時間が短縮され、夜は二〇時で閉まる。旧国鉄時代には、前売り指定券の販売時間が一〇時〜一七時という時期があり、通常の勤労者にとっては利用不能な時間帯のため、前売り指定券を購入するには休日などに改めて駅に行かなければならなかった。しかし当時でも当日の指定券類は当該列車の発車時刻まで購入できた。JRになって四時三〇分〜二三時五五分に延長されたものの再び営業時間の短縮が始まり、当日にその駅を出発する列車の指定券類さえ購入できないケースも出現した。現在では駅員の配置はある（直営駅）が、営業時間の短縮はもとより、営業時間中でも乗車券の販売等を一切行わない駅も出現し、旧国鉄時代よりもサービスレベルが低下している。

二〇二二年一二月に所用でJR西日本の山陰エリアを訪れたが、その前年に訪問した時と比較してもサービスレベルの後退に驚いた。JR西日本はいよいよ山陰本線も捨てる気かと実感するようなありさまであった。島根県の県庁所在地にある松江駅であるが、同年三月から松江駅の窓口が縮小され、近距離の自動券売機の他には、有人窓口が一カ所と、指定券券売機が二台設置の状態になった。指定券が買える券売機は二種類あり、一台はJR西日本で「みどりの券売機」と呼ぶタイプで、利用者がパネル操作で購入する方式である。現在では全国各地でよくみられる。他の一台は「みどりの券売機プラス」と呼ばれる機種で、カメラと画面を通じてコールセンターのオペレータと遠隔で対話する機能が付加されている。これは従来の「みどりの券売機」では対応できない払い戻し、証明書の確認が必要な通学定期券、プログラムに組み込まれていない特殊なルートなど、従来は駅の窓口で人間が対応していた業務をリモートに移行しようとするものである。一見すると利便性が向上したように思われるが導入当初からトラブルが多発した。ＪＲ西日本は二〇二〇年一二月に、「窓口」設置駅を二〇三〇年度末までに約三三〇駅から約一〇〇駅に順次削減すると発表し、二〇二二年七月時点では約二〇〇駅に「プラス」タイプが設置された。うち「窓口」そのものが廃止となったのは約一六〇駅に上る。こうした駅の販売体制の見直しで、二〇二二年度末時点で駅係員約四〇〇人分の人件費削減を見込むとしている。報道によると次のような状況が伝えられている。[24]

七月上旬、松江市の山陰線宍道駅。大阪との往復切符を払い戻そうとしていた会社員、Ａさん（三二）が「プラス」の前で途方に暮れていた。払い戻しにはオペレーターとの会話が必要だが、会話を始めるまでの待ち時間だけで約二〇分。その後、オペレーターの指示に従ってクレジットカードを挿入したり、切符を機械に入れたりした。だが約四〇分後に「プラスでは対応しきれない」と言われ、みどりの窓口がある松江駅に出向くよう指示された。四駅先にある。操作を始めてからここまで約一時間。Ａさんはうんざりした様子で話した。「払い戻しはすぐにできると思っていた。何もかもテンポが悪すぎる。オペレーターは島根の地理を知らず、対応も心もとない」

島根県内では「窓口」の多くがなくなり、「プラス」に置き換わった。同県出雲市の山陰線出雲市駅では、特急で岡山県に帰宅しようとしていたＢさん（二八）が「プラス」を含む複数の券売機の前で固まっていた。ＩＴ企業で勤務していて機械に抵抗はないと言うが「どの券売機で特急の切符を買えるのかすら分からない。もっと表示を分かりやすくしてほしい」。［注・記事では実名であるが引用にあたり仮名とした］

記事の前半では、四駅先の有人窓口がある松江駅まで行くように指示されたとなっているが、宍道駅から松江駅までの山陰本線の普通列車は一時間に一～二本である。「オペレーターは島根の地理を知らず」という指摘にはその意味も含まれているのであろう。もう二度とJRは使いたくないと評価されてしまうのではないか。機械に抵抗のない若い人でさえ使いにくいとの評価が伝えられているが、「機械」の問題だけではない。筆者も「プラス」を実際に利用してみたが、鉄道好きの筆者にとっても、従来は容易にできた操作ができなくなっているなど、きわめて使いにくいシステムであった。「プラス」の画面には「おすすめご利用時間帯」という時間帯の棒グラフが表示され、混雑する時間帯を避けて利用せよというのであるが、松江は大都市圏ではない。地方都市ではそもそも利用者に駅に来てもらう行動が大きなハードルである。混雑時間帯を避けて利用せよなどというのは大都市の感覚であって、JR西日本の経営側の現場感覚が全く欠けていることが露呈している。しかし同記事によれば「オペレーター待ち時間の目安表示に対し三～五倍以上の待ち時間が発生する場合がある」などと掲示されていた駅もあるという。ただでさえ使いにくい地方都市の鉄道はますます敬遠される。筆者の後に並んでいた若い人も、結局操作がわからず駅員が呼び出されたが、その駅員もやはり操作できず、ついに有人窓口に並びなおすことになった。

次の日に山陰線の浜田駅を訪れた。同駅は直営駅であるが乗車券の販売等を一切行わず、近距離券売機と「プラス」が一台の状態になっていた。ここで同行者が「プラス」を操作しようとしたが、やはり操作がわからず駅員を呼ばざるをえなかった。しかし駅員が操作を代行してもオペレータの「呼び出し待ち時間一～五分」という表示が出たまま券売機の動作が止まってしまい、列車の発車時刻が迫って後に人が並んでいるのを気にしながら待つ状態になった。予めインターネットで予約した乗車券・指定券を受け取るだけならば有人窓口よりも速いが、券売機が一台しかない駅で前に並んでいる人が立往生していれば、順番を抜いて受け取ることもできない。

やはり山陰本線内の主要な駅である益田駅も訪れたが、駅員の対応時間が七時二五分～一七時となっている。その時間帯の中でも、労働基準法上の対応と思われるが三回にわたり合計二時間余りの閉鎖（休憩）時間がある。しかも駅員の勤務時間であっても乗車券等の販売は行わず、近距離券売機と「みどりの券売機（オペレータ対話型でない在来型）」を利用するようにとの案内が掲示されている。もはや駅の機能が完全に崩壊している。ＪＲ西日本は駅係員約四〇〇人分の人件費削減を見込むというが、このようなサービスレベルの後退を続けていれば、おそらく削減した人件費以上の収入を失うだろう。

鉄道廃止と町の衰退

しばしば「鉄道路線を廃止すると沿線の町が寂れる」「駅が無人化されると町が寂れる」と指摘さ

れる。この問題は古くから注目され多くの検討がある。[25] 今では鉄道の占める役割は小さいから鉄道の廃止や駅の無人化と町は関係ないとの見解も聞かれる。多くの場合に相関関係は認められるが、鉄道（駅）の廃止や無人化が原因なのか、逆に町が寂れて利用者が減少したことが廃止・無人化の原因なのかの因果関係については、研究者の間でも諸説がある。もし鉄道の廃止や駅の無人化のほうが原因であるならば、路線の廃止や駅の無人化の防止が町の維持に役立つと判断できる。

いずれの地域でも、鉄道事業者が無人化（直営からの撤退）を実施あるいは表明すると、自治体や地元の関連団体が委託（乗車券の販売など）で継承して無人化を回避する努力がみられることから、駅と町の関係は経験的には認識されていると考えられる。この問題に関して齋藤眞秀（北海道大学院）らは駅を「拠点性」という観点で検討し、市町村の人口減少率と駅の機能は相関があることを指摘している。[26] 駅を「交通機能（有人駅かどうか）」「空間機能（観光用施設・商業施設・地域交流拠点等）」の条件によって「駅の拠点性」という評価指標を作り、市町村の人口減少率との関連を検討している。すなわち単に利用者の多寡だけでなく、駅の社会的な位置づけにも注目している。検討の結果、拠点性の低い駅が所在する市町村は人口減少率が大きいという相関がみられた。この結果は必ずしも因果関係の証明ではなく地域の活力は人口だけで代表できるともかぎらないが、少なくとも駅の無人化と町が寂れる影響についての相関関係が存在することは確かである。

なお齋藤らは結論として「鉄道駅は地域の骨格を形成する上で重要な役割を果たしてきた。一貫して駅近隣を中心としたまちづくりを進めてきたところは、たとえ鉄道が廃線になっても駅跡が地域の拠点として機能し続けている。しかし、まちの規模にかかわらず、一度郊外化を進めてしまったところや、駅の規模を縮小されてしまったところは地域拠点性を失い、鉄道の廃線後は地域の拠点そのものがなくなってしまう。鉄道の存続と地域の衰退を議論する際は、短絡的に結び付けるのではなく、現状の駅の拠点性を見極めることが重要である」としている。

また何を以て「町が寂れる」というのかについても共通の指標があるわけでもないが、たとえば「若年層が少ない」などは誰もが感じる特徴であろう。植村洋史（京都大学大学院）らは、地方鉄道の廃止が、年齢階層別の人口増減率と関連するかを統計的手法により検討している。一〇～一四歳といった五年間のうちに高校卒業を迎える年齢の人々を含む年齢階層や、三〇～三四歳、三五～三九歳といった子育てや結婚などのライフイベントを迎える年齢階層、六〇～六四、六五～六九歳の高年齢階層の社会増減率と関係があるかを検証している。[27] また並行して石渡雄大（京都大学大学院）らは、地方都市におけるバスの利便性が地域の年齢構成との相関があるか、また年齢階層別人口の増減率と相関があるかを同様に統計的手法により検討している。[28] その結果、バスの利便性の高い区域（注参照・メッシュのこと）において高齢者が占める割合より、バスの利便性の低い区域において高齢者が占める割合の方が大きいこと、社会増減率（五年間）との関連では毎時四本以上の運行頻度があるバスの利便性が高い区域において、そのほかの区域と比較して相対的に一〇代の転出は抑制できるが、二〇代の転入は促進できていないことなどの傾向を指摘している。

北陸地域はかつて「国鉄の駅ごとに私鉄が接続している」と言われたほど多くの中小私鉄の路線が存在する私鉄王国であったが、その多くが廃止された。図3―6は北陸三県（富山・石川・福井）について、「現状で鉄道（駅）が存在する地域」、「過去に鉄道（駅）が存在したが現在までに廃止された地域」、「もともと鉄道（駅）が存在しなかった地域」の三区分について、国勢調査の一kmメッシュデータ[29]から一九九五年に対する二〇一五年の人口の変化率が「〇（消滅）～二五％」「二五～五〇％」「五〇～七五％」「七五％～一〇〇％（九五年を維持）」「一〇〇％以上（九五年より増加）」の五段階のいずれに属するかを比較したものである。図にみられるように、「もともと駅なし」「駅廃止（過去に駅存在）」「駅現存」の順に、人口減少率の大きなメッシュ（黒・グレー等）の占める割合が少なくなっている。すなわち現在も駅が存在する区域では、駅が廃止された区域・もともと駅が存在しなかった区域に比べると、人口の減少が抑制されていると考えられる。この結果は相関関係であって、駅が人口の維持に貢献している因果関係は証明していないが、地域鉄道の存在価値を示す一つのヒントとなるのではないか。

駅の「広場」機能

スポーツの大きな試合、ハロウィン、大晦日カウントダウン等の際に渋谷駅前のスクランブル交差点の人出が報じられる。新型コロナで一時下火になったが二〇二二年以降は復活している。本来は道路であるスクランブル交差点になぜ人々が集まるのか。それは外国の都市にあるような、市民が集まる広場が日本にはほとんどないからである。日本の駅には商業施設はあるが広場はない。交通計画の分野では、駅前広場を「交通広場」と称して、駅前に発着する自動車交通を処理するための空間であ

図3-6　駅の存在と人口変化率（北陸三県）

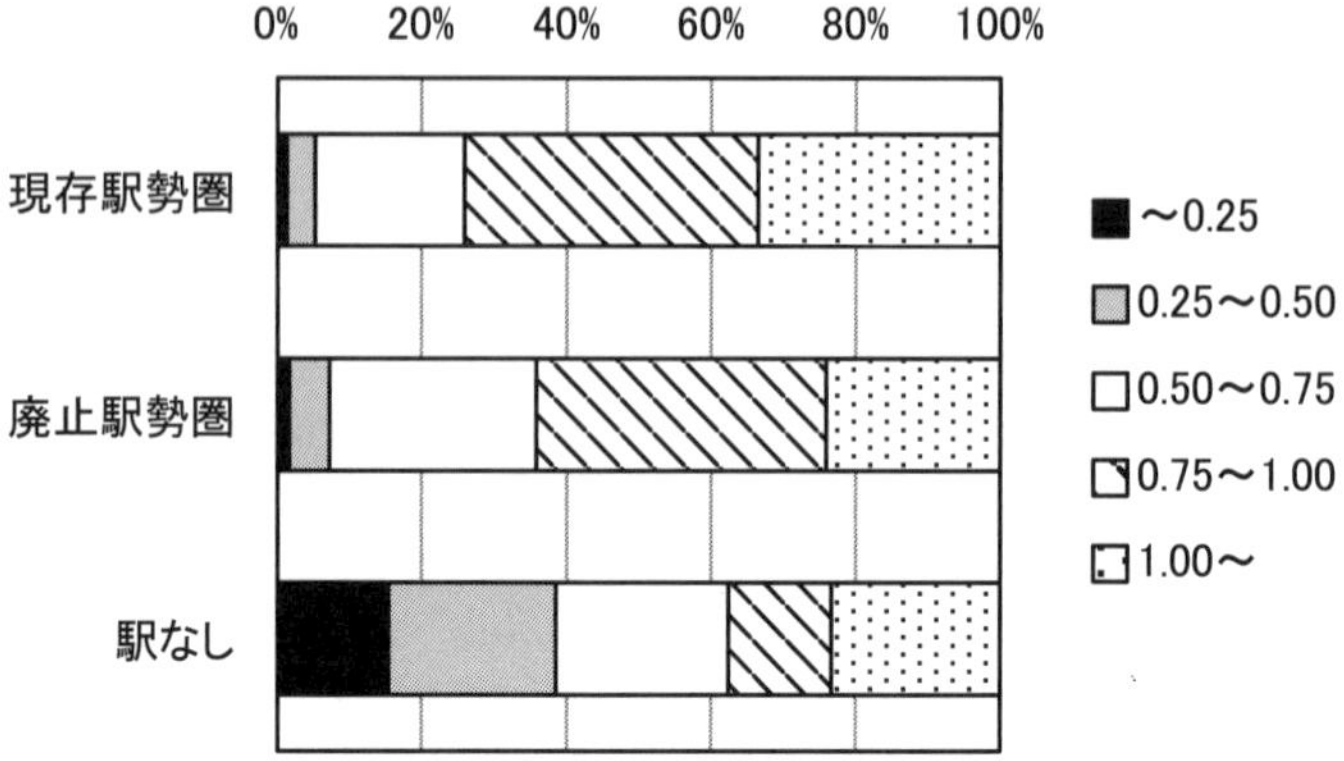

って市民が集まることを想定していない。

日本では江戸時代から、市民が集まることを嫌って権力者が意図的に広場を作らない都市計画を実施してきたと指摘する論者もある。欧州の多くの都市には広場があり、市民が集まって意志を示すときに重要な役割を果たす。誰でもミカン箱に立って自由に演説し、道行く人と討論する場があってもよい。これは民主主義の基本であり、インターネット上で匿名で罵詈雑言を交わしていても討論にはならない。「広場」という物理的なスペースが必要である。いま鉄道駅では、事業者側が無秩序に出店を並べて防災上も不安を感じる一方で、市民に対しては規制の塊となっている。

　鉄道は民主主義のインフラである。これだけ鉄道ネットワークが発達した日本なのだから鉄道は民主主義のために活用できるはずである。原武史は「教会や広場が事実上存在しない日本では、鉄道こそが最も不特定多数の人々が居合わせる公共的な空間となってきた」という[30]。

　かつてこれを実現しようと提唱した人物もいる。一九四七年四月、新憲法下の初めての統一地方選挙（自治体首長公選）で東京都杉並区長となった新居格《にいいたる》である。新居は「駅頭が広場であってほしいのは、そこを人民討論場であらしめたいからだ。人々は集まって機智と理性の討論会たらしめ、選挙のときなどは意見発表の場所とも出来るからである。どうしても広場と大通りが要るのだ。現に、杉並の中心となろうとする傾向のほの見えるのは荻窪北口である」と述べた。[31]ただし余りにも革新的なアイデアで支持が集まらず実現しなかった。現在の荻窪駅北口には新居の発案に相当する空間はなく、商業施設と道路だけである。

　二〇二二年一一月に、横浜市に住む男性が原発に関連する標語のプラカードを胸と背中に下げてJR東日本の東海道線に横浜駅から乗車した際、ホームで三〇代とみられる駅員からプラカードを外すよう求められた。[32]「駅構内にそんなルールを掲示しているのか」と尋ねると「掲示はしていないが駅という場所でやるべきではない」などと話したという。結局そのまま電車に乗車した。後日新聞記者の問合せに対して、JR東日本横浜支社の広報担当者より「駅構内で社会問題にメッセージを表現することを一概に制限するものではないが、他のお客さまが不快に感じたり迷惑に思うようなことがあれば、おやめいただくよう声をかけさせていただく場合がある」との回答があった。[33]

　しかしどのような理由で駅員が「他の利用者に不快・迷惑」と判断したのかは不明である。研究者は「[戦争反対]などTシャツや着衣、プラカードのメッセージの内容からそれをやめさせる権利、乗車を拒否する権利はない。公務員や公共交通機関の職員が業務中に政治的な表現をしてはならないルールがあるとしても、一般の乗客に守らせる必要はないし、混同してはいけない」とコメントしている。表現の自由に対する「萎縮の先回り」「権力者への忖度」が背景にあると指摘している。

注

1 窪田順生（ノンフィクションライター）「東芝『原発広報の異常さ』から見える危機の前兆」ダイヤモンドオンライン二〇一七年二月九日。http://diamond.jp/articles/-/117281

2 『下野新聞』【二〇二二話題の記事五選】「ダイヤ改正で「満員電車」に　JR日光線、乗客不満の声」二〇二二年一二月二八日。https://www.shimotsuke.co.jp/articles/-/680096

3 「鼎談　これからの地域鉄道―理想と現実と将来―」『運輸と経済』八一巻九号、二〇二一年九月、六頁。

4 『読売新聞（山梨版）』二〇一六年二月一四日「大月・鳥沢駅建て替え　トイレなし協議平行線」

5 原武史『最終列車』講談社、二〇二一年、九頁。

6 原武史『最終列車』講談社、二〇二一年、二二三頁。

7 金融庁「金融商品取引法等に基づく有価証券報告書等の開示書類に関する電子開示システム（ＥＤＩＮＥＴ）」。https://disclosure2.edinet-fsa.go.jp/WEEK0010.aspx

8 西武グループは二〇〇四年に有価証券報告書の虚偽記載で上場廃止となるなどのトラブルを経て、二〇〇六年に米国の投資会社から出資を受けた際に、一部路線廃止の検討を要請されるなど一時は対立状態にあったが、その後は融和に転じていた。

9 「提言」四頁。

10 加藤寛『日本経済・自己変革のとき』ＰＨＰ研究所、一九九一年、九一頁。

11 『日本経済新聞』「無人駅、五割に迫る　グランピングやエビ養殖に活用」二〇二三年一月四日。https://www.nikkei.com/article/DGXZQOCC255TX0V21C22A0000000/

12 種村直樹「レールウェイ・レビュー」『鉄道ジャーナル』第二四四号、一九八七年三月、一一二頁。

13 国土交通省「交通政策基本計画小委員会」。http://www.mlit.go.jp/policy/shingikai/s304_koutuuseisaku01.html 第七回資料（加藤博和委員）二〇二〇年二月六日。http://www.mlit.go.jp/policy/shingikai/content/001328260.pdf

14 加藤博和「端末公共交通で日本のおでかけを楽しくする〜コロナ後の「ウェルカム」な地域づくりのために」『運

輸と経済』八二巻二号、二〇二二年、一二頁。
15 交通エコロジー・モビリティ財団「高齢者・障害者等の公共交通機関不便さデータベース」。http://www.ecomo.or.jp/barier_free/fubensa/
16 加藤寛『国鉄再建はこうなる』ダイヤモンド社、一九八五年、六二頁。
17 朝日新聞デジタル・フォーラム「駅で困ったことありませんか」。https://www.asahi.com/opinion/forum/101/
18 加藤寛『国鉄再建はこうなる』ダイヤモンド社、一九八五年、九四頁。
19 『朝日新聞』一九八六年五月二一日朝刊掲載分。
20 国鉄労働組合「JR３０年検証委員会」二〇一七年三月一二日資料より。
21 「無人ホーム八五％　東京・神奈川 一層の安全対策急務」『神奈川新聞』二〇一七年四月三日。
22 朝日新聞デジタル・フォーラム「駅で困ったことありませんか」。https://www.asahi.com/opinion/forum/101/
23 国土交通省鉄道局「駅の無人化に伴う安全・円滑な駅利用に関する障害当事者団体・鉄道事業者・国土交通省の意見交換会」。https://www.mlit.go.jp/tetudo/tetudo_fr2_000017.html
24 『共同通信』「消える「みどりの窓口」、代わりの券売機「プラス」に不満続出、一時間たっても払い戻しできず結局「窓口に」　JR西日本、対策は?-」二〇二二年八月一三日。https://nordot.app/927843731815006208
25 浅妻裕「鉄道路線存廃と人口推移の関係についての試論」『北海学園大学・開発論集』一〇七号、一～一三、二〇二一年三月。
青木亮・内山隆・須田昌弥「交通弱者の立場からみた地方交通線転換の影響」『運輸と経済』五六巻一〇号、一九九六年、四八頁。

宇野耕治・谷本谷一・仲上健一・中村徹・米田和史「特定地方交通線における経営形態の転換と現状」大阪産業大学交通観光研究室、一九八九年。http://www.osaka-sandai.ac.jp/file/rs/research/archive/12/12-15.pdf
大塚良治（「鉄道廃止が地域に与える影響に関する一考察―ＢＲＴ化が提案されている内部《うつべ》・八王子線への示唆」『湘北紀要』三四号、二〇一三年、一一五頁。

大塚良治「不採算鉄道の社会的便益―内部・八王子線の事例に焦点を当てて―」『湘北紀要』三四号、二〇一三年、一二七頁。

川久保槙二・瀬谷創「鉄道廃線が地価に与える影響に関する統計的検証」土木計画学研究・講演集、五五巻（C

D—ROM）二〇一七年六月。

根本淳・山岡俊一「地域鉄道の廃止と駅周辺における社会経済の変化の関係分析」『都市計画論文集』五二巻三号、二〇一七年、二七〇頁。

佐川大輔・中谷友樹「鉄道路線の廃止が沿線自治体の人口・所得水準変化率に及ぼす影響」『季刊地理学』七二巻、二〇二〇年、一〇七頁。

永東功嗣・中川大・松中亮治・大庭哲治・松原光也「地方鉄道の存廃が駅勢圏人口の経年的変化に及ぼす影響に関する研究」土木計画学研究・講演集、四四巻（CD—ROM）二〇一一年一一月など。

26 齋藤眞秀・岸邦宏「鉄道駅の地域拠点機能の形成プロセスと評価に関する研究」土木計画学研究・講演集、五二巻（CD—ROM）二〇一五年一一月。

27 植村洋史・松中亮治・大庭哲治「傾向スコアマッチングを用いた地方鉄道の存廃が駅勢圏における年齢階層別人口の社会増減に及ぼす影響」土木計画学研究・講演集、六三巻（CD—ROM）二〇二一年六月。

28 石渡雄大・松中亮治・大庭哲治「地方都市におけるバスの利便性と年齢階級別人口構成比および社会増減率の関連分析」土木計画学研究・講演集、六三巻（CD—ROM）二〇二一年六月。

29 市区町村別メッシュコード一覧および各年国勢調査のメッシュデータは総務省統計局ウェブサイトより。正確には「駅勢圏」として駅から二km以内のメッシュを集計している。http://www.stat.go.jp/data/mesh/m_itiran.htmlhttp://e-stat.go.jp/SG2/eStatGIS/page/download.html

30 原武史『鉄道ひとつばなし3』講談社、二〇一一年、五頁。

31 原武史『歴史のダイヤグラム　鉄道に見る日本近現代史』朝日新書、二〇二一年、一〇九頁。

32 男性は横浜市営バスにもプラカードで乗車しているが記事は省略する。

33 『東京新聞』「脱原発のプラカードを着けた男性が受けた「注意」駅員やバス運転手から　どうして？」二〇二三年一月一九日。https://www.tokyo-np.co.jp/article/226106

第4章　鉄道は「人」で動く

「割れ窓理論」とは防犯の分野で提唱された理論であり、窓の破損など防犯上の軽微な不備を放置していると、それ自体が地域の無関心を追認・助長する原因となり、やがて地域全体の治安低下を招く関係性である。ここから「小さな綻びを放置すると大事に至る」という意味でビジネスの分野でも援用されるようになった。交通の分野での「割れ窓」は文字どおりの事例がある。福井県で運行されていた旧京福電気鉄道では、二〇〇〇年一二月と二〇〇一月六月に連続して死傷者を伴う重大事故を起こして運行を停止し、その後第三セクターの「えちぜん鉄道」に継承された。前者は基本的なブレーキ部品の劣化による破損、後者は信号保安装置（列車自動停止装置）を設置していなかったことが原因であるが、旧京福電鉄の時代には、窓ガラスが割れた箇所にガムテープを貼って運行していた実態があり、まさに割れ窓を放置しているうちに重大事態に発展した具体例であった。

国鉄時代には服装など外見をはじめ勤務態度が弛緩した職員が各所で見受けられ問題となった。民営化後にはそうした問題は影を潜めたかに思われたが、近年は再び懸念される事態が起きている。二〇一四年一月にはJR北海道の運転士が操作ミスを隠すためATS（自動列車停止装置）のスイッチを意図的に壊す事件が発生した。二〇一六年一月にはJR東海の出札担当の駅員が、人気のある寝台特急「カシオペア」の指定券を収集目的で私的に発券して持ち帰る不祥事があった。同月にはJR東日本・山手線の運転士が私物のスマートフォンを片手で操作してゲーム動画を見ながら運転していたことが発覚した。

二〇二三年一月には、東京駅の東北新幹線で、列車が車いす用スロープを装着したまま発車し、ホームに居合わせた清掃係員が咄嗟に足で蹴って外した後も列車はそのまま走行を続けた事故が発生した。[1]状況によってはホーム上の乗客を巻き込み傷害事故に至る可能性があった。事故の背景として、車いすの乗客を車内に案内した駅員が降りようとしたところ、次々と乗客が乗り込んできて車内に取り残されたまま発車した経緯がある。筆者は前著『鉄道は誰のものか』で、到着列車を次々と折り返し列車として使用する効率的な車両運用の陰で、鉄道整備業者が清掃・整備を短時間で完了する活動[2]とともに、乗客も数分前にならなければ乗車できない状態について、あまりにも余裕が乏しいことを指摘していた。[3]

飲酒しての乗務は国鉄時代に悪慣行としてしばしば指摘され、名古屋駅で寝台特急「紀伊」機関車衝突事故（一九八二年三月）、兵庫県西明石駅で同じく寝台特急「富士」脱線事故（一九八四年一〇月）など大事故を引き起こした。現在ではアルコールチェックなど対策が講じられているが、二〇二二年一一月には、JR西日本の車両基地内において、運転士が酒気を帯びた状態で車両を運転していたことが判明した。JR西日本では、車両基地内の運転業務の一部を関連会社のJR西日本メンテック・JR西日本中国メンテックに委託している。本来はアルコールチェックを担当者と点呼執行者が対面で実施する規程のところ、検知器の数値確認を行わず記録簿に記載したり、担当者自らが記録簿に記載していた。[4]この後、全社的にアルコールチェックの実施状況を確認した結果、山陰地区で構内運転の業務委託を行っている現場でも不適切なアルコールチェックの事例が報告された。

ＪＲだけでなく民鉄でも不可解な事件（不祥事）が報告されている。二〇一二年三月に小田急電鉄で車掌が回送列車に故意に女子高校生を乗車させた事件、二〇一六年二月には相模鉄道の社員が遺失物のＩＣカードを無断で払い戻し着服を繰り返した事件、二〇二二年七月には、小田急線を使って通勤途上だった東急電鉄の運転士が、車両外部から非常用ドアコックを操作して閉まりかけたドアを不正に開ける事件が報告されている。いずれも直接的に乗客の生命・身体を損なう重大事故ではないが「割れ窓」であることは間違いない。

ＪＲ西日本のウェブサイトのトップには本書刊行時点（二〇二三年四月）も「私たちは、二〇〇五年四月二五日に発生させた福知山線列車事故を決して忘れません。安全第一を積み重ね、安心、信頼していただける鉄道を築き上げます」との宣言が掲載されている。しかし実態が伴っているだろうか。ＪＲ発足当初の各社経営陣には、鉄道そのものに対する愛着を持つ人が残っていた。しかし時間が経つにつれてＪＲは単なる「ビジネス」になり安全も経営指標の一つに過ぎなくなった。

図４―１（写真）はＪＲ九州の特急列車の車両の洗面所である。この車両は「ＤＸグリーン料金」として運賃の他に一六八〇円〜三七七〇円（距離により異なる・二〇二二年現在）のグリーン料金、あるいは個室を使用する場合は個室料金として二一〇〇円〜五一四〇円（同）を必要とする。しかし洗面台は表面が剥離して汚れたまま、あるいは何かの容器を置いた跡が補修もされず残っている。写真は省略するがトイレの壁も塗装が剥離したままであった。筆者の経験するかぎり、低価格帯のビジネスホテルでもここまで投げやりな状態は見たことがない。これも「割れ窓」ではないだろうか。

図4-1　グリーン車の汚損した洗面台

JR人員構成の歪み

図4―2はJR東日本とJR西日本における社員の年齢層と人数の分布である。[5] 国鉄の分割民営に伴う採用停止から、JR発足後の採用再開、さらに再び採用抑制の経緯から、きわめて不自然な年齢構成になっている。福知山事故の直前の二〇〇五年三月にはJR西日本の人事担当者がこの問題を業界誌で報告し、分割民営の影響で極度にバランスの崩れた年齢分布が生じ、ことに技能的な要素の多い安全分野での技術の伝承に円滑を欠くリスクを指摘していた。[6] JR西日本に限らず各社で当然問題視されていたはずである。

その懸念は福知山事故で現実化した。それでも当時はまだベテラン層がかなり残っていたが、その年代はすでに退職を迎え事態はさらに深刻化し

図4-2　JR東日本・西日本の人員構成の歪み

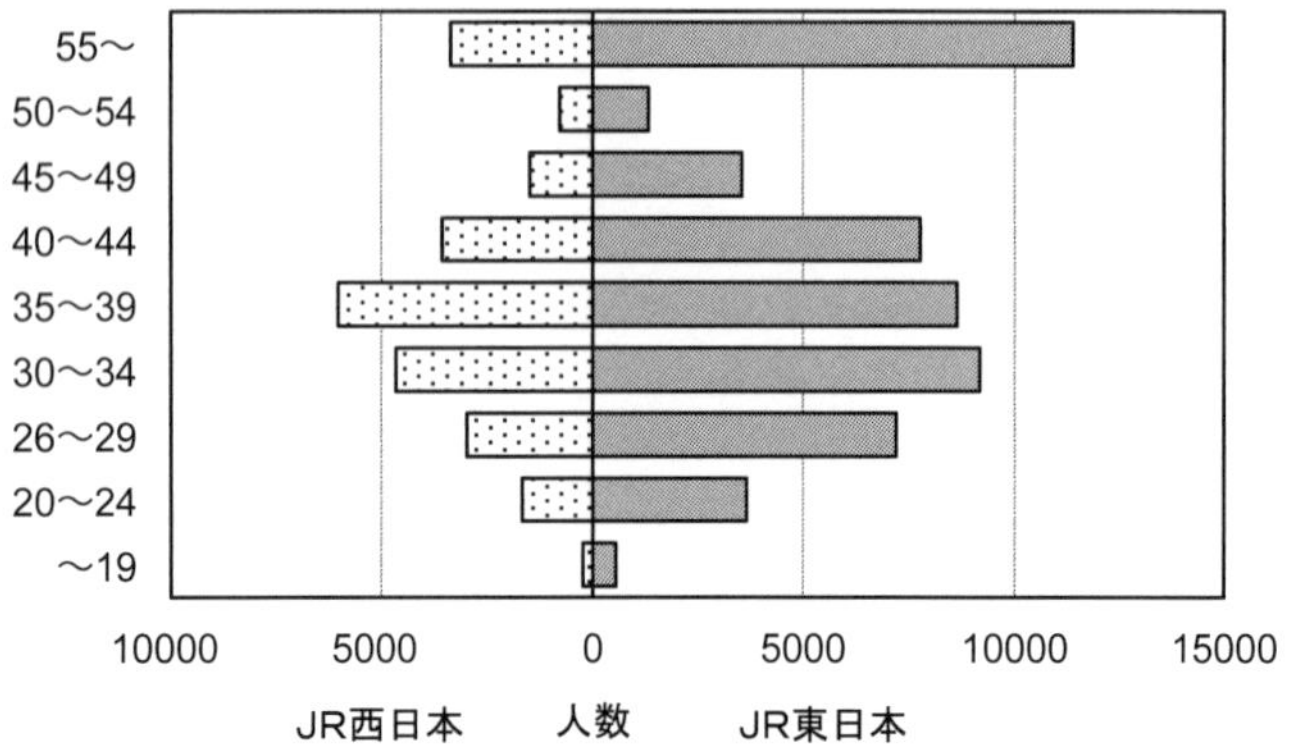

ている。国鉄は合理化のため一九八二年度以降は原則として新卒採用を中止した状態でJRに移行した。その後、一九九一年にJR東日本とJR東海が採用を再開するまでは新規採用がなかった。図示した年齢構成の歪みはこうした経緯から生じている。

図4―3はJR（各社合計）と民鉄（同）で、本社部門と現業部門の職員数の推移を比較したものである。[7] JRでは発足以来、現業部門の人員が半減近くに削減されている。一方で本社部門は同じあるいは微増傾向にあり、結果として総人員数に対する本社部門の比率が年々増加して倍近くに達している。これは国鉄分割により発生した状況であり、種村直樹（鉄道ジャーナリスト）は「JR東日本を除く旅客五社の本社はブロック別に設けられたのに、それぞれの東京事務所や営業支店、JR東海の新幹線運行本部などをふくめてビル内は満室だし、分割によって管理部門が大きくなったことを物語る。役員の数だけみても国鉄時代の数倍で、職員数は減ったものの頭はふくれている」[8]と指摘している。これに対して民鉄では、あるていどの現業部門の人

図4-3　JRと民鉄の現業・本社部門の人員構成比

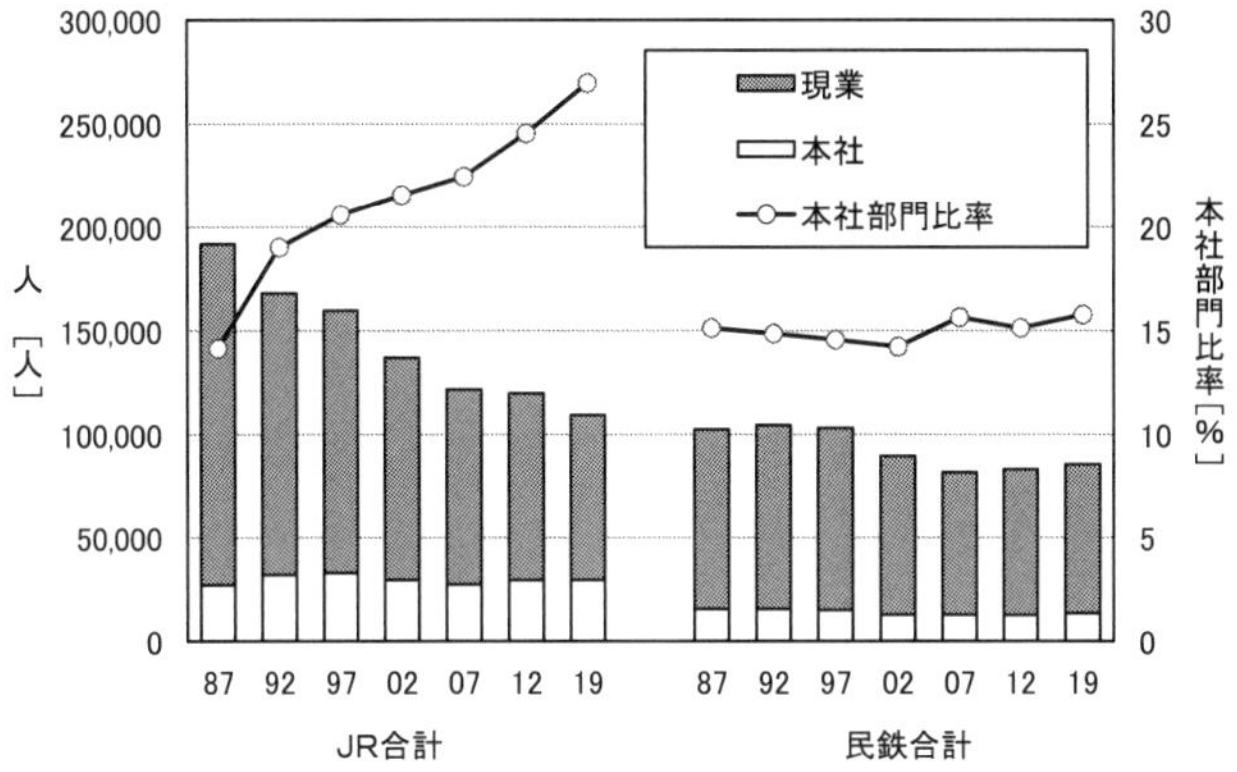

員削減はみられるもののＪＲほど極端ではなく、総人員数に対する本社部門の比率はほとんど変わらない。

ＪＲ東日本は今後さらに新規採用を抑え、鉄道部門の社員数を四〇〇〇人減らすと発表した。これには山手線のワンマン運転や保守作業のデジタル化も考慮されているという[9]。

ただしこの人員は正規社員の集計であり、この他に非正規社員や業務委託従事者の存在がある。鉄道の業務は労働集約的な性格があるため、いかに省力化するにしても現業部門の従事者は確保しなければならない。このため国鉄時代から業務委託が行われているが、ＪＲ発足後はその傾向が強まっている。ＪＲが業務委託会社を設立して「企業グループ」として活動している。ＪＲ各社によって程度の差はあるが、営業（駅など）・施設（保線・電気など）・車両（工場・検査など）の各分野について業務委託が行われ、近年は運転に関しても車両基地内で営業路線に出ない範囲での委託が行われている。今では利用者がＪＲ各社の駅で接する駅員の多くは委託社員であり、正社員は管理業務しか行っていない場合も少なくない。駅の業務全体が委託化されていて社員の管理者がいない駅もある。ＪＲの経営者にとっては経費の節減を目的として外注化を促進するのであるから、鉄道の運行に必要な業務は実質的に同じでありながら経費が節減されているとすれば、それは委託企業の社員にとって「同じ内容の仕事で、より低い待遇」とならざるをえない。

このように正社員と委託会社の社員が混在した状態では、トラブル時の意思疎通に支障を来したり対応に時間がかかる問題が発生している。国鉄時代にも業務委託は行われていたが、駅や車両の清掃のように業務ごとの分担であれば問題とはならなかった。また東海道新幹線では二〇一八年から一列車あたりの車掌の乗務数を従前の三人から二人に減らし、車掌の業務であった異常時対応（避難誘導・脱出用装置の設置等）をパーサーも分担することとなったが、異常時の意思疎通が円滑に行われるのか懸念がある。

一方でＪＲの正社員は実務に携わらず管理業務を主とするようになり、自分自身では技能的な作業ができず「正社員はパソコン入力が仕事」と批判される事態にまで至っている。ＪＲ北海道のトラブル続発もこうした背景から生じたと指摘されている。

二〇一五年四月のＪＲ東日本・山手線での架線支柱倒壊は、派生的に衝突・脱線に発展するおそれがあったが、たまたま隣接線を走行中の運転士からの通報で事故の拡大は防止された。当初より部門間の風通しの悪さや技能の伝承に円滑を欠いたことが要因ではないかと指摘されている。[10] 二〇一六年三月の高崎線籠原駅での火災では延べ三日にわたる運転支障を招いた。原因は送電線を吊る碍子《がいし》が経年劣化して漏電し、電流が梁を伝わって信号機器設備が発火したとみられている。[11] 信号機器はポイントや信号機を制御しており安全や運行管理に関わる中枢設備である。事故後の調査の結果、現物の碍子は耐用年数を大きく超えていたにもかかわらず管理台帳では更新済みとなっており、更新の対象から外れていた上に、定期的な目視点検でも劣化が発見できなかったとされている。ＪＲ発足から三十数年を経て、実際に技能を保有している社員が退職して技能の継承ができない、あるいは委託企業では待遇の低さから社員の定着率が低いなどのさまざまな連鎖的な問題が発生している。もちろん委託会社だからモラルが低いといった決めつけはできないし、技術面の一部についてはＪＲの自前作業よりも専門企業が必要な場合もある。しかし「アウトソーシング」の問題がすでに二〇〇〇年代半ばから指摘されていたにもかかわらず、適切な対応がなされているのかは疑問である。

二〇二三年一月二四日に、ＪＲ西日本・東海道線などで合計一五本の列車が降雪のため駅間で立往生し、乗客が長時間車内に閉じ込められた。乗客が徒歩で最寄りの駅に避難するまで最大一〇時間を要し、さらに駅でも受け入れ体制がないため屋外に近い状況で夜明かしする結果を招いた。ＪＲ西日本の説明によると駅のポイント（分岐器）が降雪のため動作しなくなったためという。ポイントの融雪装置は設置されていたが、使用基準（降雪一〇cm）に満たないと予想されたため使用する準備をしていなかったところ、急激な降雪で合計二一カ所でポイントが動作不能となり、駅間での列車の立往生を引き起こした[12]。類似のトラブルは国鉄時代にも発生している。ＪＲ西日本に限らず、急激な人員削減に伴って運転阻害が発生しやすい状況が背景にある。また削減した人員を基準として逆に融雪装置の使用基準を設定していた可能性もある。過去には、降雪を予想して除雪列車を運行したり融雪装置を動かしていて結果的に空振りになった場合、むだ使いとして叱責されたなどの事例があり、担当者が予防的な運用を躊躇する雰囲気が醸成されていたとの報告もある。また異常時に備えて即応体制を用意しておかなければならないはずだが、経営側には現業部門の実態を理解してもらえないという。[13]JR北海道では冬期に運転阻害が頻発しているが、除雪・排雪が追いつかないことは要員の不足が影響していると指摘されている。[14]

機械は「人間」に代われない

えちぜん鉄道（福井県福井市・勝山市・坂井市等）は最大二両編成であり、単に輸送面だけからみれば運転士だけのワンマン運行で支障はないはずである。首都圏の東京メトロでは、自動運転システムやホームドアの装備を前提として一〇両編成でもワンマン運行を行っている。それ以外の在来線で、たとえばJR東日本では最大五両編成までワンマン運行を実施している。しかしえちぜん鉄道の列車はアテンダント（接客業務）が乗務している。[15]なぜアテンダントが乗務しているのか。それは人間でしかできない対応があるからだ。

筆者の体験として、国鉄時代に東海道新幹線の車内で車掌が「切符は一万円札より高いですから紛失しないように」とユーモアのある声かけをしていた。また東京の上野駅から出発した青森行き（常磐線回り）の夜行列車が終点に近づいたころ「皆様は、東京都、千葉県、茨城県、福島県、宮城県、岩手県を通ってようやく青森まで来たのでございます」と即興の放送で長旅の労をねぎらう車掌もいた。また愛媛県の予讃本線の特急に乗車した時、急に流暢な英語で案内放送が流れた。当時は自動放送の設備はなく人声放送である。たまたま途中の駅から外国人が乗ってきたのを見て英語の心得があった車掌が臨機応変に対応したのであろう。東北のローカル線では「寒いですね」とお茶を出してくれた駅もあった。

小山徹（交通営団参事・当時）は「『券売機のせいで駅名を忘れかけた駅員さん』という記事が出ていました。そこで乗車券の手売りを復活した電鉄会社の談話として『窓口で切符を売っていると、お客さんの動きがわかる。それに、言葉遣いにも気を配る……大切な駅名が頭にたたきこまれる』と紹介されたのですが［後略］」というエピソードを紹介している。[16] ロンドンの地下鉄の例では、自動券売機の列と同じ並びに「Ticket and Assistance（切符とご案内）」という有人窓口があり、乗車券も買えるし人間による案内を受けられる配慮がある。

こうした「文化」は民営化により失われた。図4―4はJR西日本・山陰本線の駅のホームに設置してあった「乗車口案内」という液晶パネルである（二〇一〇年二月撮影）。当然ながら利用者としては、自由席・指定席など並び位置の案内や、電子化されているのだから列車の遅延などがあればその情報などが表示されると期待する。しかし列車が到着する時間になってもパネルには「お得なきっぷのご案内」など広告が繰り返し流れるだけで、利用に関する情報は何も表示されなかった。駅員に尋ねようにも現在は大きな駅でもホームに駅員がいない。逆に機械的な案内設備を導入することによって人員削減を正当化していると思われる。ところで二〇二二年一二月に再び山陰を訪れた時には、パネルは使われず放置されており、代わりにホームの床面にペイントで表示という原始的な方法に戻っ

図4-4　乗車口案内が表示されない「乗車口案内」

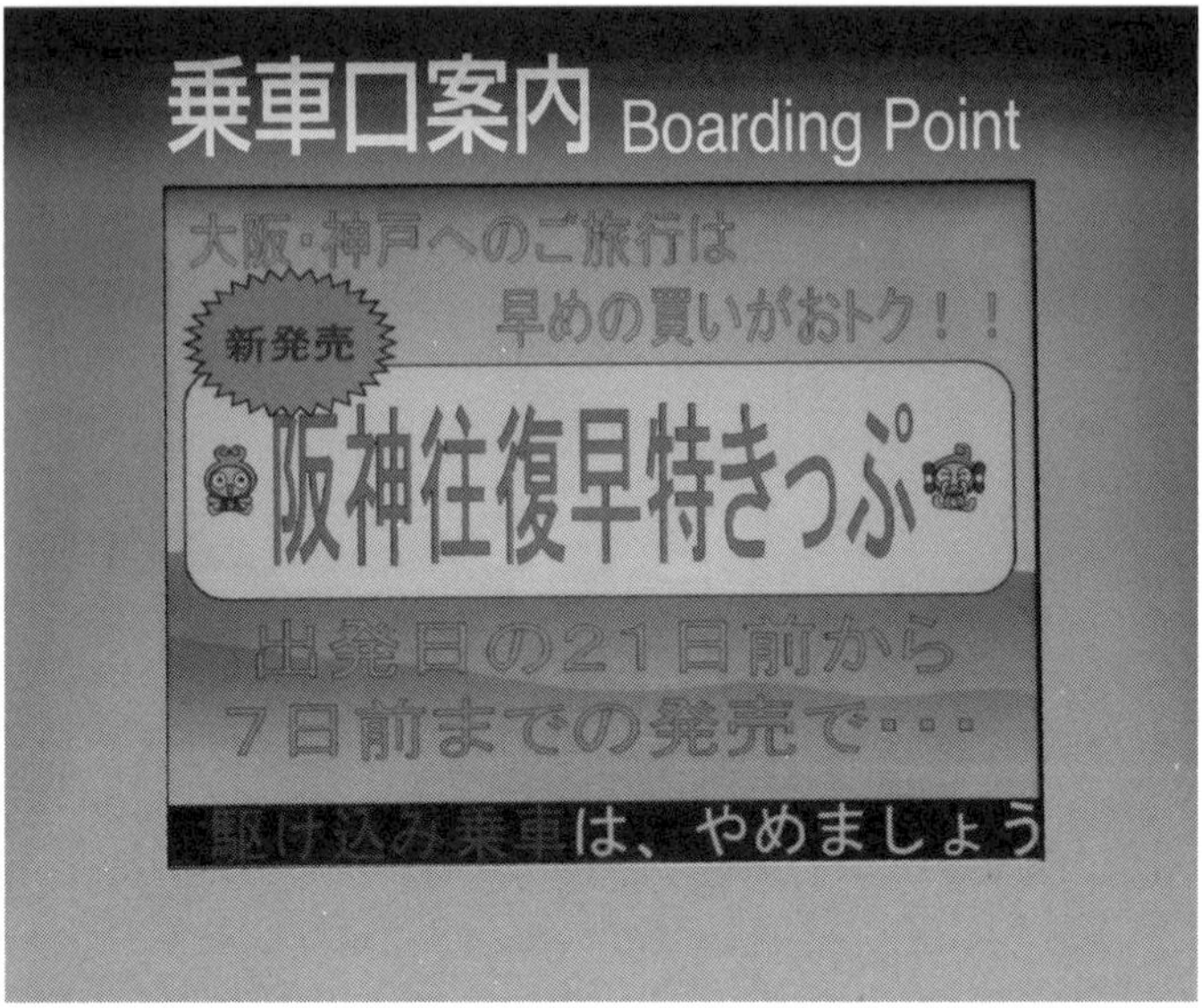

ていた。何のために費用を投じて表示装置などを設置したのだろうか。

　この種の機器は、利用者にとって「小さな親切、大きな迷惑」である。いつまで見ていれば自分が必要とする情報が表示されるかは、システムを作った側が知っているだけで利用者の側からはわからない。「またさっきと同じ広告が出てきた」という現象によって、自分が必要とする情報は提供されないと認識するしかない。無人化しておきながら「詳しいことは駅係員にお尋ね下さい」などという文字で終わってしまったり、文章の途中で画面が切り替わって用をなさないケースも少なくない。

　定期券・回数券の販売、ＩＣカードのチャージなど複合機能を有した自動券売機が増えている。しかしあまりに複雑で多機能であるため、鉄道好きの筆者にとってもしばしば困惑し目的のサービスにたどり着くのに時間がかかる。多機能であるためにすべてのメニューを一覧的に表示できないので、利用者が希望するサービスに到達するには、枝分かれしたメニューを何度も辿ってゆく必要がある。しかしどういうメニューがどういう順序で出てくるのかは、システムを作った側が知っているだけで利用者には事前にわからない。単に金額式の乗車券を買うだけでも、メーカーや機種によって、先にメニューを選択しないと現金が投入できなかったり、逆に現金を投入するとメニューが選ばれるなどばらばらである。たしかに表示される説明どおりに操作すればよいのだが、タッチパネルを押した際の反応が機種によって異なるなどハード的な問題も複合して、別の経路に迷い込んでしまうと操作が行き詰まってしまう。もともと人間が対応すべき業務を機械で代用して「読めばわかるだろう」と言わんばかりの姿勢には不快感を抱くことが多い。

国鉄時代には職員を養成する「鉄道学園」という体制があった。「鉄道職員は社会のあらゆる階層と接するから教養が必要である」という方針に基づき、各分野の講師を招いて大学教養課程に相当する授業が行われた。「マニュアル係員」は、経営の観点から短期的には効率的かもしれないが、なぜ人間が必要とされるのか。それはマニュアルでは対応できない場面が必ず発生することがあり、それに備える必要があるためである。

マニュアルに関して筆者がいつも想起するのは、北陸トンネルにおける一九六九年一二月の寝台特急「日本海」の火災事故における機関士の対応である。北陸トンネルの火災事故としては一九七二年一一月の急行「きたぐに」の事故[17]が広く知られているが、その三年前にも特急「日本海」の火災事故が発生している。当時のマニュアルでは列車火災が発生したらただちにその場で停止することと規定されていたが、特急「日本海」の機関士はトンネル内では避難・消火が困難と独自に判断し、そのまま走行を続けてトンネルを出てから停止したために死傷者を生じずに事故は収束した。また東日本大震災の際に、宮城県気仙沼市の海沿いでJR気仙沼線の列車が緊急停止した後に、線路伝いに歩いて帰宅しようと試みた乗客に対して、乗務員が「急いで高い方向に上れ」と呼びかけたことにより一瞬の差で津波を逃れたとの記録もある。[18] いずれも「マニュアル」にはない判断で多くの人命が救われた事例である。「マニュアル」は必要であるが、一方で常に落とし穴が存在することもわきまえておく必要がある。

国鉄時代には「安全綱領」という規範があり、多くの現業部門にそれが掲げられていた。その第五項に「疑わしい時は手落ちなく考えて最も安全と認められるみちを採らなければならない」とあり、まさにそれを実践したのが特急「日本海」の機関士であり、気仙沼線の運転士であった。国鉄の民営化後、JR西日本ではこの「安全綱領」を廃止した。それがただちに福知山事故に結びついたという因果関係の立証はできないが、経営者の姿勢や企業のあり方が直接・間接に安全に影響を及ぼした関係は否定できないであろう。

大都市の鉄道では自動改札機が普及しているが、運転見合せなどのトラブルが毎日のように発生している。ICカード定期券は振替輸送に対応できないので、振替ルートの乗客は自動改札機を通らず駅員がいる有人改札へ回ることになる。それは単にカードの読み取りができないからという技術的な理由ではない。多くの人が同時に乗り換え等に関して駅員とのコミュニケーションで情報を得ている。システムというものは必ず異常時にどうするかを考えておかなければならない。「自動化すれば人がいらない」というのは幻想である。

先日、ＪＲ東日本京浜東北線で見かけた光景であるが、男性が高圧ガスのボンベを携行して乗車していた。ビールサーバー用と思われる液化炭酸のボンベであるが、ＪＲ東日本の規則を確認すると、二kgを越える液化炭酸ボンベは「危険物」に該当し持ち込みが禁止されている。大きさからみて明らかに制限を超える物品であった。改札に駅員がいればこうした持ち込みはチェックできるが、現在は自動改札機が普及し駅員は不在である。液化炭酸は可燃物ではないので危険性は総体的に低いが、他の可燃物・爆発物が故意・過失により持ち込まれる可能性もある。駅員不在のため利用者にも危険が及ぶようになった。

「ひまわり号」がいらない社会

一九七〇年代までは障害者の鉄道利用に対する配慮は皆無に等しく、障害者の権利運動として問題提起のためのアピール活動が始まった。ＪＲはじめ鉄道事業者は、この時期までは鉄道事業者自体が障害者の鉄道利用にきわめて消極的で、煩雑な手続きを求めたり介助者の同行を条件とするなど、できるだけ来ないでほしいと言わんばかりの姿勢を示していた。一九八〇～九〇年代には、個別的対策ではあるが事業者・国・自治体による施策が次第に行われるようになる。一九八七年の分割民営はこの時期にあたるがＪＲの発足後も単発的な対応しかみられず、むしろ人員削減に伴って人手を要する介助が困難になる状況が拡大した。二〇〇〇年代になるとバリアフリーの考え方が社会的にも浸透を始め「交通バリアフリー法[19]（のちにバリアフリー新法[20]）」が制定され、障害者の公共交通の利用を支援する法的な裏付けが整えられた。

障害者の鉄道利用が考慮されていなかった時期に「ひまわり号」という活動があった。「ひまわり号」とは、障害者・ボランティアのグループに国鉄労働組合が協力して一九八二年一一月に東北本線で専用の臨時列車を走らせた企画が始まりである。当初は駅に車いす用のスロープを設けるのも自前で板を用意するなど労力を費やした。この活動では「最終的にひまわり号がいらない社会」を理想として掲げていたが、活動の発足当初と比べると、予約なしで駅に行っても車いすでそのまま乗車できるなど、まだ万全とはいえないものの一定の改善がみられる。

現在では大都市圏の多くの鉄道事業者では、車いす（単独）の利用に際して事前申し込みを必要とせず駅に直接赴いても乗車できる駅が増えたが、大都市圏以外では事前申し込みを求めるケースや対応が不可能な駅も残っている。各駅ごとの状況については交通エコロジー・モビリティ財団の「らくらくおでかけネット[21]」等の情報があるが、地方鉄道路線では何の情報も表示されていない駅が多い。

車両の側でも「車いすスペース」を設けたと称する車両が投入されているものの、地方路線ではワンマン列車・駅に昇降設備がない・長距離にわたり無人駅が続くなど実際には利用不可能で、実態は詰め込みスペースと化している。しかも前述のように平常時でさえも積み残しが発生し、それに対する改善もしない実態の下では、現実に車いすでの利用は排除されている。また「不親切な駅はＪＲ東日本です。駅員さんの誘導で電車に乗車するとき、降りる駅の駅員さんに連絡が終了しないと電車に

図4-5　車いす用可動式スロープ

乗車できません。ホームに電車がいても乗車できず、次の電車まで何十分も待たなくてはいけません[22]」との指摘も寄せられている。

一方で鉄道事業者は何とかして人手を介さずに車いすの乗降に対応しようと試み、ホームと車両の段差を緩和する電動式スロープ（商品名「ラクープ」）がいくつかの駅に設置されたが使いものにならず、最近では撤去された例もある。結局、係員が携行する「渡り板」が最も確実・迅速であることが経験を通じて明らかとなり、実際に運用してみると懸念された列車の遅延等の影響もなかった。しかも降車後にエレベータの設置位置を案内するなど人間が対応することの柔軟性、利点は大きい。ところが最近ふたたびJRでは「自動化スロープ」なる装置を試行するようになった。JR西日本では「近未来の展望と可能性」の一例として図4－5のような車いす用可動式スロープの開発と実証試験を紹介している。[23]「ラクープ」よりは多少構造が改良されているものの、まだ試作段階であり改良の余地があるとされており[24]、ホームの無人化、列車のワンマン化（車掌廃止）、さらには無人運転も検討される状況で実用化されるのかは疑問である。

バリアフリーの多様性

公式な定義上の障害に該当しなくても、知覚過敏の人など利用者の属性は多種多様である。車いすでの鉄道利用が浸透してきた一方で「障害」イコール「車いす」という固定概念が形成された傾向もあり、その他の障害に対する認識や対策は十分とはいえない。たとえば視覚障害者の鉄道利用時の危険性はなお解消されていない。交通権学会での報告[25]によると「落ちない駅ホームを求める運動」はすでに一九六〇年代から始まっており、一九六七年に初めて駅に誘導ブロック（通称・点字ブロック）が設置されたが、本質的な対策にはならず転落事故は防げなかった。一九九一年に東京メトロ南北線の開業に際して本格的なホームドアが設置されたが、既設路線への設置は進まなかった。その後ホームドアは次第に増加してきたが、その他のバリアフリー対策も含めて整備を推進するため、都市部では運賃に若干の上乗せを行い費用を確保することとなった[26]。また現在のバリアフリーは主に身体的な機能障害を想定しているが、インターネット上の投稿では次のような指摘も寄せられている[27]（仮名づかい等は原文ママ）。

「駅のアナウンス・BGMを無くしてほしい。何故聞きたくない音を聞かされなくてはならないのか？　駅を利用する度に、音に苦しめられています。あなたたち［注・鉄道事業者のこと］が駅を便利にしようと音を増やすために苦しめられている人がいることを理解してほしい。誰も理解してくれないので、人間不信です」「子連れで電車移動すると必ずと言っていいほど席を譲られたり、何かしらの親切を受けます。ところが親子とも発達障害を抱えているため、視線を向けられたり知らない方に突然話しかけられるのが大変苦手なのです。他者への親切のために観察するよりも、適度な無関心を保つキャンペーンなどは残念ながら開催されません。かといってスマホの画面に集中していることでぶつかられるのも困ります。聞こえるように服装の悪口を言ってくるサラリーマンやお婆さんまでいて、実は親切にしようキャンペーンが嫉妬を煽って逆効果なのでは？　と感じます」

鉄道事業者の側が自動券売機を多機能にすることは、一方でバリアフリーの観点から問題を生ずる。国土交通省では「発達障害、知的障害、精神障害のある方とのコミュニケーションハンドブック」[28]の提供などを試みているが、その内容のほとんどは少なくとも「サービス介助士」レベルの内容であり、単なる善意や見よう見まねでは機能しない可能性がある。「必要に応じ目的の場所まで同行します」などという記述もあるが、一般利用者に対しては現実的ではない。前述のハンドブックには障害者が困る事例として、

○自動券売機の形がいつも使っている券売機と異なっていると操作が難しくなることがあります。
○ボタンが多すぎると、使い方がわからないことがあります。
○券売機に書いてある表示を読むことが難しい人もいます。

などと例示され、実際に障害者や支援団体関係者からは「切符の買い方がわからない」等のバリアを指摘する意見が多く寄せられている。ハンドブックでは、そのような場面に遭遇したら健常者がサポートするように呼びかけているが、それは無理である。というのは前述のとおり、最近の券売機は多機能化して理解・操作の困難性が増加しており、健常者によるサポートどころか、第3章で指摘したように駅員でさえ使い方がわからない場面に遭遇するからである。

注

1 日テレNEWS「【東北新幹線】車いす用スロープ付けたまま発車…清掃員が足で外す JR東京駅」。https://www.youtube.com/watch?v=HYnVeZQHDfs
2 NEWSポストセブン「新幹線清掃スタッフ CNNや欧米高官から『奇跡の7分』の称賛」二〇一二年一二月。http://www.news-postseven.com/archives/20121216_159888.html
3 上岡直見『鉄道は誰のものか』緑風出版、二〇一六年、一一一頁。
4 西日本旅客鉄道（株）「車両基地内において構内運転士が酒気を帯びた状態で車両を操縦した事象について」。https://www.westjr.co.jp/press/article/items/221220_00_press_mukoumachi.pdf
5 東日本旅客鉄道株式会社「経営諸元２０１９～２０２０」。https://www.jreast.co.jp/youran/pdf/2019-2020/jre_youran_shogen.pdf

西日本旅客鉄道株式会社「データでみるＪＲ西日本二〇二二」。https://www.westjr.co.jp/company/info/issue/data/pdf/data2022_22.pdf

6　竹中由秀「継続した実務能力向上への取り組み」『ＪＲガゼット』二〇〇五年三月号、四一頁。

7　鉄道統計年報各年販より。https://www.mlit.go.jp/tetudo/tetudo_tk6_000032.html

8　種村直樹「レールウェイ・レビュー」『鉄道ジャーナル』第二四八号、一九八七年七月、一一八頁。

9　『日本経済新聞』二〇二二年八月三一日ほか各社報道。

10　梅原淳「トラブル多発の真相」『東洋経済』二〇一五年一一月二八日号、四四頁。

11　『毎日新聞』二〇一六年三月一六日、その他各社報道。

12　「ＪＲ西日本　列車立往生　ポイント融雪装置使うほどの降雪想定せず」『ＮＨＫ（Ｗｅｂ版）』https://www3.nhk.or.jp/news/html/20230125/k10013960741000.html

13　上岡直見『ＪＲって何だ⁉』草の根出版会、一九八八年、一八二頁。

14　『北海道新聞』「ＪＲ北海道、冬の運休防止綱渡り　民営化後に社員半減、暴風雪対応の〔特効薬〕なし」二〇二三年二月一三日。

15　嶋田郁美『ローカル線ガールズ』メディアファクトリー、二〇〇八年。

16　小山徹「自動化社会の鉄道と手作業の問題点について」『鉄道ジャーナル』第二二四号、一九八五年一〇月、八八頁。

17　一九七二年一一月六日に北陸トンネル（福井県）を通過中の急行「きたぐに」の食堂車から出火・延焼し、諸々の悪条件が重なって死者三〇名、負傷者七一四人の被害をもたらした。

18　「アーカイブ大震災　運転士「そっちは危険」」『河北新報（Ｗｅｂ版）』二〇一六年三月一七日。http://this.kiji.is/830669027364551163

19　正式名称「高齢者、身体障害者等の公共交通機関を利用した移動の円滑化の促進に関する法律」（平成十二年五月十七日法律第六十八号）。

20　正式名称「高齢者、障害者等の移動等の円滑化の促進に関する法律」（平成十八年六月二十一日法律第九十一号）。

21　交通エコロジー・モビリティ財団「らくらくおでかけネット」。http://www.ecomo-rakuraku.jp/rakuraku/

index/
22 朝日新聞デジタル・フォーラム「駅で困ったことありませんか」。https://www.asahi.com/opinion/forum/101/
23 久保田修司「JR西日本が描く近未来の展望と可能性―共創とイノベーション―」『運輸と経済』八二巻五号、二〇二二年、一二頁。
24 田村速人・河合陽平・四家井祐一「車椅子段差解消機構の開発」『鉄道サイバネ・シンポジウム論文集（CD―ROM）』五八巻、№二一七、二〇二一年。
25 交通権学会関東部会「視覚障害者の安全な鉄道利用を求めて」二〇一七年三月一八日。
26 国土交通省「全国の鉄道駅バリアフリー化を加速します！～鉄道駅バリアフリー料金制度の創設、地方部における支援措置の重点化～」二〇二一年一二月二四日。https://www.mlit.go.jp/report/press/content/001447223.pdf
27 朝日新聞デジタル・フォーラム「駅で困ったことありませんか」。https://www.asahi.com/opinion/forum/101/
28 国土交通省「発達障害、知的障害、精神障害のある方とのコミュニケーションハンドブック」。https://www.mlit.go.jp/barrierfree/transport-bf/others/chitekihb.pdf

《コラム2》

「駅」こそ鉄道の命

ローカル線に乗ると、駅や列車など現業部門の鉄道職員と間近で接する機会が多い。一様に感じるのはともかく「まじめ」ということである。国鉄時代には一部の職員の弛緩した勤務態度が批判されたが、その当時でもローカル線ではみな本当にまじめに仕事をしていた。鉄道の仕事では、毎回決まったことを決まったとおりに実行しなければ安全や定時運行が保てないので職業柄でもある。列車本数が少なくても、乗客が少なくても、黙々と仕事をしている姿には感銘を受けた。不特定多数の見知らぬ人が行き交う大都市と異なり、地域とのつながりが深いローカル線だからこそでもある。

写真は日南線榎原《よわら》駅（宮崎県・現ＪＲ九州）での撮影で、今では見られなくなった通票（タブレット）を受け渡す場面である。現在は無人駅だが、当時は駅長が一人で勤務していた。写真にみられるように単線区間で列車の行き違いがある。今では駅のポイント切り替えは電動化されて遠隔操作になっているが、当時は機械的に現場で人力操作する方式である。列車が来る前、作業服に着替えて夏の炎天下に汗だくになりながら、線路のポイントに給油し、布で拭いて整備していた。列車が到着する頃にはまた制服に着替えて列車を迎える。まさに鉄道は「人」で動く姿がそこにあった。

決まったことを黙々と遂行する一方で、ローカル線の駅は「手作り感」満載でもある。次の二枚はいずれも本文中でも触れた山野線（熊本県・水俣駅〜鹿児島県・栗野駅）で見かけた光景である。

駅の利用を呼びかけたり、名所を紹介したり、小さな駅でもその駅独自の価値をアピールしていた。

日南線・榎原駅

広告会社に委託したものではない手書きの看板ならではの存在感がある。山野線もこの頃は小学生が列車で遠足に来るほど利用されていたが、一九八八年二月に廃止された。現在はバス停で「布計《ふけ》駅前」の名前が残るが、予約制の「のりあいタクシー」が運行されている。

　やがて信号やポイントの制御など、駅の運転面の業務は遠隔制御センターに集約されるようになった。人間の注意力と手作業に依存する方式よりも安全面・能率面で優れてはいるが、人員削減という経営上の理由も大きかった。ＪＲ発足後間もないころ、本社部門の人と話したときに「やがては指令と運転士だけで運行できる鉄道が理想」と言っていた。

　現在は駅から人の姿が消え、それに近い体制になりつつある。しかし地域にとっては「駅」の社会的な機能の放棄が鉄道への信頼性を失わせる原因ともなった。

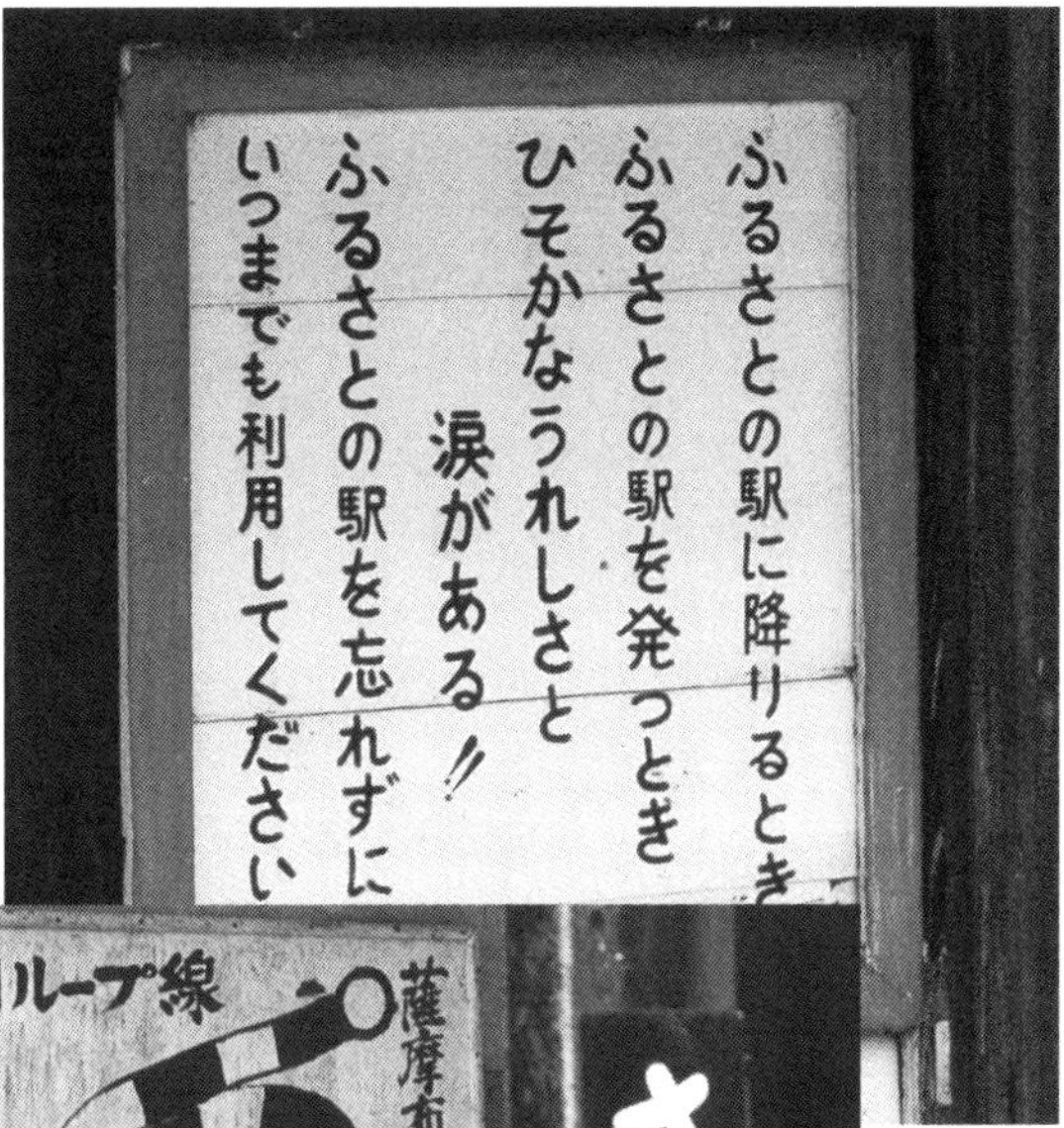
ふるさとの駅に降りるとき
ふるさとの駅を発つとき
ひそかなうれしさと
涙がある!!
ふるさとの駅を忘れずに
いつまでも利用してください

旧山野線・菱刈《ひしかり》駅

大川ループ線
薩摩布計駅 海抜四六一米
直径320m
高低差 30m
延 長1000m
久木野駅
さつまふけ

旧山野線・薩摩布計《ふけ》駅

第5章　鉄道に乗ってもらうには

乗らない理由

筆者は以前は首都圏の京浜急行電鉄沿線の企業に勤務していた。鉄道の利用を嫌う同僚がいて「暑いし、遅いし、電車なんかに乗れるかよ」と言っていた。しかし京浜急行の冷房化率は一〇〇％に達していたし、民家の軒先をかすめて怖いくらいスピードを出す（認可の範囲内であるが）ことは一般の利用者の間でも有名である。すなわち「暑い・遅い」とは、車内の温度や列車の速度のことではなく、「炎天下に駅まで歩く」「待ち時間がある」「自分の行動が電車の時刻で制約される」など、鉄道にかぎらず公共交通の利用に際して避けられない制約であり、それは公共交通の側での努力で解消（緩和）は困難である。

それ以外で公共交通に対する負の印象を与える要因は何かを考えることが必要となる。前述の鉄道の利用を嫌う感覚には、公共交通はサービスレベルが低いのが当たり前、他の交通手段が使えない場合にやむをえず使う手段、いわゆる「一人前の大人」が使う手段ではないという意識が背景にある。大都市でさえ「何十年も公共交通を使ったことがない」住民も珍しくない。ことに地方都市では現実に公共交通のサービスレベルが低いため、公共交通は「タダでも乗らない交通手段」「存在そのものが認識されていない交通手段」である。

高齢者の免許返上が呼びかけられているが、大都市以外の公共交通は車の代替手段としてとうてい使えるレベルではない。第1章でみたように、コロナで公共交通の利用が激減した一方で自動車交通への影響はさほどでもない。すなわち公共交通機関が本当に感染源であるのか、感染拡大にどのくらい影響があるかについて明確な根拠が示されたことはないにもかかわらず「公共交通に乗らない」、あるいは「乗らなくても済む」理由としてコロナがまさにうってつけだったからである。

図5-1　きっぷを買うように呼びかけるポスター

JR九州で図5―1（写真）のようなポスターが掲示されていた（二〇二二年一二月）。無賃乗車の防止を呼びかける目的と思われる。一面では全国的にICカードなどチケットレス利用が普及したことにより「きっぷ」の概念が失われつつある背景も考えられる。しかし実際のところ、JR九州に限らず全国の地方鉄道線の待合室も、トイレが撤去された駅、不便なダイヤ、列車は一両だけのオールロングシートというサービスレベルでは、金を払って利用する交通機

関とはとうてい思えないと認識されても仕方がない。

国鉄は「親方日の丸」「乗せてやる思想」と批判され、民営化すれば「お客様本位」「乗っていただく」の姿勢に転換すると多くの人がそれに期待した。しかし現時点ではその期待は全く失われた。最近のＪＲはみずから鉄道はやむをえない場合にのみ利用する手段と位置づけ、「嫌なら乗るな」「やむをえず乗るのなら文句を言うな」と言わんばかりの姿勢を前面に出すようになった。前述のように、編成両数や列車の削減により通勤・通学時に積み残しが発生して利用者や自治体から改善の要望が伝えられても、門前払いで「詰めて乗れ」という説明で済ませることなどはその典型である。

足し算とかけ算

筆者は以前に「自動車は足し算・公共交通はかけ算」と表現した。[1] 図５―２のように、コンピュータの論理回路としてあらわされるＯＲ（足し算）回路とＡＮＤ（かけ算）回路のイメージである。すなわち自動車は、利用者にとって一つでもメリットあるいは利用上の合理性があると、他に社会的な負の側面（環境面や安全面など）あるいは不合理性がいかに大きくても、その利用が選択される。

ひとたび自動車が選択されると、明らかに自動車の利用が合理的でない状況、たとえば数百ｍの移動でさえも自動車の利用が選択される。逆に公共交通は、一つでも利用上の抵抗や制約があるとそこで選択肢が切れてしまう。東京（都区内）は世界の中でも鉄道の利用率がきわめて高い都市である。

図5-2　公共交通と自動車の選択メカニズム

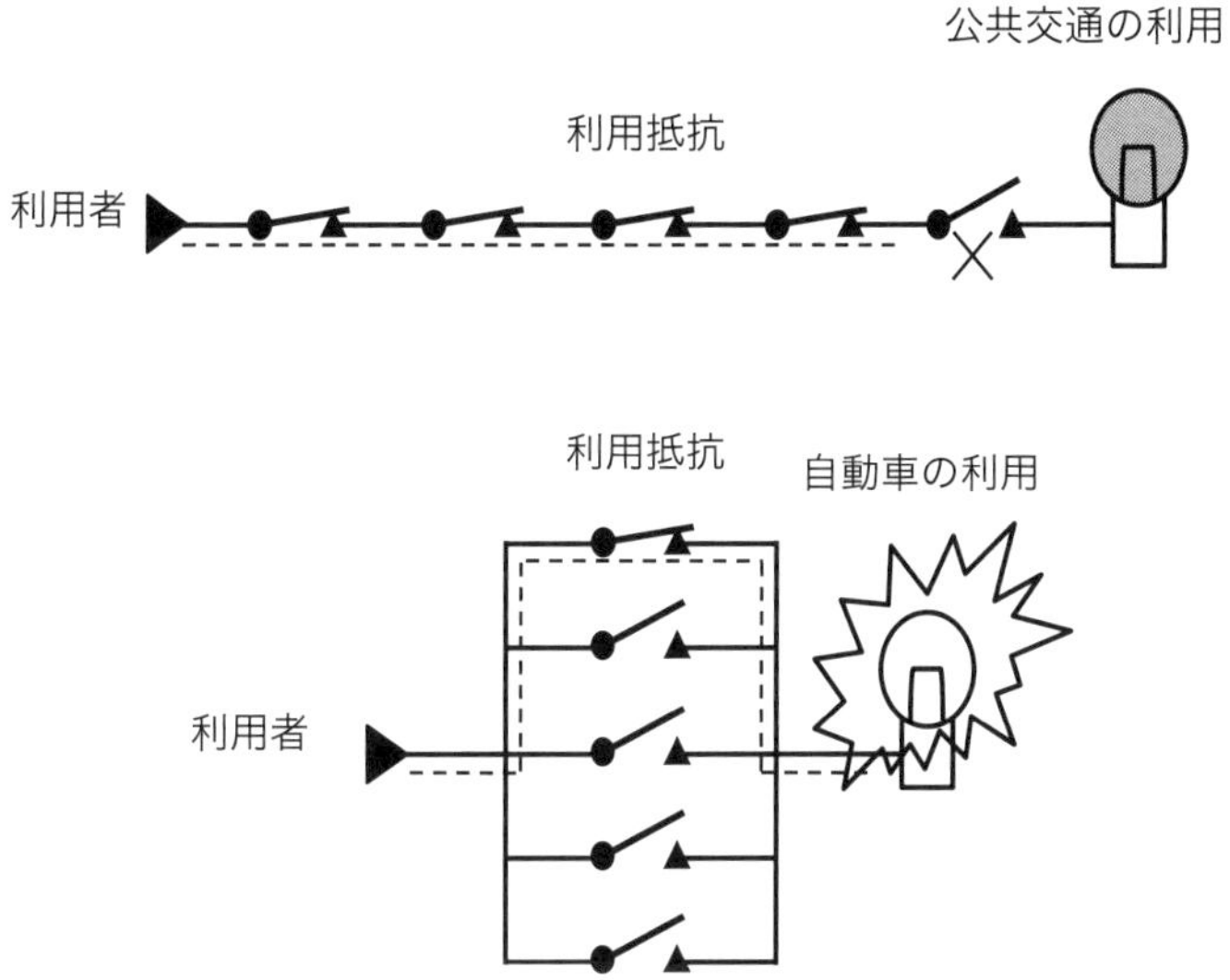

それは特に通勤・通学時に、時間的・費用的に自動車のほうが明らかに不利なためであるが、それは消去法的な選択（やむをえず）ともいえる。

大西隆は「満員電車は、とてもサービス精神のある人が提供する乗り物とは思えないし、職場を起点に、仕事であちこち移動する際にも自動車でスムースに走れれば、快適そうだからである。つまり、不快指数の高い東京の通勤電事は耐え難いが、それでも自動車が全く定時性を持たない以上、他に代替手段がなく、仕方なく電車に乗っているというのが実感である」と述べている。[2]

調査によると、「車を使用する理由」として「電車・バスの利用が不便」を挙げる者が一六・〇％（車の単数保有世帯）と二〇・八％（複数保有世帯）である。その一方で「車を手放す可能性」では「公共交通の利便性が向上したら」という設問に対して、二・二％（単）と一・七％（複）であり、ほとんどないに等しい。[3]「公共交通が不便」という理由はいわば口実であり、ひとたび車を保有したら、公共交通が便利になっても車を手放す可逆的な関係はない。

「使用する理由」では、単数保有世帯より複数保有世帯のほうが「公共交通の不便」を挙げる理由が増えている。ひとたび車を持つと公共交通を不便と感ずる割合が増える。公共交通の側としては、AND回路が切れてしまわないように、また消極的選択をできるだけ拾い上げるようにサービスレベルを維持することが望まれる。ところがいまJRが進めている施策は、みずから次々とAND回路のスイッチを切断しているに等しい。鉄道好きの筆者でさえ「できるだけ乗らないでほしい」と言っているのかと感じるほどサービスレベルの低下が著しい。

乗ってもらうには

ここで「乗ってもらう方策」を包括的・現実的に考える必要がある。前述の利用抵抗を減らすこと、すなわち公共交通のサービスレベル向上あるいはその他の方策により、自動車から公共交通へのシフト、すなわち公共交通の選択確率の上昇が可能か、また可能とすればどのくらいの効果があるかを検討する必要がある。選択確率とは、平易な言葉でいえばいかに「乗ってもらえるか」の検討である。それは結果として公共交通の事業者の収益に直結するし、あるいは環境対策（CO_2の発生、大気汚染など）や交通事故の減少にも寄与する。選択確率のシミュレーションは社会現象であるから正確に的中するとはいえないが、過去に多くの研究がなされてきた。推定するモデルの一例として、たとえば運輸政策研究機構による地域交通機関（長距離ではない地域内）の分担率予測モデルが提示されている。[4] 数式は省略するが、どのような要因が選択に影響するかを知ることは重要である。要因として、

○高齢者比率（六五歳以上）
○面積あたりの鉄道営業キロ（km／km²）
○大都市圏か、さらに三大都市圏かどうか（Ｙｅｓ／Ｎｏ）
○人口当たり自動車保有台数（台／人）
○面積当たり道路延長（km／km²）

が挙げられている。これらの要因がどのくらい影響するかは、利用目的によって何を重視するかの割合が異なるので「通勤」「通学」「業務」「私用」の移動目的ごとに係数が設定される（過去の実績などから統計的に推定）。ただしこのモデルは最も基本的なものであり、要因として公共交通のサービスレベルの向上によって改善しうる指標がなく地域の条件のみによって決まってしまうので、事業者の努力や交通政策の効果を反映する余地がない。

これに対して、選択率に影響を及ぼす多様な要素を考慮するモデルも数多く提案されている。まず徒歩・二輪か、それ以外の交通機関利用かが選択され、次に交通機関が選択される場合は自動車か公共交通機関か、さらに公共交通機関の中で鉄道かバスか、鉄道が選択された場合はどの路線かというように、多段階に構成されるモデルもある。こうしたモデルでは選択に影響を及ぼす多様な要因を検

討できる。一例として「近畿圏における高速鉄道を中心とする新たな交通のあり方に関する調査報告書」[5]では、影響を及ぼす要因としては、

○鉄道に対して、所要時分・運賃・乗換抵抗（※）・終日運転間隔・ピーク時運転間隔・始発駅かどうか（Yes／No）・鉄道までアクセスする時間・鉄道までアクセスする費用・五m以上の段差（有／無）・エスカレータ・エレベータの設置（有／無）

［※「乗換抵抗」は、水平方向の歩行時間・エスカレータや階段の階層差から数値化して設定される」

○バスに対して、所要時分・運賃・バス停までの時間

○利用者の属性に関して性別・年齢・六五歳以上か（Yes／No）・世帯当たり自動車保有台数

などを考慮している。すなわちこのモデルによれば、所要時分・運賃・乗換抵抗・運転間隔・エスカレータ・エレベータの設置など、施策によって鉄道やバスの選択確率を向上させる可能性が検討できる。この例では対象を「近畿圏」としているが、人々の行動パターンは日本国内のいずれの大都市圏でもおおむね同様と考えられるから他の都市圏でも参考になる。このモデルは大都市圏が対象だが、中小都市圏での検討も求められる。これも多くの研究があり、一例として須永孝隆（元電力中央研究所）による報告を紹介する。[6]このモデルで影響を及ぼす要因は前述のモデルとおおむね同様であるが、これに駅密度（箇所／km²）・バス停密度（同）などが加わる。たとえば地方都市圏でのJR路線

は、国鉄からの経緯で駅間が長いケースが多く、沿線にせっかく住宅地等があるのに集客を逸している場合などがそれに該当する。駅の新設すなわち地域における駅密度の向上によって鉄道の分担率を向上させる可能性がある。たとえばJR東海の東海道線では、沼津駅と原駅の間に「片浜駅」を設置(一九八七年三月)したところ、在来の原駅よりも多くの乗客が利用するようになった等の事例がある。

環境への影響を評価基準として交通手段を選ぶ利用者・企業は例外的であり、むしろ否定的イメージを形成する可能性もある。東海道新幹線の車内の通路ドア上部のLED表示盤に「東京〜大阪間で新幹線の一座席あたりエネルギー消費量は航空機の六分の一」というメッセージを流して環境面の優位性をアピールしていた時期があった(現在は車両の改良により八分の一程度に削減)[7]。これ自体は事実だが鉄道の環境面の優位性は、新幹線を頻繁に利用するような環境のビジネスパーソンからは高評価の対象とはなっていない。多くのビジネスパーソンは「環境」は企業活動に制約を及ぼす面倒な要素とみなして関与を避ける意識がある。筆者の体験であるが、メッセージを眺めていた隣席の乗客は共感を示さず、「だったら料金をもっと値下げすればよかろう」と否定的な反応を示していた。

近年はスーツにSDGsバッジをつけているビジネスパーソンが増えたが、基本的な認識が簡単に変わるとは思われない。それよりも、環境問題すべてに共通の議論として、人々が意識しなくても自然に環境負荷の少ない選択を行う対策が重要である。ある政令指定都市の交通局の方からお話をうかがった際に「環境対策として鉄道の利用をアピールしたいが、市民から交通局の赤字対策と批判される懸念があり、うかつに言えない」という実情を披露された。このように一般市民からは公共交通と環境の問題は重視されていない。

日本の大都市の交通機関は全般に利便性は高いが、複数の交通機関の結節点となる駅では階段などの上下移動が避けられない。筆者が利用する駅では二三時を過ぎると、まだ列車は運行されているのにエスカレータが止まる。節電のためかもしれないが広告には明々と照明が点灯されたままである。エスカレータは電力を消費するが、使い方によって省エネの効果もある。条件にもよるが、駅にエスカレータ（エレベータ）などの昇降装置を設ける、すなわちサービスレベルの向上により一定の割合で自動車から鉄道への転換が期待できるからである。これは階段を昇降する労力に起因する心理的な抵抗が緩和されて、鉄道の利用意志が増加するためである。

駅にバリアフリー設備を設置して利用抵抗を緩和することにより、どのくらいの利用者が乗用車から公共交通に転換するかを推定するモデルが提案されている。三大都市圏以外の県庁所在地レベルの都市から数十分の距離にある平均的な郊外駅を想定して、現状が階段昇降の駅にエレベータを設置すると、乗用車からの転換が促され年間一〇〇トン前後のCO_2が削減される可能性がある。一方でエレベータの運転による電力を通じてCO_2が発生するが、実績調査[8]から電力消費量を推定してCO_2排出量に換算すると年間数トンである。追加的な排出量よりも削減量のほうが大きいので、バリアフリー設備の設置はCO_2削減にも有効と考えられる。

鉄道の省エネ車両導入はもとより悪いことではなく、投資した以上に動力費の節減になるなら企業判断として行うのはよいとして、コストパフォーマンスは非常に悪い。日本全体ではもともとわずかな鉄道のエネルギー消費を削減したところで脱炭素の効果は乏しい。またＣＩ（企業イメージ）として行うのであれば全く無駄である。そのような予算があるのなら、待合室もトイレもない駅など基本的なサービスレベルの改善に振り向けたほうが、利用者のさらなる減少を防止することができるだろう。

混雑と着席

その他にも考慮すべき要素はいくつかある。ここまで紹介したモデルでは「快適性」あるいは「不快性」を反映する指標がない。ある研究によると、表5―1のように「鉄道で着席」を基準（一・〇）とした場合、立席（鉄道・バス）の場合・徒歩・待ち時間・乗換はどのくらいの倍率で時間負担として感じているかという推定がある。[9]概略でまとめれば鉄道で着席を一・〇としたとき、立席では一・五〜二・〇倍くらいの時間に感じる。バスの係数が大きい理由は、鉄道と比べてバスは着席していても乗り心地（安定感）が劣り、立って乗車することはさらに労力（不安感）を強いられるので長く感じられるためであり、利用者の実感とよく合っているのではないだろうか。「座れない」あるいは「座れない可能性」は公共交通の利用に対する大きな抵抗である。インターネット上では高齢者や妊婦に席を譲る譲らないの論争が常に戦わされているが、混雑から派生した問題であり、マナーや価値観の観点だけでは評価できない。

国鉄時代にも着席問題は軽視されていたわけではない。須田寛（元国鉄常務理事・JR東海初代社長）は、鉄道が他の交通機関との競争にさらされている状況下で、座席の提供すなわち〝坐れる列車〟は重要なサービス要因であるとの認識を示している。[10]JR発足前後には多くの地域でサービス改善策と

表5-1　乗車状況による等価時間係数

	鉄道で着席	鉄道で立席	徒歩	待ち	乗換1回	バスで着席	バスで立席
通勤 東京	1.0	1.4	2.5	1.0	7.0		
通勤 長崎	1.0	1.4	1.7	1.8	8.7		
通勤 大阪	1.0	1.4	2.4	1.0	9.8	2.1	2.8
業務 大阪	1.0	1.5	2.1	2.1	8.7		
吹田（測定例1）	1.0	2.0	3.7	2.6	20.1	1.4	3.0
吹田（測定例2）			2.0	1.9	22.2	1.0	2.1
乗換1回の等価時間は分／回，その他は無次元							

して列車が増発された。しかし限られた車両数で増発を行うには一列車あたりの編成両数を減らす必要があり、かえって混雑が激化するトラブルも生じた。さらに現在のＪＲでは、列車を削減した上に編成両数も減らすという改悪が全国で常態化している。

コロナにより物理的な混雑度は多少低下したが、見知らぬ他者との接触（接近）を敬遠する意識はいっそう高まった。「整列乗車」を日本の美風として称揚する意見がときにみられるが、事故や災害でもないのに生活必需的な財貨やサービスを手に入れるのに行列ができることは自慢にならず、むしろ日本の恥である。いまの鉄道事業者のあり方を根本的に変えないかぎり、より正確にいえば鉄道を営利事業の枠で考えるかぎり、混雑解消はできない。

梅原淳（鉄道ジャーナリスト）は、鉄道事業者にとってラッシュ時の収益性は低く、列車を増発するだけ経費が増加するので、混雑を緩和するインセンティブはないと指摘している。[11] それどころかコロナを理由としてピーク時の減便も行われた。多くの利用者が集中するラッシュ時にはあるていどの混雑はやむをえないと考える人もいるだろうが、東京都市圏の多くの路線では、始発から終電まで平均しても約二人に一人は座れない。付加料金を払ってグリーン車や座席指定制（定員制）の列車を利用すれば別であるが「立って乗る」のが大都市圏の鉄道の常態である。小さな子どもを連れて外出するとき、せっかく気を遣ってラッシュ時間帯を避けて乗ったのに混雑が続いていて落胆することも珍しくない。国民の生活全体の利便性・快適性が向上しているのに比べて、鉄道の詰め込み輸送がさしたる改善もなく、ひたすら利用者の「ご理解・ご協力」に依存するだけという実態はあまりにも時代おくれではないだろうか。

通勤電車の混雑緩和や運行コスト削減を目的としてＪＲ東日本は二〇二三年三月から国内初の「オフピーク定期券」を実施する。[12]各駅で設定する「ピーク時間帯」をＪＲ東日本ウェブサイト等で公開し、それ以外の時間帯での利用で割引を設定する。もともとこの方式自体は「ピークロード・プライシング」や「混雑課金」等として、以前から鉄道に限らず有料道路等でも国内外で提案されてきたが、国内の鉄道で実際に運用するのは初となる。一方で利用制限のない通常の通勤定期券は一・四％値上げとなる。同時にピーク時の運転本数を減らす。ただし他の鉄道事業者は静観の姿勢である。通勤客で勤務先から交通費が支給される場合は個人の負担にならないので、どの程度のインセンティブになるかは未知数である。

公共交通の利用抵抗は他にも数多くある。たとえば子ども連れで公共交通を利用することへの不寛容などである。国土交通省の「ホットラインステーション」には、ベビーカーでの鉄道利用に拒否感を示す意見が相当数寄せられている。[13]また鉄道ではないが、東京都交通局のバスで二人乗りベビーカーで乗車しようとしたところ、一台目ではドアを開けてもらえず、二台目は乗車できたが乗務員に手伝ってもらえなかったとの報告が寄せられた。[14]また新幹線に限定した調査であるが、新幹線でいくつかの「専用車両」を設けたと想定した場合の利用意向について「静粛車両」「安眠車両」の希望が最も多かった。一方で「お子様連れ車両」の順位は低かった[15]。

ところで運行本数など物理的なサービスレベルの向上は重要ではあるが、必ずしもそれによらなくても利用者の増加を達成した事例もある。二〇〇三年に京福電気鉄道から路線を継承して発足した「えちぜん鉄道」では、継承前後とも毎時一便・同分発車（福井〜勝山間）でありほぼ変わらないにもかかわらず、継承後は継続的に利用者が増加した。コロナによる落ち込みはあったが二〇二二年以降は順調に回復し、通勤定期ではコロナ前を上回った。「シミュレーションに乗らない要因」もあることは留意すべきであろう。

役に立たないMaaS《マーズ》

近年、公共交通の利用促進策としてMaaS《マーズ》が提唱されている。MaaSとは〝Mobility as a Service〟の略で、車以外のすべての交通手段（公共交通から自転車・徒歩まで）を統合した一つ（「a」の意味）のサービスとして捉える考え方である。たとえば公共交通から徒歩ルートまで含めた乗換案内アプリが提供されているが、これもMaaSの一分野である。さらに情報提供にとどまらず、予約から料金決済まで一貫して処理できるようにして利便性を高める試みもある。

金利明（茨城大学・交通工学）は「自動運転車やMaaSなどの最先端技術を使った新しい交通サー

ビスが現実味を帯びてきている。一方で、これまでにない革新的なこれらの交通サービスを、人々がどのように使いこなしていけばよいのかについては全く不明であり、今まさに各方面で実用的研究開発がなされているところである。しかしバラ色の社会を夢見て実用化を急ぐだけでよいのかという疑問もある[16]」という。また加藤博和（前出）は「ＭａａＳなど『モビリティ革命』とされる近年の動きが、コロナ禍においていったいどのような対応策を提示し、交通活動を支援してくれたのか考えると、残念ながら思いつかない。コロナ禍直前まではさんざんバラ色の未来を提示し、投資を呼び込もうとしていたのがウソのように静かになってしまった[17]」と指摘している。現状の自動運転は、単なる呪文として自治体の交通政策の軽視・無策の言いわけにすら転用されている。ある自治体の議員の報告によると、市内でバス路線にアクセスが不便な地域にコミュニティバスを運行できないか担当者と協議していたところ「そのうち自動運転ができるから」として断られたという。

ＭａａＳは地域公共交通を活性化し持続的なモビリティを提供する切り札になるだろうか。結論からいえば現状のＭａａＳは「乗り換えアプリ」の域を出ない。風呂本武典は「日本版ＭａａＳと社会実験の罠」として「通信技術が発達し即時最適経路検索と運賃決済が可能になったところで、根本的な輸送サービスそのものが改善しなければ、ＭａａＳ本来の概念である自家用車の削減につながるような効果はあがらない。国土交通省ではなぜかわざわざＭａａＳを『日本版ＭａａＳ』と銘打ち［大都市型］［大都市近郊型］［地方都市型］［地方郊外・過疎地型］［観光地型］と分類分けをしている。［中略］しかし本来のＭａａＳなるものは、シンプルにいつでもどこでも最適な移動サービスを利用できることであって、細分化されたシステムをいちいち選択することではないはずである[18]」という。またしばしば「社会実験」と称する取り組みが行われていることについて「補助金のあるうちは社会実験と称して終了後はおカネが無いからサービス終了、開発会社と研究者だけが地域を実験台にしただけという結末はこれまでも多くの社会実験で見られた。地域から継続を求められると、［これは実験ですから後は地域の皆さん自身でやって下さい」と実験を口実に手を引いてしまうのである」と指摘する。実際のところそうした事例は少なくない。

また風呂本は「ＭａａＳは究極的にはプラットフォーマー［注・インターネット上で大規模なサービス提供をしている企業］覇権となる仕組みである。だからこそ経済産業省や通信事業者やＩＣＴ［注・情報通信技術］産業がいち早く注目したといえよう。通信大手事業者がＭａａＳを構築して多数の利用者を獲得した状況では、交通事業は単なる移動のパーツとしてネット事業の傘下に組み込まれてしまう」と警告している。

代表的な例は「ＧＡＦＡ」と通称される企業群のグーグル（Ｇ・現在はアルファベット）、アップル（Ａ）、フェイスブック（Ｆ・現在はメタ）、アマゾン（Ａ）などである。ＭａａＳも結局はこれらのプラットフォーマーのビジネスの一環であって、住民のモビリティを優先するビジネスではない。そして「ネット事業者は個別交通事業者の事情など忖度しないから実務の労働環境や安全対策などに関心を持たず全てを事業者任せにしかねない。これまでもマッチングビジネスで見られたような事故事件への不誠実な対応等も懸念されるところである。プラットフォーマーにも輸送サービスに対する責任を明確に義務化する制度設計が不可欠である」[19]という。

加藤博和は本来のＭａａＳは、「だれもが［もっと（Ｍ）］［あなたらしく（ａ）］［あんしんして（ａ）］

［せいかつできる（S）］システムであるべきだ」と提言している。[20]現状のMaaSでは「乗換検索アプリ」に過ぎないどころか、利用者が要求していない広告等をついでに表示するようであれば、迷惑系ユーチューバーと変わりない。やたらに片仮名文字を多用したり「社会への実装」といった用語を使う企業・コンサル・研究者は最初から排除したほうがよい。ITなどに象徴されるハイテクは地域公共交通には必要ない。現状の鉄道やバスの便数・所要時間・運賃などのサービスレベルをそのままにMaaSを導入したところで「やはり公共交通は使えない」ことを追体験するだけである。システムの計画者自身が、公共交通を使う認識がないのだろう。不要な技術導入は有害無益である。その場かぎりの補助金をシステム開発業者に流しているだけである。「駅や停留所で待っていれば決まった時間に列車やバスが来る」で十分であり、選択できる経路も限定的で「最適経路の検索」など意味がないのに、なぜスマートフォンアプリでMaaSを使う必要があるのか。ことにスマートフォンは高齢者・障害者にとって余計なバリアを作り出すだけである。

森口将之（ジャーナリスト）は「日本では新しいモビリティサービスが登場すると、導入すること自体を目的とする動きが生まれるが、モビリティとはそもそも人間の移動のしやすさを意味する言葉であり、個々の交通は都市や地方の中でスムーズな移動を実現するための手段にすぎない[21]」と指摘している。原則はその通りであるが、現実は地域のニーズよりも「導入自体が目的」になっている事例が少なくない。中国地方の中山間地での移動サービス社会実験では自動車メーカーがスマートフォンによる登録・予約アプリを提供したが、自治体へのヒアリングによるとサービスの本来の利用対象であるはずの高齢者はほとんど使っておらず、従来どおりの電話予約や家族が操作を代行する実態であるという。[22]

日本の都市交通では運賃体系が各々の鉄道・バス事業者ごとに別個であり、列車が相互直通運転を行っていても事業者ごとに初乗り運賃が加算される。中には同一事業者の中でさえ路線が異なると初乗り運賃を必要とする例（東急電鉄の鉄道線と世田谷軌道線など）さえある。異なる交通事業者間での運賃統合はなんら非現実的な提案ではない。海外では「運輸連合（Verkehrsverbund）」が広域的に運営されている。一定の都市圏の中では各種の公共交通機関（鉄道・路面電車・バス等）が一元的に運営され、どの交通機関も共通の運賃で選択できて乗り換えも自由である。現時点で最大の運輸連合とされるシステムはドイツのＶＲＲ（Verkehrsverbund Rhein-Ruhr）であり、一〇〇路線以上の鉄道と路面電車、八〇〇系統以上のバスが組織されている。これに対して日本ではＩＣカードが普及しても運賃体系そのものは変わっておらず、むしろ自動的に金額が引き落とされたりオートチャージが導入されたために問題に気づきにくくなっている。運賃統合さえできない（する意思がない）現状では、歪んだ運賃体系にＭａａＳを導入しても「歪んだＭａａＳ」ができるに過ぎず、いつまで経っても「乗り換えアプリ」の域を出ない。

ＩＣカードは普及しているが、運賃収受の自動化による事業者側の人員削減やマーケティング情報の収集（買物や飲食にも使える機能を利用）の目的にとどまり、利用者本位の活用には結びついていない。政府はマイナンバーカードと交通系ＩＣカードの連携を推進する方針を発表した。[23] 高齢者の運賃割引などに活用するなどとしているが、そのためには当然個人情報と結びつけられる。現在も交通系ＩＣカードでオートチャージ機能を利用すれば銀行口座と結びつけられているが、さらにそれが拡大される。ＩＴ技術を利用すれば大量の個人情報を結びつけられる。

「二〇二〇年度にＪＲ東日本が提供する観光ＭａａＳの［ググっとぐんＭａａＳ］プラットフォームに前橋版ＭａａＳを連携することで市外との広域連携を図ったり、二〇二一年度にはマイナンバーカードと交通系ＩＣを連携して域内交通のデジタルフリーパスを提供し，今後はこれまで運用してきたデマンド交通の紙チケットをマイナンバーカードでの資格認証に切り替えていくなど、マイナンバーカードを起点とした域内サービスのＩＣＴ化やＩＤ統合を推進することで［前橋モデル］を作り上げようとしている」[24]「技術革新により顔認証システムと運賃収受の機能を紐付けられるようになりました」[25]といった試みが無秩序に進められている。

これらはたしかに事業者側には効率化などの大義名分はあるが、利用者側に利益があるのかは不明である。ＪＲ東日本はすでにデータの取扱いに関して問題を起こしている。同社のＩＣカード（Ｓｕｉｃａ）の情報を加工した上で民間企業に提供（二〇一三年）していたことが問題視された。個人情報が直接流出したわけではないが、二〇一五年九月に「個人情報の保護に関する法律」の改正が行われて匿名加工情報が規定されるなどの状況を受け、同社はＳｕｉｃａデータの社外提供に関する有識者会議を開催する等の対応を行っている。[26]また同社は不審者の検出などを口実として、監視カメラの画像をＡＩで解析して全乗客の顔を判別する顔認識システムを利用者には周知せずに稼働していたが、服役終了後の出所者の顔情報も保有していることが問題視されて稼働を中止した。[27]出所者のデータが一般に公開されているはずがないから、警察との密接な連携がすでに行われていたことになる。また別の例では、情報企業が同社から受託した業務で保有していた画像情報を、別の研究開発業務に無断で転用していたことが発覚した（二〇一四年）[28]。

現在はこうしたシステムの稼働に法的な規制がないし、電子データはいったん流出すれば回収はほぼ不可能である。ＩＴ技術の進展に伴ってマイナンバーカード・交通系ＩＣカード・クレジットカード情報・顔認識システムなどが結びつけば、誰がどこで何をしているか一元的に管理される。現に中国などではこのような監視社会が構築されていると伝えられている。やがてマイナンバーカードを作らないと電車やバスなど公共交通機関を利用できず、そして利用すれば、誰がどこで何をしているか本人も知らないうちに第三者がデータを保有している社会が到来するだろう。日本の実情に照らすと、政治的に何らかの明確な意図や戦略があって利用するというよりも、前述のＭａａＳやいくつかの不祥事と同様に導入すること自体が目的化し、ルールの整備などが行なわれないうちに、さまざまな団体や企業による無秩序な転用や、データの流出などのトラブルが頻発する事態を招くであろう。

注

1 上岡直見『新・鉄道は地球を救う』交通新聞社、二〇〇七年、一五八頁。
2 大西隆「人間中心の交通体系を実現する緒方策」『ＣＥＬ』二〇〇二年一二月号、二九頁、大阪ガスエネルギー・文化研究所、二〇〇二年。
3 （社）資源協会『原子力エネルギー等社会システム基本情報調査』、一九九四年三月、一六七頁、（財）日本エネルギー経済研究所ＩＥＥ─ＳＲ─２４８『自家用乗用車の走行実態調査─乗用車の複数保有は走行距離に影響を与えるか？─』一九九二年等より。
4 （財）運輸政策研究機構「21世紀初頭の我が国の交通需要─交通需要予測モデル─」二〇〇〇年三月。
5 関西交通経済研究センター「近畿圏における高速鉄道を中心とする新たな交通のあり方に関する調査報告書」。

https://nippon.zaidan.info/seikabutsu/2002/00062/mokuji.htm
6 須永孝隆「都市交通手段分担影響要因の分析とライトレールトランジット導入時の課題―京都市をモデルとして―」電力中央研究所報告［T03001］、二〇〇三年。
須永孝隆「省エネルギーのための交通計画手法の検討―大都市圏の通勤通学時利用交通手段と交通サービスレベルとの重回帰分析―」電力中央研究所報告［T96002］、一九九六年。

須永孝隆「CO_2排出の少ない都市交通への転換を目的とした公共交通利便性の要因分析とLRT導入時のCO_2排出削減余力の試算」電力中央研究所報告［V05012］、一九九六年、二〇〇六年。

須永孝隆・上岡直見「鉄道のLRT化によるサービスレベル向上と環境負荷低減効果」環境自治体会議環境政策研究所自主報告、二〇〇七年一〇月。
7 JR東海「環境報告書」。http://company.jr-central.co.jp/ir/annualreport/index.html
8 上野剛・中野幸夫・中島慶人「エレベータ運転台数の削減による省エネルギー効果と利用者便益の変化に関する定量的分析」『エネルギー・資源』二八巻三号、二〇〇七年、一六一頁。
9 国土交通省「バリアフリー化事業経済効果分析調査」報告書、二〇〇五年三月、一三三頁。
10 須田寛「〝坐れる列車〟をめざして」『鉄道ジャーナル』第二四四号、一九八七年三月、五五頁。
11 梅原淳「通勤電車の経済学」『徹底解析!!最新鉄道ビジネス』洋泉社MOOK、二〇一一年三月、六四頁。
12 『東京新聞』「［オフピーク定期券」は通勤混雑解消の切り札になるか」二〇二二年一月二〇日ほか各社報道。
13 「国土交通省ホットラインステーションに寄せられた一般利用者（ベビーカー利用者以外）の意見」。https://www.mlit.go.jp/common/001002194.pdf
14 TBS NEWS DIG「大山加奈さん二人乗りベビーカーの都営バス〝乗車拒否〟受け　東京都が双子の親と意見交換」二〇二二年一二月二〇日。https://newsdig.tbs.co.jp/articles/-/243810
15 門井裕介「新幹線車内におけるサービスニーズの一考察」『運輸と経済』八二巻二号、二〇二二年、一〇四頁。
16 金利明「移動の意味に関する総合的研究」『日交研シリーズ』A―八〇〇、日本交通政策研究会、二〇二一年、一頁。
17 林良嗣・森田紘圭編『感染症とソーシャルディスタンシング』（第九章・加藤博和担当）明石書店、二〇二一年、一六九頁。

18 「日本版ＭａａＳと社会実験の罠」「交通政策の提言２０２２―コロナ危機を乗りこえ、持続可能な社会を実現するために―（風呂本武典担当）」交通運輸政策研究会、二〇二二年二月

19 同前。

20 加藤博和「端末公共交通で日本のおでかけを楽しくする～コロナ後の「ウェルカム」な地域づくりのために」『運輸と経済』八二巻二号、二〇二二年、一二頁。

21 森口将之『ＭａａＳ入門』学芸出版社、二〇一九年、一頁。

22 加藤博和「広島県・島根県の中山間地域における公共交通へのＩＣＴ導入の事例紹介」『日交研シリーズ』Ａ―七九六、日本交通政策研究会、二〇二一年、四三頁。

23 二〇二二年一二月二三日『読売新聞』ほか各社報道。

24 稲垣仁美・新谷幸太郎「都市のラストワンマイル～その現状と論点整理」『運輸と経済』八二巻二号、二〇二二年、三〇頁。

25 林新二郎「街づくりから考える交通、そしてラストワンマイル」『運輸と経済』八二巻二号、二〇二二年、七二頁。

26 Ｓｕｉｃａに関するデータの社外への提供についての有識者会議「Ｓｕｉｃａに関するデータの社外への提供について とりまとめ」。https://www.jreast.co.jp/information/aas/20151126_torimatome.pdf

27 指宿信「監視カメラで全乗客の顔を判別」ＪＲ東日本の出所者検知システムはどこに問題があったのか」プレジデントオンライン二〇二一年年一〇月一九日。https://president.jp/articles/-/51210

28 オムロン（株）「弊社グループ会社の研究開発における画像情報利用に関するお詫び」二〇一四年七月。http://www.omron.co.jp/press/2014/07/c0712.html

第6章　バス転換は解決策ではない

バスは「わからない」

筆者は調査などで地方都市や農村部を訪問する機会があるが、最近では一年も間が空くと前の年にはあったはずのバス路線が廃止されていたり、休日は全面運休となるなど利便性の低下が著しい。二〇一四年五月には栃木県塩谷町で、路線バスがある日突然運行を停止する事態が生じた（法的には六カ月前の届け出が必要）。これは二〇〇四年にバス事業の規制緩和に伴って複数のバス事業者が同地域の路線に参入していたところ、利用者の減少や競合により経営が苦しくなり事業者の一つが運行を断念したことによる[1]。

筆者の体験では、東北のある地域でバスに乗ろうとして停留所に行くと、時刻表が削り取られて「このバスは廃止になりました」とマーカーペンで落書きがされていた。これ自体は何者かの悪戯であろうが、一面では「バスはあてにならない」という社会的な認識が背景にあると考えられる。というのは鉄道では悪戯としてもそれは成立しないからである。「最後の公共交通」とも呼ばれるタクシーさえ廃業する地域も出ている。これも体験だが、東北のローカル線の駅に降り、看板が出ていたタクシーの番号に電話したところ「何の用ですか」と聞き返された。「タクシーではないのですか」と問うと「廃業しました」と言われた。目的地は数km先であり途方に暮れた。

公共交通を積極的に利用するように努めている筆者でも、バスは「わからない」システムである。

地域公共交通としてのバスは、以前は現地に行ってみなければ、あるいは行っても利用情報がわからない交通手段であった。鉄道では列車は駅以外には発着しないが、バス停留所では「何々駅前」との名称でも実際には別の場所であったりする。それを知らずに便を逃すと次は何時間も後ということもある。

インターネットが普及して多くのバス事業者はウェブサイトを開設しているが、分かりにくいサイトが多い。「意地でもバスに乗る」というつもりで、事業者のサイト・一般地図・バス停検索サイト・自治体のウェブサイト等を照合しながら時間をかけて調べないと利用情報が得られない。ようやく調べても、休日は全便運休などとわかって落胆することも多い。自治体もバスに関心が乏しく、インターネット上で公共施設の利用案内を参照しても「最寄りのバス停」としか記載がなかったり、行事が開催される機会の多い土休日には減便・全休といった例がよくある。[2]

別の例では、山陰地方のあるＪＲ駅前にバス時刻表が掲示してあったが、その前に飲料の自動販売機が置かれて時刻表が半分隠れ、のぞき込んでみると下のほうに「〇〇分の便は駅前でなく別の道路上のバス停から出る」という注意書きがあった。気づかなければ旅程が台無しになるところであった。加藤博和（前出）も類似の体験に基づいて「この地域は外から来てもらうのがそんなにイヤなのかな？と思ってしまう。せっかく公共交通で行こうと思った人に対して、便利なはずのネット社会でも必要な情報を提供できず、「公共交通は使えない」「訪れることが歓迎されていない」と烙印を押されてしまうとは、なんと愚かなことか」[3]という。

国土交通省でも「多くの路線バスでは、どのバスがどこを経由するのか、どこにバス停があるのか、

図6-1　バス停の掲示

いつ到着するのか、どこから乗ればいいのか、運賃はいくらなのか、といった基本的な情報が利用者にわかりやすい形で提供されておらず、このため、過去に利用したことがある地元住民以外には、乗る際の心理的抵抗が大きい」[4]と指摘している。こうした状況に対して市民団体が「全国バスマップサミット」の活動を二〇〇三年から現在まで続けている。[5]

また何功（計量計画研究所）らはオープンデータを利用し、効率的にわかりやすいバス時刻表の作成を試みている。[6]なおこの研究では時刻表を伝統的な表形式にまとめている。スマートフォンが普及した現在でも、地域内の日常の用あるいは最大でも県庁まで程度の範囲で、選択可能な多くの経路があるわけでもない移動には、アプリの利用よりもいわゆるポケット時刻表的な形態のほうが便利であることにも注目すべきである。

それでは大都市のバスは利用しやすいかといえば全くそうではない。図6―1（写真）は横浜市営バスの停留所の例である。全国的に同様ではあるが屋根もなく吹きさらしでベンチもない。バス停のすぐ後ろにマンションのエントランスがあり、雨天時・酷暑時などにバスを待つ利用者が自然とそこに立ち入りマンション側から苦情が出たものと思われる。そのマンションが建つ前には、近所の住民の善意で古い椅子が歩道に置いてあった（建前をいえば道路法・道路交通法違反）時期もある。

あるいは福岡県のJR博多駅近くのバス停で「始発なのに常に三〇分以上遅れる」実態が報道された。付近の商業施設の駐車場への入場待ちの一般車の渋滞でバスの走行が妨げられるためという[7]。始発からこの状態では途中停留所での利用はほぼ絶望的である。別の地域でも類似のトラブルが常態化しており、必ずしもバス事業者の責任ではないが、ウェブサイトで「バスを利用してほしくない努力をしているのかと感じた」[8]という批判がされていた。現場がこれでは、MaaSやICT（第5章参照）を導入したところで「やはりバスなど使えない」と確認されるだけである。戸崎肇（交通政策・桜美林大学）は「バスの衰退の原因の一つは、その運行に対して定時性が保てないということがある。ITS［注・高度道路交通システム］の普及によってバスの到着時刻が正確にわかるようになったとしても、定時性という、その本来の利便性が向上しなければ利用客が増えるわけがない」と述べている[9]。この論稿当時（二〇〇八年）はMaaSという用語は知られていなかったが状況は同じである。公共交通を正しく位置づける政策がない中で「ITビジネス」を考案しても利用者の利益にはならない。

本書は鉄道の活用を論じているが、その観点でも利用者の実際の出発地（自宅など）から駅までのアクセスと、その逆方向（駅からのイグレス）の手段が重要となる。ことに地方都市、あるいは大都市圏でも郊外部になれば、鉄道駅から徒歩圏内に在住・在勤あるいは目的地がある利用者人数は限られる。鉄道駅までの適切なアクセス・イグレスがなければ鉄道は利用されない。この分野は、従来「ラストワンマイル」「二次交通」と呼ばれてきた。もともとは物流分野で用いられてきたが近年は旅客交通にも用いられる。

ただし加藤博和（前出）はこの呼称は適切でないと指摘している。それは航空機や鉄道などの幹線交通を一次すなわち上位として、それに対するアクセス・イグレスは下位で補助的な位置づけという認識が感じられるためである。アクセス交通は、利用者側の視点ではラストではなくファーストであり、一次と二次が逆であるべきだという考え方である。加藤は「ウェルカム交通」を提唱している。[10]地域交通の一つの定義として「地域内を移動するための、誰もが利用できる乗合交通」とするものがある。[11]「誰もが」はビジターも含む。会員制、住民限定、事前予約等は「地域交通」であっても「ウェルカム交通」ではない。

道路を整備するほどバスが不便になる

道路整備の影響により逆に地域のバスが不便になった例がある。岩手県盛岡市と宮古市は、ＪＲ東日本の山田線と国道一〇六号が交通ルートだが、山田線は運転本数が極端に少ない一方で、岩手県北バスによる「一〇六急行」という都市間バスが運行されている。筆者も何度も利用しているが、都市

図6-2　道路整備でバスか不便になった例

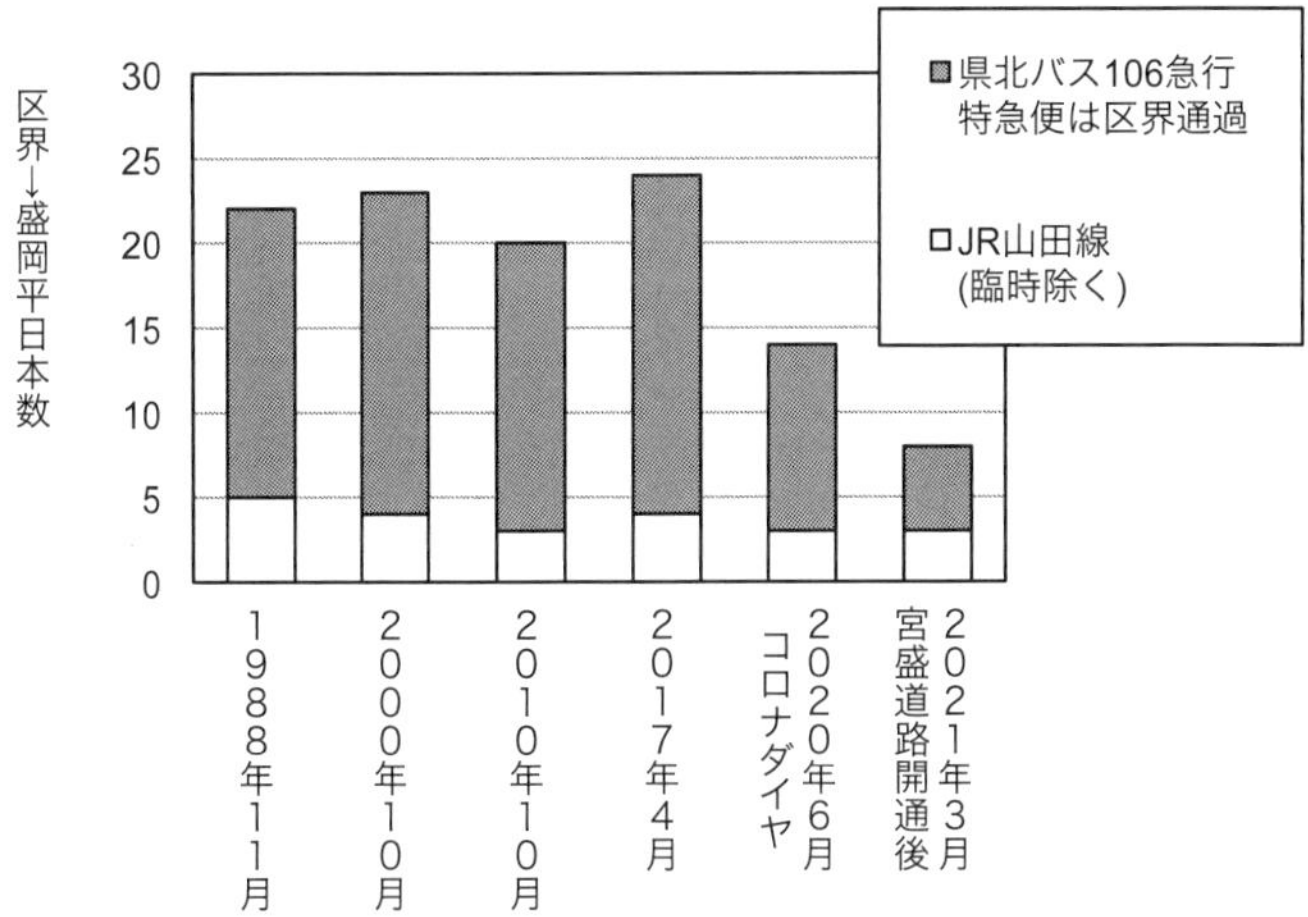

間バスであると共に宮古市側では地域内の利用がかなりみられた。二〇二〇年以降のコロナ期間の減便はやむをえないとして、二〇二一年三月に「復興支援道路」として集落を通らず山中をトンネルで抜けるバイパスが供用され、路線バスがそれを経由するようになったため、両市間の直通便の時間は短縮された一方で、国道沿いの地域ではバスの便数が一挙に三分の一に減ってしまった。両市の境界付近の区界《くざかい》という地区での利用可能な便数の変化を図6—2に示す。供用前には工事の影響でバスの遅延が多く、不便・不快な思いをしたあげくの減便である。

ここに「区界高原少年自然の家」という野外体験学習施設がある。周辺には小中学生から登れる眺望の良い山があるのだが、本来利用が想定される年少者にとって公共交通では利用が困難である。施設のウェブサイトにはアクセス案内としてJR山田線と一〇六急行の「盛岡駅（バスセンター）からの所要時間」の表示があるのみである。明らかに運営者自身が公共交通を利用する認識がみられない。

鉄道のバス転換は公共交通全廃と同じ

一九八七年のJR発足よりも前、一九八〇年の「国鉄再建法」[12]に基づく政令で平均通過数量が四〇〇〇人／日未満の地方交通線についてバス転換あるいは第三セクター（沿線自治体や企業が出資）など他の事業形態への転換が推奨された。当時残った路線の中でもJRに継承された後に廃止された路線もある。バス転換した路線については転換後に利用者の減少がいっそう加速され、より持続的なサービスが提供された事例はほとんどない。

図6—3は九州の旧山野線（熊本県・水俣駅〜鹿児島県・栗野駅）の沿線住民の方が個人的にまとめたデータからの引用である。[13] 同線は一九八七年三月にいったんJR九州に継承された後、一九八八年二月に廃止され民間事業者の代替バスとなった。鉄道廃止前には、便利とは言えないまでも水俣から途中の薩摩大口間で一日七本の列車のほか途中の久木野までの区間列車が運行されていた。バス転換後の五年間は便数が増加したが、始発から終発までの運行時間帯が五〜六時間近く短縮された。ことに終発が鉄道時代の一九時台から一七時台へ二時間も繰り上がった。夜間時間帯の廃止は通常の勤労者が公共交通の利用を断念する決定的な要因になる。[14]

さらに五年経過後の一九九三年以降になるとバスも便数が半減以下、あるいは区間によってはルー

図6-3　山野線代替バスの推移

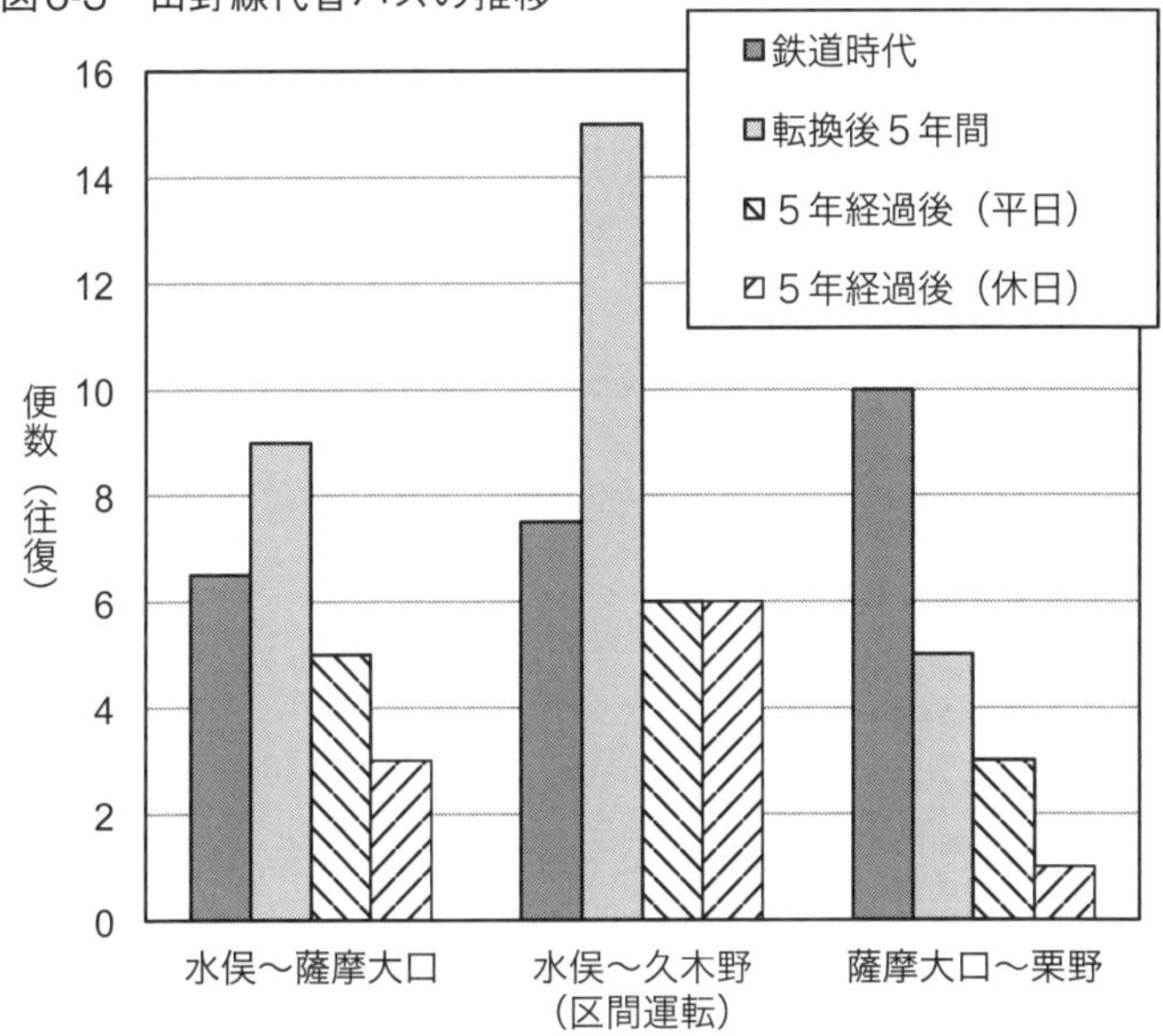

トそのものが廃止された区間もある。この「五年」とは、地方交通線のバス転換に際して五年間は国が赤字補塡を行う制度の期間である。運賃についても二〇～二〇〇％の値上げとなっている。所要時間でみると、山野線は山岳路線のため鉄道でも速度は制約されていたが、バス転換になっても改善しないばかりか各路線で一〇～二〇分ほど延びている。このようにバス転換によって地域の利用者のモビリティが確保されたとはいえない。

バス転換の議論では、バスのほうが運行コストが安いから地域の足を守る観点では鉄道よりも持続性があるとの主張がしばしばみられる。ところが実際は民間バス事業者が引き継いでも採算が取れないことは同じなので、減便・乗客減・さらに減便のスパイラルのあげく撤退し、

図6-4　バス転換後の利用者数の変化

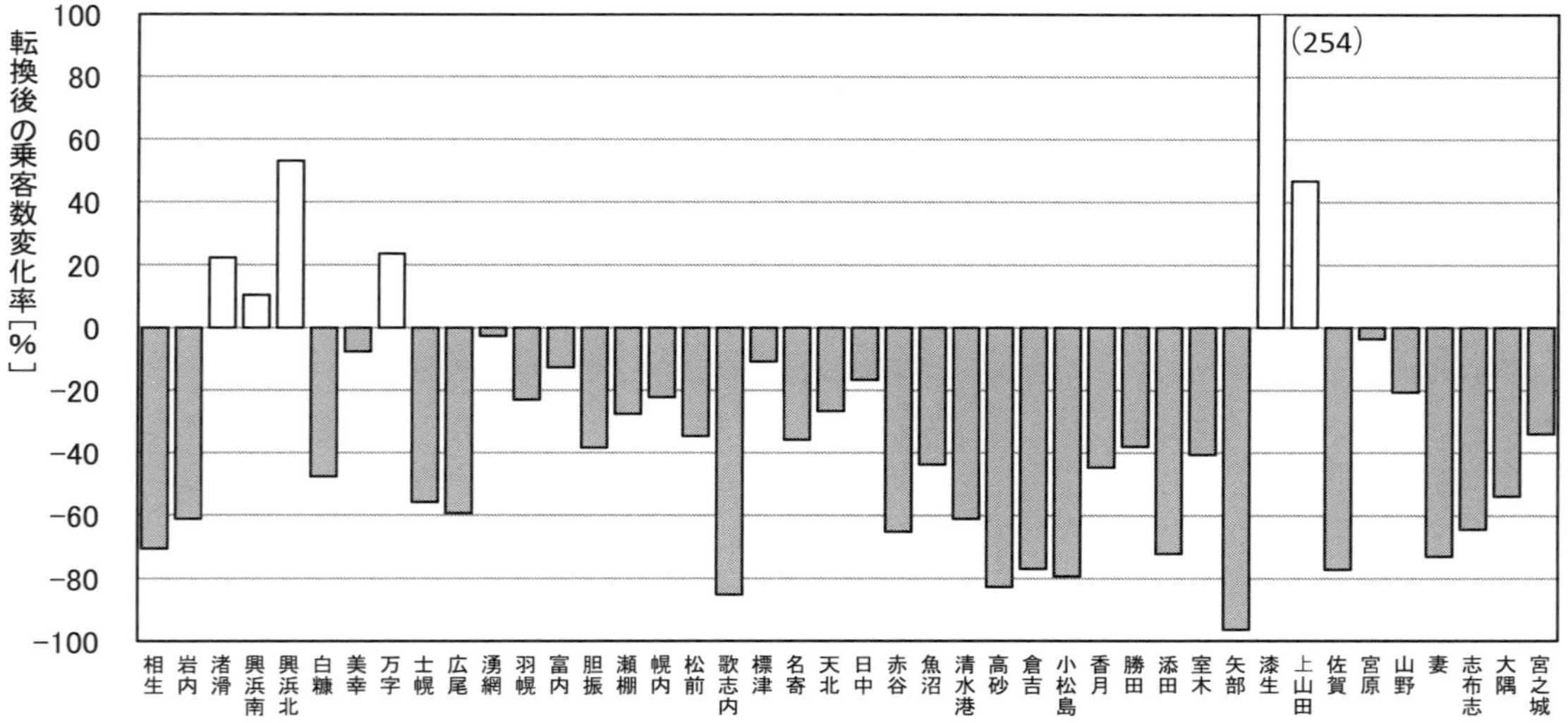

やむをえず自治体が代行してもやがてそれも廃止というパターンが全国至る地域で発生している。辛うじて運行されていても、曜日限定など利用上の制約が多いケースも多い。図6—4は国鉄の地方交通線（第一次）の廃止に際して、一九八五年に鉄道で運行されていた路線についてバス転換後の一九八七年における利用者数を比較した結果である。[15]前後二年間の比較であるから沿線の人口の急減等の要因は考えにくいにもかかわらず大部分の路線で利用者数が大きく減少している。国鉄だけでなく地方の中小私鉄における路線廃止とバス転換に際しても同様の経過が報告されている。二〇〇一年九月に名古屋鉄道谷汲線《たにぐみ》（岐阜県・黒野〜谷汲）が廃止され、後を引き継いだ代替バスもわずか四年の二〇〇五年九月に廃止された。代替バスは鉄道時代とほぼ同じルートを経由していたが、道路事情から所要時間が倍以上にのびた上に運賃も上がり、最終的に鉄道時代より利用者が八割も減って廃止という結末を迎えた。[16]

また国鉄胆振線《いぶり》（北海道伊達市・伊達紋別駅〜同倶知安町・倶知安駅）は一九八六年の分割民営直前に廃止され、民営バス事業者による代替バスとなった。当初は便数は少ないながらもおおむね鉄道時代のサービスレベルを維持していたが、次第に減便・区間短縮を繰り返した後、二〇二二年九月末で途中区間の大滝地区（伊達市）〜喜茂別《きもべつ》（喜茂別町）間が廃止され、鉄道時代の起終点を結ぶ路線は消滅した。バス転換時に国から交付された基金は枯渇し、国・道・沿線自治体の補助金で維持していたもののコロナの影響もあり、途中区間の廃止に至ったものである。[17]

一方で具体的なバス運行の計画技術にも問題はある。加藤博和（前出）は「なぜ鉄道代替バスは乗客を減らすのか」というテーマで、鉄道時代のサービスレベル（ルート・運行頻度・到達時間等）のまま置きかえれば乗客激減は不可避であると指摘する。加藤はこのような代替バスを「使えない代替バス」と名づけている。思い切った投資を行って鉄道の利便性を飛躍的に高める（鉄道で存続する場合）か、鉄道を廃止するのであれば地域バス路線網を根本的に見直す」ことが必要であり、いずれにしても自治体と住民の積極的な関与が必要としている。[18]

地域のバスネットワーク

多くの自治体で「コミュニティバス」「市民（町民）バス」が運行されている。利用を奨励するため愛称がつけられることも多い。ただし地区名と関係ない愛称でビジターにとっては有用ではなく、検索しても出てこない要因になることもある。[19] 地域公共交通の代表的なパターンであるコミュニティバスについて『成功するコミュニティバス』という書籍が刊行されている。[20] 傾聴に値する内容が多く含まれているが、このような書籍が求められるのはその蔭で「失敗したコミュニティバス」が多いことを示唆している。成功例は専門誌や業界誌で報告されるが失敗例はほとんど報告されない。

国土交通省では「バス110番」という情報を提供しているが、そこでは「「失敗したコミュニティバスは同じようであるが、成功したコミュニティバスはそれぞれ違う。」とでも言えようか。その土地の条件を考えずに形だけ真似たコミュニティバスは成功するとは思えない」としている。[21] 現在では、鉄道のバス転換にあたりＢＲＴ（Bus Rapid Transit）や自動運転が提案されることがある。ＢＲＴ

は、バス専用道（車線）の整備や連結バスなどを導入して、在来型の路線バスの弱点である「遅い・定時性がない・輸送量が少ない」等を改善して鉄道の特性に近づけるシステムである。しかし現状では、いずれ少数の「成功したBRT・成功した自動運転」が紹介される一方で「失敗したBRT」「失敗した自動運転」が山積することになるだろう。

コミュニティバスと同様、BRTに関しては、個別の論文や報告等のほかに『バスがまちを変えていく〜BRTの導入計画作法』という書籍がある。[22] 二〇一六年の刊行であるが、国内ではまだBRTの成功例が少ないためか海外事例紹介が主である。どちらかといえば中規模以上の都市を対象としており、いま問題となっている「やむをえずBRT」についての知見は必ずしも得られない。

さらにバス一台あたりの利用者数が一けた台から空気輸送が常態となると「オンデマンド」が検討されるが、導入しても結局は使いにくく在来型（固定ルート・定時運行）に戻ってしまった事例もみられる。[23] オンデマンドでも採算範囲に到達した例はほとんどない。[24] デマンド交通も各地で試みられているが、一方で、バスを運行しようにもドライバー不足が深刻であることは事実である。通常の路線バスの運転が可能な第二種大型免許の保有者が年々減少しているとともに、高齢者の比率が増加している。一般の高齢運転者に対しては免許返納が奨励されている時期に、代替の移動手段である路線バスの運行が困難になりつつある。

現に運転手不足を理由に二〇一九年以降に大幅な減便を余儀なくされた例も出現している。[25] また運転手不足は、交通従事者の待遇（給与等）の低さにも原因がある。加藤博和（前出）は「[現状の経費]から運賃や補助額を決める仕組みでは、労働環境や事業意欲はわかず、どんどん人も事業者もいなくなるのが必然」「貸切バス新運賃制度のように、現状の原価に、人件費引き上げの原資となる額を加算し、補助や運賃改定の基準原価として用いることが必要」[26]と指摘している。

BRTと自動運転

路線バスの自動運転が実現すれば地方圏の公共交通機関は全面的にこれに代替されると楽観的に予測する論者もある。老沼志朗（三菱総合研究所研究員）は「技術進歩の進展速度面に加えコスト面を考慮すると、地方線区では鉄道無人化ではなく、完全に自動車（無人運転バス）へ代替されてしまうおそれもある。仮にマイクロバスで考えると、普通のマイクロバスが自動運転マイクロバスになった場合、運転士自身の人件費のみならず、各種保険や年金、労務管理の費用などがすべて削減可能となる。これは視点を変えると、バス事業が労働集約型産業から資本集約型産業へ変貌するとも言える。過去、同様の変貌を遂げた産業では料金水準が大きく低下しており、バス事業も同様に今の数分の一の料金水準になるような未来が予想される。このように考えると、自動運転が実用化された未来で地方交通の担い手が鉄道となるのか否か、今から対策を講じていく必要があろう」[27]と述べている。

路線バスはルートが決まっており事業者が運行を管理するので一般車両よりは相対的に自動運転に適している。さらに一般車の乗り入れを規制した専用道であれば条件は良くなる。それでも自動運転は簡単ではない。現在でも全国に「路線バス専用道」が設けられている例はいくつかある。鉄道の建設予定敷地や廃線跡地をバス専用道路としているケースが多く、歩行者・自転車・その他一般交通の通行は禁止されている。古くから実施されている例の一つにJRバス関東の「白棚線《はくほう》」がある。福島県のJR東日本・東北本線白河駅と、同県水郡線・磐城棚倉駅を結ぶ鉄道として一九一六年に私鉄の白棚鉄道が開業した後、一九四一年に国有化された。戦時中に資材不足で営業を休止した後、鉄道としては再開されず廃線跡地をバス専用道（現・JRバス関東所有の私道扱い）に転換して運行されている。現在も沿道に「高速度専用自動車道」という看板が残っているが今でいう「高速バス」ではない。見かけは一般的な路線バスであるが、専用道という点ではBRTに該当する。全線が専用道ではなく何回か国道と出入りがある。

一般道との交差部分は鉄道の「踏切」に準じる扱いで一般道の側に一旦停止が義務づけられている。こうした条件から一見すると自動運転が導入しやすい環境があるが、「高速度専用」となっているものの現在では並行する国道のほうが道路状況が良く、専用道の路面は劣化して振動・騒音が激しく大穴が開いた場所もみられ、交差部でも一般車の飛び出しに妨げられることが何回かあった。

これらの点はいずれ技術的に対処が可能となるかもしれないが、別の面で問題がある。沿線に高校があり、筆者が利用した際には多数の高校生が停留所で待っていたが、車内に最大限詰め合わせても乗り切れず「積み残し」が発生した。バスの定員超過は違法であり実態として黙認されてはいるが、それでもとうてい対処できない人数であった。次の便は一時間後にしかない。特別の行事などの影響ではなく常態のようであった。自動（無人）運転になるとこうした状況には対応できない。したがって自動（無人）運転をバスに適用するとすれば、前述の老沼が「マイクロバス」と想定しているように、日常的に利用者が限定されていて定員超過が発生するおそれがない、文字どおりの過疎バスに限られるであろう。なお交通機関の種類により定員の性格には差異があるとの見解もある。須田寛（前出）は、航空機・船舶のような安全基準上の定員と、鉄道のようなサービス基準上の定員とは異なるとしている。[28]バスはその中間と考えられるが違法であることには変わりない。

警察庁が民間研究機関に委託して行った調査によると、二〇二〇年までに実用化を目指す「レベル4（限られたルートなど、一定の条件ではドライバーの介入が不要）」相当の限定地域における無人自動運転移動サービスとして、過疎地など交通量が少ないエリア・低速（一〇〜三〇㎞／時）・少人数・遠隔監視を条件とし、さらにドライバーの添乗が当面は必要としている。[29]技術の進歩や、運用側・利用側の慣熟効果によりしだいに制約は緩和されてゆくかもしれないが、制約が多すぎて鉄道路線の代替どころか在来の路線バスの代替すら困難である。

かりに地域公共交通に自動運転バス（タクシー）を導入したとして、その利用者の大半は運転資格あるいは能力のない人であろう。すると自動運転バス（タクシー）に求められる機能とは、運転できない人が乗車することを前提として少なくともレベル4（限定された条件でドライバーの関与不要）またはレベル5（条件の制約なく完全無人運転）が求められる。しかし人間の運転でも中型・大型車は乗用車より高い技能が必要なため資格が異なるのであるから、自動運転でもそのハードルが高くなる。いま開発されている自動運転車でそのような機能が近い将来に実現できるとは考えられない。

公道上での「レベル4」を目指したバス自動運転の実験[30]では、対向車がいる状況での路上駐車車両の回避や、GPSの受信感度が低下した時などにドライバーの介入が必要となった。また路上に張り

図6-5　地方都市の路線バス車両

出した植栽を支障物と検知して停止したトラブルも発生した。実証実験は警察庁のガイドラインに基づいて行われ、「レベル4」相当の機能を有していても、運転席のドライバーが常に監視を行い、異常時には運転に介入できなければならない。もしトラブルが短時間で解消しない場合はそのまま運休とするのであろうか。もし有人で代行運転を行うとすれば、結局は大型二種免許所持者の待機が必要となり人手不足の対策にもならない。

自動運転は経済的にも非現実的である。バスの自動運転車は在来車よりはるかに高額となるし、前述のように保安・管理体制にも現状では必要のない追加的な費用がかかる。地方の中小バス事業者は経費節減のため大都市の路線バスの中古車を使用することが常態化している。図6—5は雪国の地方都市のバス事業者で傷んだ車両を使い続けている例である。こうした事業者では現状の運行維持が精いっぱいで、バリアフリーのためのノンステップバスの導入すら容易ではない。

交通系ICカード対応の機器の購入やデータ管理組織（料金決済システムなど）の負担金も出せないのでICカード対応ができない。自動運転が可能になったとしても、高価な初期投資が必要で、少なくとも安定運行が確立するまでは保安要員も必要というのでは、地方の中小バス事業者はとうてい導入できない。自動運転車の普及を待っているうちにバス路線が消滅してしまうのではないか。補助金等を伴う特例あるいは実験としてしか成立しないであろう。

二〇一八年一二月～二〇一九年三月にかけて、JR前橋駅～上毛線中央前橋駅の約一㎞の前橋市委託路線の営業路線で、将来的には「レベル4」を目指す自動運転バスの実験が行われた[31]。シャトル運行で途中停留所での乗降はない。実験は予定通り行われたが課題も指摘されている。道路工事や複雑な交通環境に対応するための路車間通信の整備、周囲を走行する車両等との速度差については他の車両や歩行者の理解を得る対策、無人を想定した車内での案内や安全確保措置等が指摘されている。むしろ自動運転を一般的に拡大してゆくにはかなりハードルが高いことが実験から次々と明らかになっているのではないだろうか。

「他の車両や歩行者の理解」については、自動運転バスが混在するために他の車や歩行者に注意を求めるのは本末転倒であり、広い理解を求められるとは思えない。しかも現在は例外的に自動運転バスが走行しているだけだから協力を求めることが可能としても、自動運転バスが増えてきたとき、どのバスが自動運転かを他の車や歩行者が識別して対応しなければならないなどは非現実的である。工事その他の非定常的な道路状況を自動運転バス側に知らせる発信器等を設置することは技術的には容易であるが、自動運転バスの運行範囲が広がってきたら、工事その他の状況が変化するたびに発信器等の設置を管理することは現実に不可能である。道路工事などで路上にコーンを置いて歩行者用の仮通路を設定する等の作業は毎日のように行われている。何か変化があるたびに初回はドライバーが乗車して確認運行をするとなれば「人がいらない」という条件は幻想である。

名古屋大学では「ゆっくり自動運転」[32]のプロジェクトを実施し、時速二〇km以下の低速車両を使用した自律走行の公道試験（一般車混在）を行っている。一応実験の設定に対してはクリアしているが、使用範囲は限定的である。使用可能エリアであっても積雪・凍結等への対応は困難であろう。集落内で数km以内の移動であれば、異常時（システムエラー・電池切れ・その他トラブル）の救援や気象状況により外出を控える等の対応は可能かもしれない。しかし時速二〇km以下では、交通量の多い幹線道路や市街地での一般車との混在走行は難しい。この速度制限は、実験だから慎重を期しているというよりも他の車や歩行者・自転車に対する安全上からも実用上の限界である。車内の搭乗者についても、特に高齢者を対象に考えるならば、時速二〇kmを超えた速度で予期しない車両の動きが発生した場合、シートベルトを着用していたとしても身体的・心理的ショックによる二次被害の可能性は無視できないだろう。

現にそうした状況での事故が発生している。二〇二三年一月に、滋賀県大津駅～びわ湖大津プリンスホテル間で実証実験を行っている自動運転バスで乗客の七〇歳代女性が転倒し軽傷を負った。実験中のためドライバーが添乗していたが、ホテル敷地内のバス停近くに停車中のトラックを避けようとドライバーがハンドルを切った直後、バスの制御システムが何らかの判断で急加速し座っていた女性が転倒したという。ドライバー添乗かつ敷地内でこれでは一般道での安定的な実用化にはほど遠い。

豊浜トンネル崩落事故（一九九六年二月・北海道古平町）[33]で被災した路線バスに乗っていた乗客の中には、ふだんは車を利用しているが雪が激しいので路線バスで出かけた人がいた。雪の日にあえてバスを選ぶことは暖国の人には逆と感じられるかもしれないが、「プロによる運転、乗務員がいる」という安心感からである。北海道の鉄道路線が廃止された後の沿線住民の生活調査によると、吹雪が予想される時に車で移動するには、立往生などに備えて同乗者を募って出かけなければ不安であるが、鉄道やバスは少なくとも乗務員がいるから一人での外出にも安心であるという。[34]公共交通は「乗務員がいる」ことに価値がある。

ライドシェアは有効か

過疎地の交通に関する調査によれば、私的で善意に基づく相乗りであってもたび重なると乗せてもらう側が負担を感じて頼みにくくなる実情が報告されている。[35]一方で現行の道路運送法では、福祉有償輸送などを除き許可を受けずに有償で人の運送を行う（行わせる）「白タク」行為は禁じられている。しかし私的な関係にもとづく相乗りは地方都市や農村部にかぎらず全国どこでも日常的に行われ、何らかの金品を謝礼として渡したり燃料代や高速道路料金を「割り勘」にするなど慣習的な金銭授受は行われている。法的には「反復継続して」等の条件で事業か否か判断されるであろうが、実際の境界は曖昧である。

こうした背景から地域の交通手段として「ライドシェア」が提唱されている。「ライドシェア」とは、一般人（旅客運送事業に必要な資格・登録を有していない者）が自己の所有する車両を使用して、送迎のサービスを提供できる時間帯や送迎範囲を専用のアプリに登録する一方で、利用者もアプリの地図上で現在地（あるいは乗車希望地など）を指定することにより、アプリのシステムで双方の仲介を行う方法である。またドライバーと利用者は直接に料金の授受を行わず、料金の決済とドライバーへの報酬支払いはシステムを介して行われる。

代表的なシステムとしてはＵＢＥＲ（ウーバー）が知られており、利用者は乗客（パッセンジャー）ではなくライダーと呼ばれる。公共交通のサービスが存在しない、あるいは不便な地域の生活交通の確保に有効であると期待する意見もあり政府でも推進が検討されている。[36] タクシーより低廉な費用で利用方法が柔軟という特徴がある一方で、不特定多数のドライバーが参入することによるリスク（交通事故や犯罪）も指摘[37]されている。戸崎肇（交通経済学）はライドシェアの本質的な欠陥を次のように指摘している。[38]

公共の交通手段としてタクシーに求められてきたのは人々が必要とするときにサービスを提供するという「安定供給」体制であった。そのためにタクシー事業者はたとえもうからない時間帯であってもタクシー車両を待機させ、もうかる時間帯の収益でその分のコストを賄ってきた（いわゆる「内部補助」）。これがライドシェアになると、ドライバーが「営業」したいと思うときだけにサービスが提供されることになる。そうなるとドライバーの都合が優先され、利用者の利便性が考慮されなくなる可能性が高くなる。あくまでもドライバーの「ボランティア活動」であるからだ。また、ビジネスとしてライドシェアを位置付けているドライバーであれば、もうかる時間帯、もうかる顧客だけを狙うだろう。

過疎地では現実に私的な相乗りは常用されているが、タクシーが必要になるのはそれを依頼しにくい条件（早朝・夜間・長距離など）であるから、営業時間帯がドライバーの恣意に依存するライドシェアではそうした条件のサービスは期待できなくなる。さらに戸崎は「過疎地の足の確保」は参入の糸口をつける口実であって、ライドシェア事業者の本来の対象は収益性の高い都市部であるから過疎地は程なく見捨てられると指摘している。地域で自主的に活動する良心的なドライバーがいたとしても、その人たちも利用者と同じペースで高齢化が進んでゆくとすればドライバーが持続的・安定的に確保できるのか疑問である。

注

1 大島登志彦「地方の路線バスの変遷過程に内在した諸課題の考察」『日交研シリーズ』A―八〇二、日本交通政策研究会、二〇二一年、六三頁。

2 特定の事業者ではなく、全国のバス停の位置を一覧的に地図上に表示する「バス停検索サイト」が提供されている。https://buste.in/search/bus/

3 加藤博和「端末公共交通で日本のおでかけを楽しくする～コロナ後の［ウェルカム］な地域づくりのために」『運

輸と経済』八二巻二号、二〇二二年、一三頁。

4 国土交通省自動車交通局「魅力あるバス事業のあり方研究会―中間とりまとめ」二〇〇五年八月、六頁。https://www.mlit.go.jp/common/000162143.pdf

5 「全国バスマップサミット」ウェブサイト。https://www.rosenzu.com/busmap/

6 何玏・高瀬翼・春木孝之・楽奕平「公共交通の利便性を高める路線時刻表のあり方と効率的な整備手法に関する研究」土木計画学研究・講演集、六五巻（ＣＤ―ＲＯＭ）二〇二二年六月。

7 【注目ニュース】なぜ?ＪＲ博多駅近くのバス停で「始発なのに三〇分以上遅れる」。ＦＢＳ福岡放送ニュース。https://www.youtube.com/watch?v=j3bDLOBgNOU

8 「わった～バス党」ウェブサイト「バスにまつわるエピソード」。https://www.watta-bus.com/episode/index.php?page=24

9 戸崎肇『タクシーの未来はあるか（規制緩和と交通権２）』学文社、二〇〇八年、二六頁。

10 加藤博和「端末公共交通で日本のおでかけを楽しくする～コロナ後の［ウェルカム］な地域づくりのために」『運輸と経済』八二巻二号、二〇二二年、一二頁。

11 中部地域公共交通研究会編著『成功するコミュニティバス』学芸出版社、二〇〇九年、三頁。

12 正式名称は「日本国有鉄道経営再建促進特別措置法」、ＪＲ発足に伴い一九八七年年に廃法。

13 個人ホームページ・小斉平信二「山野線データファイル」。http://www.synapse.ne.jp/kose/

14 西澤渉「過疎地域における民営バス路線休廃止への対応の現状と課題」『兵庫地理』五四巻、二〇〇九年、三七頁。

15 運輸省『運輸白書（昭和六三年版）』一九八九年、二七〇頁。

16 中部地域公共交通研究会編著『成功するコミュニティバス』学芸出版社、二〇〇九年、一四頁。

17 『北海道新聞』「どうして路線の廃止は寂しいの？　旧胆振線バス、ラストランから見えたコト」二〇二二年一〇月二五日。https://www.hokkaido-np.co.jp/article/655392/

18 加藤博和「なぜ鉄道廃止代替バスは乗客を減らすのか」『第三一回土木計画学研究発表会・講演集』ＣＤ―ＲＯＭ、二〇〇五年六月。

19 加藤博和「端末公共交通で日本のおでかけを楽しくする～コロナ後の［ウェルカム］な地域づくりのために」『運

輸と経済』八二巻二号、二〇二二年、一二頁。
20 中部地域公共交通研究会編著『成功するコミュニティバス』学芸出版社、二〇〇九年。
21 国土交通省総合政策局「総合交通メールマガジン第８号」二〇〇九年二月二七日。http://www.mlit.go.jp/seisakutokatsu/soukou/soukou-magazine/0902bus110.pdf
22 中村文彦・牧村和彦・外山友里恵『バスがまちを変えていく～ＢＲＴの導入計画作法』一般社団法人計量計画研究所、二〇一六年。
23 坂本結佳・森本祥一「デマンド交通が適さない地域の分析」経営情報学会二〇一三年秋季全国研究発表大会。
24 加藤博和（前出）一七頁。
25 『沖縄タイムス』「運転手不足でバス減便　公共交通守る意識必要（社説）」二〇一九年六月一四日。
26 国土交通省「交通政策基本計画小委員会」。http://www.mlit.go.jp/policy/shingikai/s304_koutuuseisaku01.html 第七回資料（加藤博和委員）二〇二〇年二月六日。http://www.mlit.go.jp/policy/shingikai/content/001328260.pdf
27 老沼志朗「ＩＣＴがもたらす鉄道の未来２景」『ＪＲガゼット』二〇一六年一一月号、五四頁。
28 須田寛「〝坐れる列車〟をめざして」『鉄道ジャーナル』第二四四号、一九八七年三月、五五頁。
29 警察庁「技術開発の方向性に即した自動運転の段階的実現に向けた調査検討委員会報告書」二〇一八年三月。https://www.npa.go.jp/bureau/traffic/council/jidounten/2017houkokusyo.pdf
30 中野公彦「沖縄本島・石垣島での自動運転バス実証実験」『国際交通安全学会誌』四三巻二号、二〇一八年、一一四頁。
31 前橋市「全国初！　営業路線での自動運転バスの実証実験」。http://www.mlit.go.jp/sogoseisaku/soukou/soukou-magazine/1903maebashi.pdf
32 名古屋大学未来社会創造機構「ゆっくり自動運転グループ」。http://www.coi.nagoya-u.ac.jp/develop/center/slocal
33 一九九六年二月一〇日、北海道余市郡余市町・古平町間の国道二二九号線豊浜トンネル内で落盤が発生して路線バスと乗用車が巻き込まれ二〇名が死亡した。
34 金持伸子「特定地方交通線廃止後の沿線住民の生活（続）～北海道の場合」『交通権』一〇号、一九九二年、二頁。
35 同前。
36 「ライドシェア解禁検討規制改革会議」。http://www.nikkei.com/article/DGXLASFS04H28_U7A200C1MM8000/
37 自交総連の反論 http://www.jikosoren.jp/check/sirotaku/sirotaku.html
38 戸崎肇「ライドシェアは日本の救世主か」『月刊社会民主』二〇一七年一月号、一二頁。

《コラム3》

「上岡直見」に行ってきた

以前から一度行ってみたいと思っていたＪＲ九州・日豊本線の上岡駅（大分県佐伯市）を訪問した。佐伯市は毛利高政を初代藩主（一六〇一年）として廃藩置県まで続く佐伯藩の城下として由緒ある町で史跡も多く、戦時中は海軍航空隊を誘致するなど重要都市であった。しかし現在の上岡駅は一日三本の各駅停車しか停まらない。しかも下り方向の始発が六時二三分、次は十一時間後に一七時三六分、そして最終が一九時〇八分（二〇二三年一月現在）という極度に不便なダイヤである。さすがに各駅停車で上岡駅の訪問は現実的でないので、特急が停まる隣の佐伯駅からタクシーを利用した。

運転手さんと雑談すると町の様子がよくわかる。そのときの話では「列車で来たのですか、ここは年々不便になる。前は小倉まで直通の特急が一時間に一本くらいあったが、今はみんな大分乗り換えになった。もうこのへんは廃止になるんじゃなかろうか。夜行列車があったころは、ちょっときついが深夜二時半ころに佐伯駅を出れば、大阪日帰りができた。自分は福岡（博多）に娘がいるが日帰りが難しくなった。昔は佐伯市の人口一〇万人と称していたが今は六万人もいない。大きな企業が撤退したのでだめだ。仕事がないから若い人は出てゆくと戻ってこない。空き家ばかりだ」ということだった。他所から来た人間にいくらか誇張して話す傾向はあるかもしれないが、実際に見る町の様子はまさにシャッター街だった。ＪＲが地域間輸送を軽視するようになった影響が如実に

現れている。実際に日豊本線の佐伯～延岡間の平均通過数量はコロナ前でも一〇〇〇人／日を下回っているから、運転手さんのいう「廃止」も現実味がある。

一日三本の上岡駅だが、意外にも人里離れた山中ではなく駅前に住宅地があり、駅から数百mには多岐にわたる診療科を擁する総合病院があるし、一㎞ほどの距離にはショッピングモールがある。これだけの駅勢圏があるのに鉄道の需要はないのだろうか。一日の平均乗車人員は一三人（二〇一七年）である。[1] 二〇一八年以降、JR九州は駅別乗降人員の公表を中止したので直近はわからないが、一九八七年（JR発足時）には九〇人であったから約一〇分の一に減少している。このような閑散駅ながら駅舎はある。殺風景だがごみ一つなく、掃除用具が置かれていたので地元の人が管理しているようだ。何もない駅舎にショーケースが置かれ、漁船の模型が展示されていた。

駅を見た後、前述のショッピングモールに行ってみた。有名なハンバーガーチェーン店は若者で大行列だった。位置的には佐伯市中心部から徒歩圏内とはいえない。中心部から路線バス（大分バス）はあるが休日は減便され、市内中心部とは一日四便のみとなる。他に佐伯市コミュニティバスがあるが休日は運行されない。ショッピングモールであるからには休日こそ需要があるのではないだろうか。

このバスに乗ってみたところ不便ながらも利用者はあり、その中に高齢者と、買い物の荷物持ちにつき合わされた体の若者の二人連れがいた。買い物の大きな荷物を持ってバスに乗るのは手間である。運賃支払いのときに高齢者が小銭を床にばらまいてしまった。ＩＣカードは導入されているが月一～二回の利用であれば利用価値がないだろう。バス停の時刻表にＱＲコードが貼ってあり「バスロケ（注・バスのリアルタイム運行情報の表示）」とあったのでスマートフォンで読んでみると、会社のウェブサイトのトップページが出てくるが運行情報ではなかった。リンクを辿っているうちにバスが来そうなので操作はやめた。大分バスではＩＣカードを利用して別方向のバスに乗り継ぐ場合に割引運賃が適用されるが、現金利用では適用されない。途中の道路に「年金機構事務所　右一・五㎞」の表示板があった。頻繁に行く必要性はないにしても施設の性格から高齢者が行く場所ではないのか。街のあらゆる構造が自動車前提になっていることが実感される。

注

1　大分県ウェブサイト「大分県統計年鑑」より。https://www.pref.oita.jp/site/toukei/toukeinenkan.html

第7章　鉄道とSDGs

交通と脱炭素

交通と社会の関わりには多様な側面があるが、環境問題もその一つである。コロナ以前から気候変動対策として「脱炭素」すなわち温室効果ガス（主にはCO_2が対象）の排出削減が国際的に要請されている。二〇二〇年一〇月に、政府は二〇五〇年までに温室効果ガスの排出を全体としてゼロにする「カーボンニュートラル」を目指すことを宣言した。「全体としてゼロ」とは、温室効果ガスの「排出量（人為的なもの）」から、植林や森林管理などによる「吸収量」を差し引いて合計を実質的にゼロにすることを意味する。[1]

国立環境研究所の「温室効果ガスインベントリ」[2]では、交通分野で図7―1のように交通手段別のCO_2排出量が推計されている。なお航空・船舶は国際航路・航空路を除く国内分である。なお二〇二〇年以降はコロナの影響により以前とは異なる変動があり、あるいはいずれコロナが収束した時にどのような状態に収束するのか本書執筆時点では不明であるので、ここではコロナの影響がない二〇一九年の値を示す。

鉄道の電力に関しては、二〇一九年時点の電源構成（石炭・天然ガス・原子力等のエネルギー源ごと）を反映したCO_2排出を割り振っている。旅客輸送に関しては、図7―1に示すように、輸送量（人・km）では乗用車が五八・二%、鉄道が二九・八%を占めるのに対して、CO_2排出量では乗用車から

図7-1　国内輸送の輸送量とCO_2排出量の状況

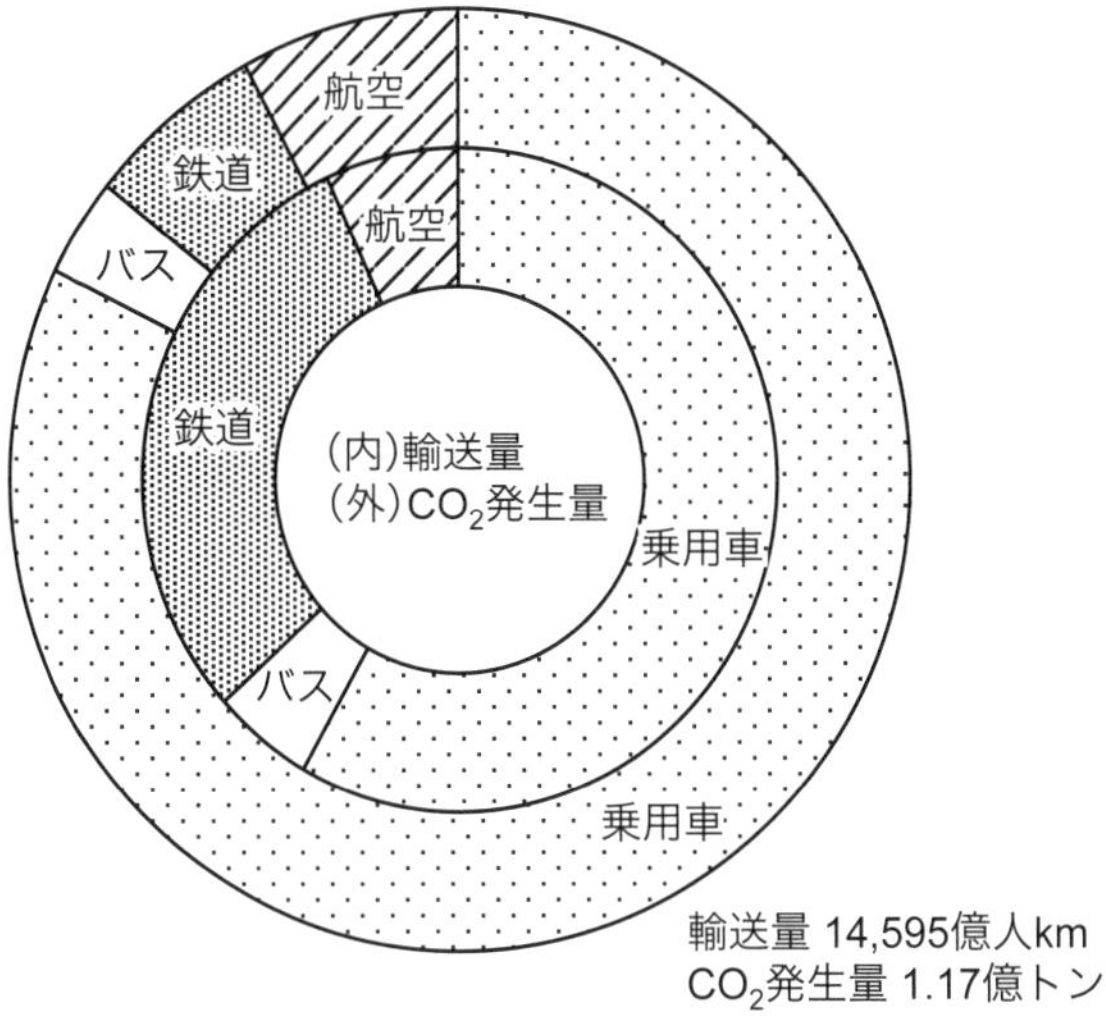

八二・三％に対して鉄道からは六・四％に過ぎないから、輸送量に対するCO_2排出量として評価すれば、全体としては鉄道が優位であることは明らかである。

　このため従来から、鉄道の利用を推進すべき理由の一つとして、輸送量（旅客人・km、貨物トン・km）あたりの環境負荷が自動車や航空機より少ない特性が挙げられてきた。全国の自治体の環境や交通に関する計画において、大都市圏はもとより地方都市圏でさえも「乗用車から公共交通機関への転換によるCO_2排出量の削減」が定型句のように唱えられている。しかし狭義の環境優位性のみでは鉄道の存続・活用の根拠とはならない。後述するように本来のＳＤＧｓの趣旨に合致した交通体系として鉄道を位置づける必要がある。

　筆者は脱炭素（正確には「化石エネルギーの利用最少化」）そのものには反対しないが、交通と脱炭素を関連づけるならば、対象となる分野に注目する必要がある。一律に「公共交通の利用で脱炭素」という認識は適切ではない。技術的・定量的に検討しないと、公共交通の利用が現実に脱炭素に寄与しないばかりか逆効果のおそれもある。存廃論議が起きるような輸送規模の地域公共交通では環境は主要なテーマにはならないし、鉄道をバスに転換したところで脱炭素の観点ではほとんど影響がない。

注意すべき問題として、第一に輸送規模の小さい地方公共交通では輸送量当たりのCO_2排出量が乗用車より多くなる場合がある。第二に脱炭素との関連で今後検討が必要な観点として、自動車の動力方式が大きく変わる可能性である。

従来の化石燃料を使用する内燃機関から、主に電気自動車（以下「ＥＶ」）、あるいは見通しは不透明だが燃料電池車（水素燃料）などCO_2を（走行時には）排出しない動力方式への転換が世界的に推進されている。内燃機関と電気を併用するハイブリッド車も普及している。このような変化があった場合の鉄道の環境優位性についても検討しておく必要がある。

しかし交通は交通具（走行する自動車や鉄道車両）だけでは成立せず、交通施設（線路・道路）の建設・運営が必要であるし、それらを製造するためのエネルギー等も必要である。

いくつかの事例を示すと、高速道路その他の道路やトンネルの照明など道路の管理と運営に使われている電力を集計すると、年間では東海道新幹線と同じくらいの電力が消費されている。また自動車の製造には、国内のＪＲ・民鉄など全鉄道事業者の年間の消費電力の合計に等しい電力が消費されている。[3]

交通とエネルギー・CO_2の基本

どのような交通手段でも、エネルギーを消費して移動しているのは車両や機体（航空機）、船体（船舶）であって、乗っている乗客の重量は相対的に少ない。たとえば東海道新幹線のN700系の一編成の車両の重量は約七〇〇トンであるが、乗客が満席（約一三〇〇人）で乗ってもその重量は約七〇トンである。すなわち満席でも空席でも走行に必要なエネルギーは大きくは変わらない。これはバス・航空機でも同様である。一方で搭乗率（定員に対する実際の乗客数）が低ければ、少ない人数をほぼ同じエネルギーで運ぶことになるから、「一人あたりのエネルギー消費」として評価すれば搭乗率が低いほど一人あたりの数字が大きくなる。すなわちエネルギー効率としては不利になる。これに対して乗用車は各車両におおむね同じ乗員が乗って走行するので、車体重量に対する乗員重量の比率は一定であるので、エネルギー効率は変わらない。一台あたりの乗車人数は全国平均では一・五人程度[4]であるが、いわゆる「車社会」の地方都市圏では一・二人[5]といった数字もあり、実態として「一人に一台」に近いといえる。

日本の将来的なエネルギー供給構成に関しては、化石燃料・原子力・再生可能エネルギーなど各々の供給比率が二〇五〇年時点でどうなるかは不確実である。二〇二二年一二月に政府は「グリーントランスフォーメーション（GX）」に関する基本方針を取りまとめた[6]。方針の主なポイントとしては、

図7-2　平均通過数量とエネルギー消費原単位

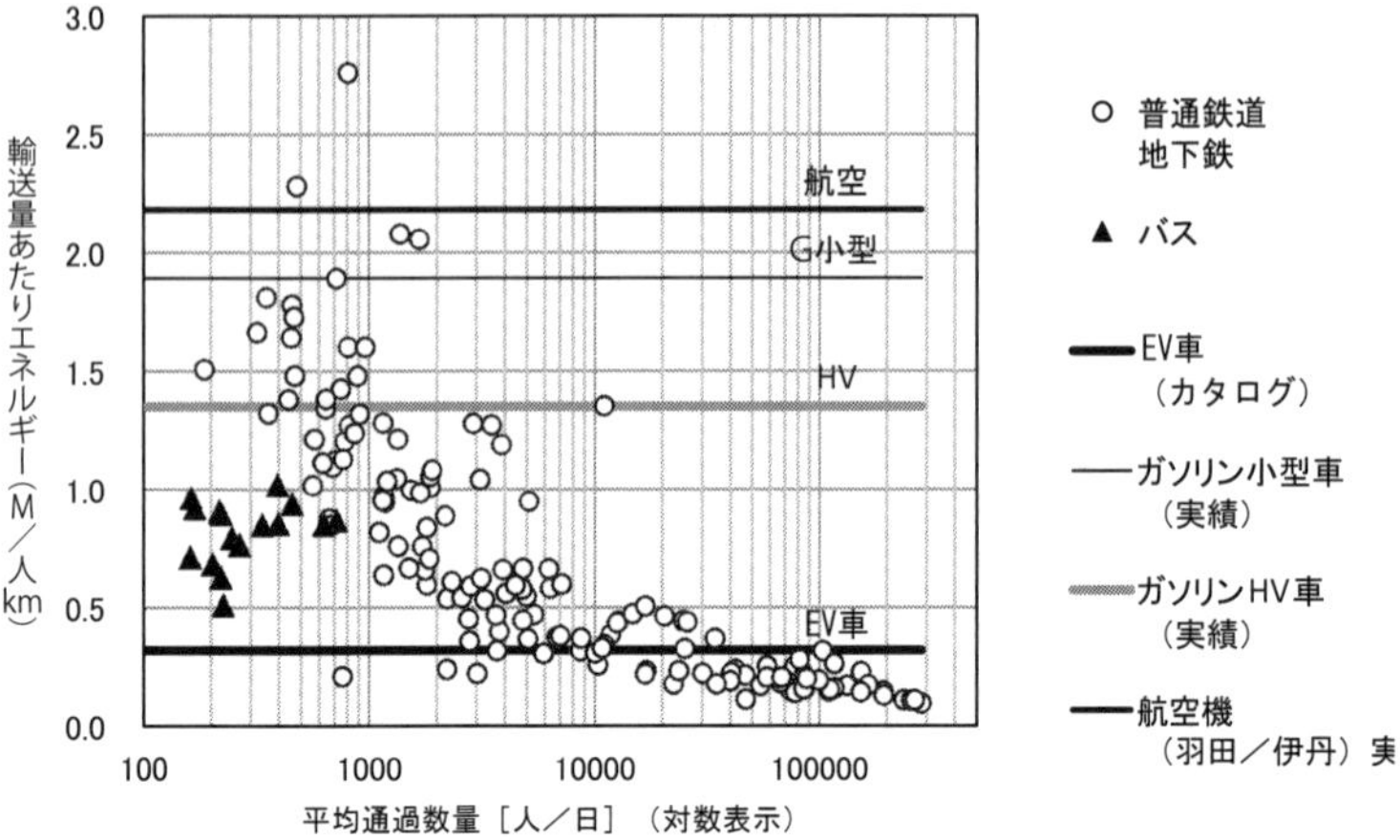

原子力・再生可能エネルギーなど脱炭素効果の高い電源の最大限活用を挙げ、既存の原発のフル活用から建て替えまでも推進する方針を示した。その推移によっては交通の分野でも、エネルギー消費で評価する場合と、CO_2排出量で評価する場合とは結果が異なる。

検討のための基本的な数値として、鉄道では国土交通省の「鉄道統計年報」[7]より「運輸成績表」「運転用電力、燃料及び油脂消費額表」を用いる。自動車では同省の「自動車燃料消費量調査」[8]が基本になるが、都道府県別までしかわからないので、より細かく地域的な分析をするには「全国道路・街路交通情勢調査（道路交通センサス）」の「自動車起終点調査」[9]などを併用する。EVはまだ普及が少数で実路走行での公式統計値はないが、エアコンの影響等もありカタログ値より二〜三割の増加が予想される。

航空機の場合、離陸時にはエンジンの最大出力を使用するが、巡航中は三分の一程度の出力で飛行する。このため短距離路線ほど離陸時の燃料消費量が占める比率が多くなるため、たとえば「羽田〜伊丹」と「羽田〜那覇」では、同じ機種で飛行しても距離あたりのエネルギー消費が一・四倍程度異なる。国際民間航空機関（ICAO）の飛行段階（離陸・上昇・巡航・降下・地上待機）ごとの時間あたり燃料消費量[10]なども参照する。[11] EU域内ではスウェーデンを発端とする「フライトシェイム（航空機の利用は恥）運動」に始まり、短距離の航空機利用を法的に規制するなど航空から鉄道へのシフトを強力に推進しているが、これは短距離路線が多いEU域内の航空に対しては特に当てはまる。このようにして各種の交通手段と平均通過数量（公共交通の場合）と輸送量あたりエネルギー消費量（MJ・メガジュール／人・km）を整理した関係を図7―2に示す。

○は鉄道について大都市の高密度路線からローカル線まで、平均通過数量に対する輸送量あたりエネルギー消費量を示す。▲はバスについて国交省の運輸局別の値を同様に示す。なおバスでは平均通過数量という指標は通常は用いられないが、同じ図上で比較するために相当する値に換算して表示している。鉄道と乗用車を比較した場合、平均通過数量がおよそ一〇〇〇人／日を下回る条件では、現状の内燃車やハイブリッド車に対してエネルギー面で鉄道の優位性はない。さらにEVが普及した状態を想定すると、平均通過数量が二〜三万人／日なければ乗用車に対してエネルギー面での鉄道の優位性は失われる。

バスについてはガソリン車・HV車が大半を占める現状では乗用車に対してエネルギー優位性があるが、EVが普及した状態では全体的に優位性は失われる。このように鉄道と乗用車を比較した場合のエネルギー面の優位性は条件により変化するため、一律に公共交通が乗用車より省エネと評価することは適切でない。一方で本来は環境対策として推進されるはずのEVが、メーカーのマーケティン

図7-3　平均通過数量とCO_2排出原単位

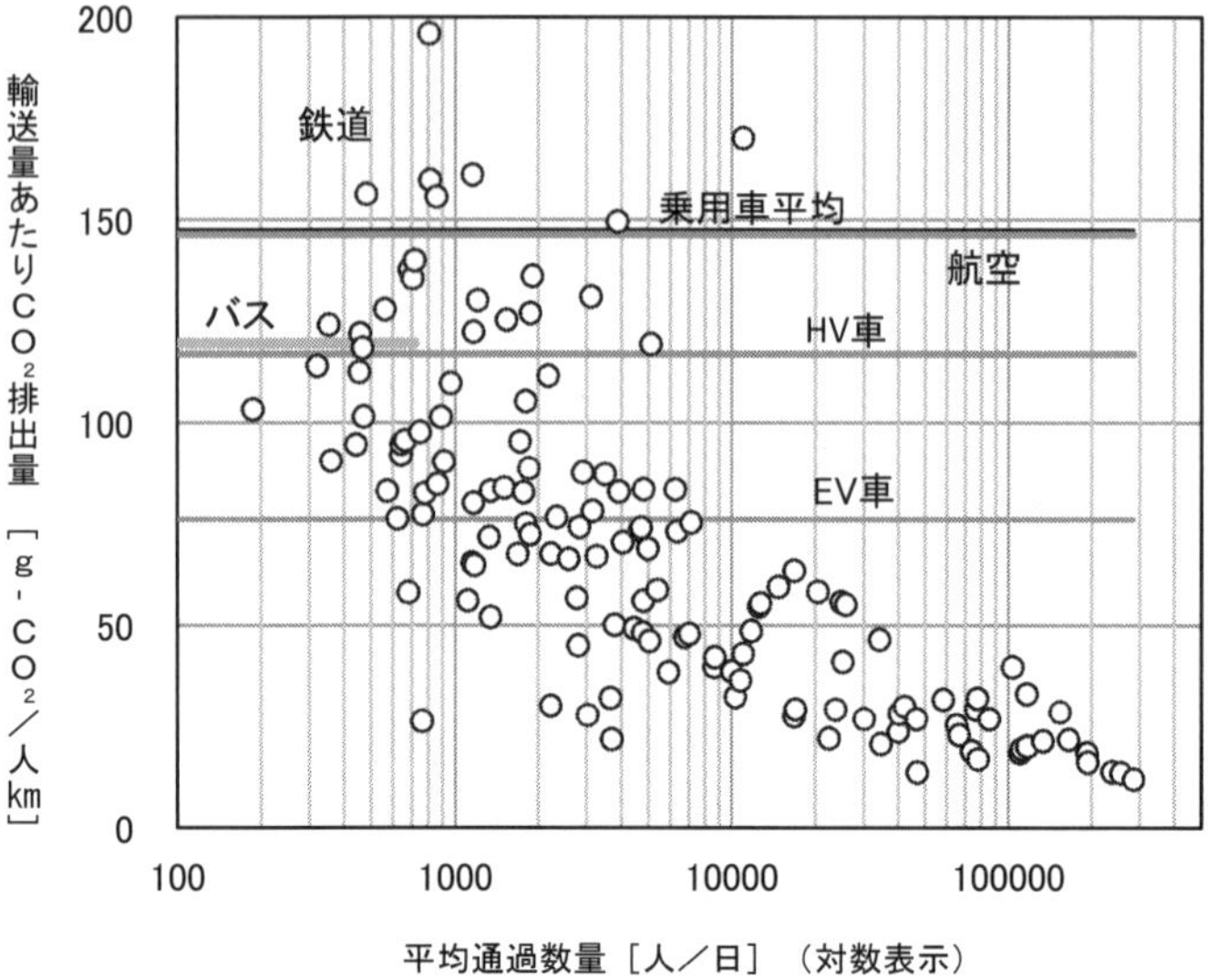

グ上の理由から高級化・高性能化という的はずれの方向に迷走しており、ＥＶの評価が今後どうなるかは予測しがたい。

一方で、平均通過数量あたりのCO_2排出原単位について電源構成を考慮して評価した場合には図７―３のよう様相が異なってくる。たとえば、輸送量あたりのエネルギー消費でみるとＥＶは在来ガソリン車の一四％であるのに対して、CO_2排出原単位でみると五二％にとどまる。これは、現状では全電力に占める火力発電の割合が高く、発電量あたりのCO_2排出原単位が大きいためである。電力源として発電量あたりのCO_2排出原単位が少ない電力、たとえば再生可能エネルギーを想定すればCO_2削減効果はさらに高まると考えられる。

バスについては、エネルギー消費原単位で評価すればＨＶ（ハイブリッド）車を下回っていたが、CO_2排出原単位では同等程度になる。CO_2削減効果として乗用車からバスへのモーダルシフトは行うに越したことはないが、双方の差は少ないことに加え地方都市圏ではバスの輸送量（分担率）自体が少ないので、CO_2排出低減効果は大きくは期待できない。航空機に関しては、生物由来のバイオ燃料や水素を利用して製造した「SAF（持続可能な航空燃料）」の導入が試みられているが、航空路線と競合の対象となる幹線系での鉄道の優位性は今後も変わらないであろう。

SAFの製造プロセスとして、廃木材などの植物系廃棄物を原料とする方法、植物性あるいは動物性油脂に水素を添加する方法、アルコール類から合成する方法などがあるが、いずれも製造過程で化石燃料の投入を必要とするため脱炭素ではなく、また燃料として得られるエネルギー以上に外部からのエネルギーの投入を必要とする方法が大半である。[12]

SDGsと交通の役割

「日本ではいまや、買い物に行っても電車に乗っても、SDGsのロゴマークを見ない日はない」[13]と言われるまでになっている。前述のように鉄道全体としてみれば他の交通手段に比べて環境負荷が少ないことから、SDGsと関連づけて鉄道の活用が推奨される。しかし環境の観点だけで評価すれば、輸送量の少ない鉄道はじめ公共交通を廃止したほうがよいという結論になりかねない。現にJR西日本は、平均通過数量の少ない線区を表示した上で「これらの線区はCO_2排出の面でも、現状のご利用実態では必ずしも鉄道の優位性を発揮できていない状況にあります」としている。[14]

鉄道とＳＤＧｓの関連を冷静に整理しておく必要がある。ＳＤＧｓとは、外務省の解説によれば「二〇一五年九月の国連サミットで加盟国の全会一致で採択された『持続可能な開発のための二〇三〇アジェンダ』に記載された、二〇三〇年までに持続可能でよりよい世界を目指す国際目標」で、一七のゴール（大きな目標）と、それを実現するための一六九のターゲット（手段）が示されている。「開発」という文言から途上国を連想しがちであるが、ＳＤＧｓはすべての国が対象である。ＳＤＧｓといえばまず環境問題が想起されるが、ＳＤＧｓの重要な概念の一つは「誰一人取り残さない」である。それは先進国に分類される国の中においても、さまざまな格差が存在するからである。

ＳＤＧｓの前に二〇〇〇年九月にＭＤＧ（ミレニアム開発目標）が採択されており、内容は一見すると似ているが、ＭＤＧｓでは「貧困者の比率を半減させる」などの集団としての集計値を目標としていたのに対して、ＳＤＧｓでは個人間の差異・格差にも注目している。すなわち集団から個人に重点を移した点に特徴がある。交通が直接的にかかわるターゲットとしては「二〇三〇年までに、脆弱な立場にある人々、女性、子供、障害者及び高齢者のニーズに特に配慮し、公共交通機関の拡大などを通じた交通の安全性改善により、全ての人々に、安全かつ安価で容易に利用できる、持続可能な輸送システムへのアクセスを提供する（ターゲット11・2）」「二〇三〇年までに、女性、子供、高齢者及び障害者を含め、人々に安全で包摂的かつ利用が容易な緑地や公共スペースへの普遍的アクセスを提供する（11・7）」などがある。さらに交通が人々の暮らし方・住み方と不可分である以上は、間接的にもさまざまな局面で交通とのかかわりが生ずる。たとえば交通事故に関して「二〇二〇年（すでに経過）までに、世界の道路交通事故による死傷者を半減させる（3・6）」「二〇三〇年までに、有害化学物質、ならびに大気、水質および土壌の汚染による死亡および疾病を大幅に減少させる（3・9）」「二〇三〇年までに、世界全体のエネルギー効率の改善率を倍増させる（7・3）」等である。

二〇一五年の採択以降、日本では政府は「持続可能な開発目標（SDGs）推進本部」[15]を設置し、二〇一八年以降、毎年「SDGsアクションプラン」が策定されている。ただし一六九にもわたる項目が列挙されているだけに、解釈によっては「何でもSDGs」に引き寄せた説明が作り出される弊害がある。そもそも日本政府自体がSDGsに反する政策を行っているし、SDGsに熱心に取り組んでいるとアピールする企業でも不祥事が後を絶たないなどである。これにコロナによる混乱も加わり、SDGsの形骸化が指摘されている。これが「SDGsウオッシュ」である。ウオッシュとは、実際には何もしていない、ときにはSDGsに逆行する行動をしながら外見上のイメージだけSDGsを装うことを指す。

大深度地下工事で地上に陥没を発生させた東日本高速道路（株）でさえ、高速道路事業は「保健」「経済成長と雇用」「インフラ、産業化、イノベーション」「持続可能な都市」「気候変動」などSDGsのゴールに該当するとアピールしている。[16] 鉄道事業者では、たとえばJR東日本が「SDGsの達成に向けて」[17]というアピールを行っている。同社はグループ経営ビジョンの「変革2027」と関連づけて、社会に関する重点課題」を掲げ、「サービス品質」「地方創生」「QOL（働き方、暮らし方）の向上」「社会の教育や文化発展への貢献」「平等、人権」「フードロスの削減」を列挙している。しかし現実は前述のように、JR東日本の地方線区で減車・減便により積み残しが発生しても「詰めて乗ればよい」として対策を講じないのであるから、「誰一人取り残さない」理念などは全く実践されていない。「QOL（働き方、暮らし方）の向上」「社会の教育や文化発展への貢献」などもおよそ無縁である。JR西日本は「JR西日本グループのSDGs〜未来へ、はっしん〜」[18]等のアピールを行っているが大同小異である。また鉄道事業者自身ではないがSDGsについての情報を発信していると称するウェブサイトでは「JR東海がリニア中央新幹線を開業予定のように、交通サービス業界ではいま「環境にやさしいもの」を目指しています」[19]と解説するなど、もはやSDGsは実体のない呪文と化している。このようにJRに関しては何ら実態あるSDGsは期待できない一方で、中小・第三セクター鉄道やバス事業者にとっては、コロナの影響もあり経営が危機的でSDGsどころではない。

JRの「脱炭素」

JR西日本は在来線の非電化区間のディーゼル車両から五万五〇〇〇トンのCO$_2$（二〇二一年度）を排出しており、バイオ燃料に置き換えることで排出量の実質ゼロを目指すとして二三年度から実証試験を始める。[20]またJR東海は蓄電池とディーゼル発電を組み合わせたハイブリッド方式の新型特急車両の運行を開始し、従来よりCO$_2$排出量を三割削減できるという。[21]これらはいずれも実施して悪いことではないが実質的には「ウオッシュ」に過ぎない。JR西日本の五万五〇〇〇トンという数字は日本全体の旅客交通部門から発生するCO$_2$の〇・〇四五%に過ぎない。もとより少量だからや

図7-4　国内鉄道事業者からのCO_2排出量

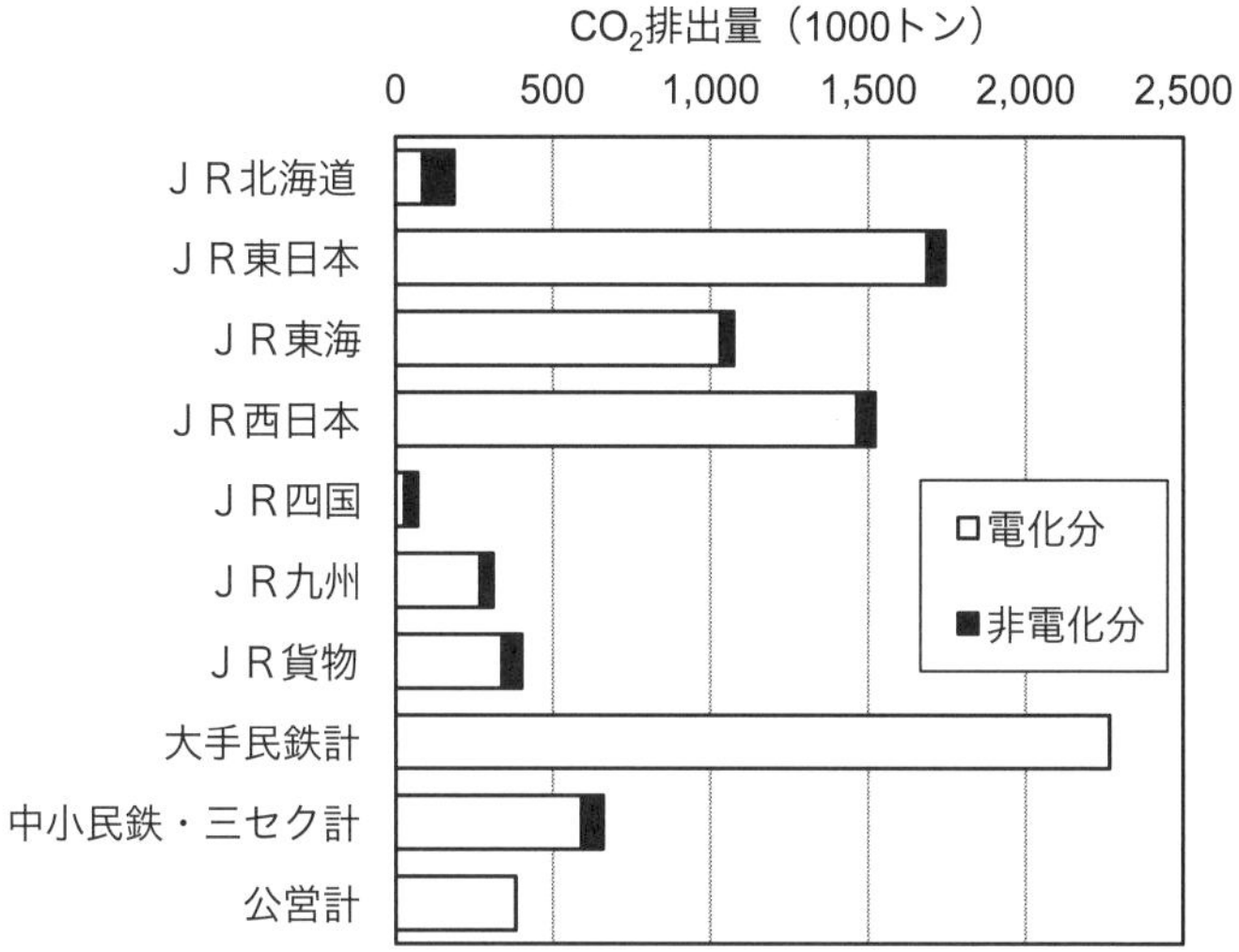

らなくてよいとはいえないが、同社のディーゼル車両が走行する線区の多くは、年々サービスレベルが低下して存続が危ぶまれる地方交通線である。またこれらの線区を走行するディーゼル車両の多くは国鉄から引き継いだ老朽車両であり、脱炭素の目標とされる二〇五〇年まで運行が継続されるとは思われない。なおバイオ燃料が脱炭素とは限らないことは前述のとおりである。

　ＪＲ東海については、在来線の非電化区間について「鉄道統計年報（前出）」からＣＯ$_2$排出量を推定すると年間約四万三〇〇〇トンである。その一方でリニア中央新幹線の建設・運行によりこれとは桁ちがいの膨大なＣＯ$_2$を発生する。ＪＲ東海の「環境報告書」では、東京〜大阪間で現在の東海道新幹線と航空機を比較した場合、一座席あたりエネルギー消費量は約八分の一としている。[22] しかしリニアでは速度の向上に伴い、座席あたりエネルギー消費量は現新幹線に対して約三倍に増加すると考えられる。[23]それでも航空機よりは相対的に省エネルギーであるので、かりに東京〜大阪間の航空機の利用者がすべてリニアに移行したとすると年間二五万トンの排出が節減されると試算されている。

しかしここで、膨大な工事に使用されるセメント・鉄鋼、電気機器・車両などの製造に伴って発生するCO_2を考慮すると評価は一変する。国立環境研究所では、さまざまな産業部門の購入額あたりのCO_2発生推定量のデータベースを提供している。[24]JR東海は東京〜大阪間での工事費の詳細な内訳を公開していないが、推計によると土木関連五兆八〇〇〇億円、電気関連二兆五〇〇〇億円、車両費七三〇〇億円の合計九兆〇三〇〇億円とされる。[25]ただし後述（第9章）するように東京〜名古屋だけで一兆五〇〇〇億円の工事費の膨張[26]がすでに発表されているので、大阪まではこれを加えて少なくとも一〇兆五三〇〇億円を超えることは明らかである。これより事業分野ごとに発生するCO_2を推定すると二五〇〇万トンとなる。すなわち航空機からリニアに転換することにより年間二五万トンのCO_2が削減されるとしても、事業から発生する分を相殺するのに一〇〇年かかる。

またリニア工事に伴って発生する残土は名古屋までで五七〇〇万m³と推定され、イメージでいえば長野県の諏訪湖をすべて埋めるほどの量に相当する。JR東海のリニア事業に関する「環境影響評価書（環境アセス）」の沿線（東京都〜愛知県）各都県のデータによれば、たとえば工事六年目において、機材・資材・残土運搬の車両が年間二八九万台走行すると想定されている。すなわち工事箇所の周辺はもとより残土運搬の車両（いわゆるダンプカー）が広範囲を走行することになり、CO_2ほか大気汚染・騒音・交通事故等の影響は大きい。JR東海のアセスではいずれも現状（工事前）に対して大きな影響はないとしているが、残土の処理方法や場所が未定であるために運搬車両の走行ルートも未定という前提での評価であり、JR東海の説明は信頼性が乏しい。当初から予定されている分だけでも、関連都県全体で地球を毎年五四〇〇周に相当する工事車両が走行する。都県別にみると、トンネル工事や小規模の中間駅だけの途中県よりも、大きな地下駅や関連設備を建設する大都市圏のほうが関連車両の通行が多くなる。影響は工事箇所周辺だけではなく都市圏全体に及ぶ。もはやSDGsも何もあったものではない。なお参考までに国内の鉄道事業者について、電力に起因するCO_2排出量（電化区間）とディーゼル燃料に起因するCO_2排出量（非電化区間）を図7―4に示す。

地方都市圏のモーダルシフトとCO_2削減

従来から、交通部門のCO_2削減対策として自動車から鉄道やバス等の公共交通への転換が提唱されてきた。しかし自動車の使用状況は地域の特性により大きく異なり、同一の都道府県内でも大都市から農山村地域の多い郡部まで分布している。国土交通省「全国都市交通特性調査」[27]より交通手段別の平日トリップ回数の推移をみると、全体の傾向としては自動車分担率の上昇は頭打ちであり、三大都市圏の特に平日では低下局面にある。また地方都市圏における鉄道の分担率は低いが、逆にいえば自動車からいくらかでも鉄道にモーダルシフトできれば、鉄道側としては大きな利用者増加につながる。

ここでは地方都市圏の例として、静岡県沼津市・三島市・御殿場市周辺の東駿河湾地域を検討する。現状の鉄道サービスレベルとして、圏内の駅数はJR東海・東海道線が五駅、御殿場線が一〇駅、伊豆箱根鉄道駿豆《すんず》線が一二駅となっている。駿豆線は私鉄であり過去の経緯から路線長さあたりの駅数がJRよりも多い。また終日列車運行本数は、二〇二二年年八月時点で東海道線が八八本、御殿場線が三四本、駿豆線が七一本（JRからの乗入れ特急は地域交通としては利用されないものとして除く）となっている。

次にサービスレベル改善の想定として、駅密度の増加としては、JR東海道線・御殿場線で駅間が比較的長い区間に合計五駅を増設すると想定する。運転本数の増加として、多ければ多いほど望ましいものの現実の制約があるところから、各路線において現状の二割増しを想定する。東海道線と駿豆線は日中一時間当り四～五本の運行があるのに対して、御殿場線は日中一時間当り二本とサービスレベルが相対的に低い。御殿場線は比較的人口密度の高い区域を通過しているので駅増設と運行本数の増加の効果は相対的に大きいと期待できる。これらの設定により第5章で紹介したモデルで自動車から鉄道へのシフトと、CO_2削減効果を試算した。[28] その結果、①駅の増設で三％前後、②運転本数の増加で六％前後、③双方の複合で一〇％前後の自動車からのシフトが期待される。また年間のCO_2削減予想量は、現状の自動車を前提とした場合には、それぞれ①で七〇〇〇～八〇〇〇トン、②で一万四〇〇〇トン、③で二万三〇〇〇トンと予想される。ただし長期的にみてコロナ収束後の交通状況が以前と比べてどうなるかによっても影響されるし、EVの導入状況や電源構成によっても異なってくる。人口の自然減等と合わせて考慮すると、二〇五〇年には最大で現状から四〇％程度のCO_2削

図7-5　ドイツの交通CO_2排出原単位との比較

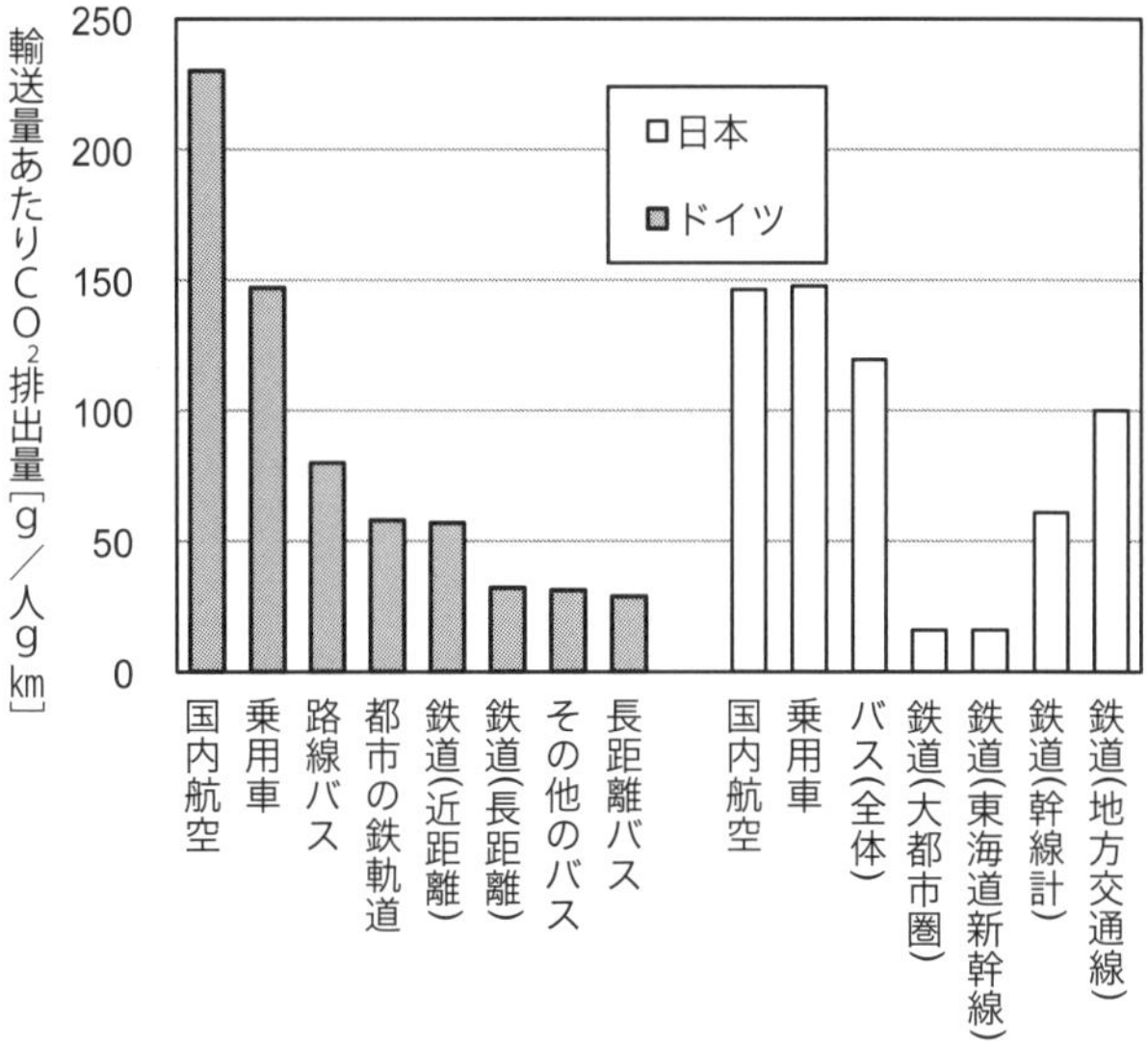

減が期待される。ただしこれだけでは「二〇五〇年カーボンニュートラル」の達成には不十分である。また地方都市圏の公共交通整備に関するシミュレーションでは、公共交通の利用者増加は新たな需要喚起であるが必ずしも自動車からのシフトではない可能性も指摘されている。[29]

EU圏の気候変動対策

ＥＵ圏では気候変動対策として鉄道の活用に積極的であることは知られているが、短距離航空便の鉄道への置き換えに関して、図7―5はドイツにおける「輸送量あたり」のCO_2排出原単位と、日本国内の数値を比較したものである。[30] ただし日本とは電源構成（原子力・化石燃料・再生可能エネルギー）

など諸条件が異なるので目安である。航空については双方とも同様の機材を使用しているので技術上の差はないが、ドイツではやや原単位が高い。これは短距離便が多いためと推定される。乗用車についてはほぼ同じである。バスでは極端に異なって日本の原単位が高いのは、「輸送量あたり」でみた場合、日本のバスの乗車率が低いためと推定される。鉄道について日本の原単位が低いのは、新幹線や大都市圏における世界に例をみない高密度輸送のためであるが、輸送密度が下がる幹線・地方交通線等の全体平均ではドイツと概ね同等と思われる。ドイツの例として次の記事が紹介されている。

この記事は、CO_2排出削減に関してドイツにおける鉄道の有意性を示す内容である。短距離航空は鉄道よりも気候に対して七倍以上も有害である。二〇一八年、ドイツ国内の国内線は、短距離のフライトを鉄道に置き換えることにより、CO_2排出量の二〜三％の節約が可能である。二〇二五年までに計画されたインフラ対策の完了により、鉄道輸送は短距離フライトの半分をスプリンターサービス（空港のある都市にのみに停車する二時間ごとの列車）に置き換えることができる。このシェアはDeutSChland-Takt計画の対策により、六〇％以上に増やすことができる。[31]

注

1 環境省「脱炭素ポータル」。https://ondankataisaku.env.go.jp/carbon_neutral/about/

2 国立環境研究所「温室効果ガスインベントリ」。https://www.nies.go.jp/gio/aboutghg/index.html#e

3　下記資料より推定。国土交通省「鉄道統計年報（運転用電力、燃料及び油脂消費額表）」各年版。https://www.mlit.go.jp/tetudo/tetudo_tk6_000032.html

4　総務省「産業連関表（物量表）」各年版。https://www.soumu.go.jp/toukei_toukatsu/data/io/ichiran.htm
国土交通省「全国道路・街路交通情勢調査　自動車起終点調査」。https://www.mlit.go.jp/road/ir/ir-data/census_visualization_car/index.html

5　東駿河湾都市圏総合都市交通計画協議会より「東駿河湾都市圏総合都市交通体系調査（第三回東駿河湾都市圏パーソントリップ調査）」。

6　内閣官房ＧＸ実行会議「ＧＸ実現に向けた基本方針（案）～今後１０年を見据えたロードマップ～」二〇二二年一二月二二日。https://www.cas.go.jp/jp/seisaku/gx_jikkou_kaigi/dai5/siryou1.pdf

7　国土交通省「鉄道統計年報」。https://www.mlit.go.jp/tetudo/tetudo_tk6_000032.html

8　国土交通省「自動車燃料消費量調査」。https://www.mlit.go.jp/k-toukei/nenryousyouhiryou.html

9　e-Stat「全国道路・街路交通情勢調査」。https://www.e-stat.go.jp/stat-search?page=1&toukei=00600580&bunya_l=10

10　“ICAO Aircraft Engine Emissions Databank”07/1021https://www.easa.europa.eu/domains/environment/icao-aircraft-engine-emissions-databank

11　経済産業省「ＰＲＴＲ制度 集計結果の公表」「16 航空機に係る排出量」。https://www.meti.go.jp/policy/chemical_management/law/prtr/r2kohyo/05todokedegaiyou/syousai/16.pdf

12　現代技術史研究会編『徹底検証 ２１世紀の全技術』藤原書店、二〇一〇年、二四四頁（廣瀬峰夫担当）。

13　高橋真樹『日本のＳＤＧｓ　それってほんとにサステナブル？』大月書店、二〇二二年、三頁。

14　ＪＲ西日本「ローカル線に関する課題認識と情報開示について」二〇二二年四月一一日。https://www.westjr.co.jp/press/article/items/220411_02_local.pdf

15　首相官邸「持続可能な開発目標（ＳＤＧｓ）推進本部」。https://www.kantei.go.jp/jp/singi/sdgs/index.html

16　東日本高速道路（株）「ＮＥＸＣＯ東日本グループのＳＤＧｓへの貢献と取組み」。https://www.e-nexco.co.jp/csr/group/sdgs.html

17　東日本旅客鉄道（株）ウェブサイト「ＳＤＧｓの達成に向けて」。https://www.jreast.co.jp/company/csr/

18 西日本旅客鉄道（株）ウェブサイト「JR西日本グループのSDGs～未来へ、はっしん～」。https://www.westjr.co.jp/company/action/movie/

19 SDGsメディアウェブサイト「JR東海の環境にやさしい取り組みをリサーチ！」。https://note.com/sdgs_media/n/n7d2d3b69f7b8

20 「JR西日本、バイオ燃料利用の実証実験　地方路線で」『日本経済新聞』二〇二二年八月二四日。https://www.nikkei.com/article/DGXZQOUF248AX0U2A820C2000000/

21 「JR東海、最速ハイブリッド特急が出発　CO_2排出三割減」『日本経済新聞』二〇二二年八月一六日。https://www.nikkei.com/article/DGXZQOFD232H70T20C22A7000000/

22 JR東海「環境報告書」。http://company.jr-central.co.jp/ir/annualreport/index.html

23 相原直樹・辻村太郎「東海道新幹線のLCA手法による環境負荷の基礎的研究」『鉄道総研報告』一〇巻一〇号、二〇〇二年、一三頁。

24 国立環境研究所「産業連関表による環境負荷原単位データブック（3EID）」。http://www.cger.nies.go.jp/publications/report/d031/jpn/page/data_file.htm

25 宮地邦治「総工費五・四兆円のリニア新幹線　幅広い業界に波及効果」『エコノミスト』二〇一一年三月八日号、八七頁。

26 東海旅客鉄道（株）「中央新幹線品川・名古屋間の総工事費に関するお知らせ」（前出）。https://jr-central.co.jp/news/release/_pdf/000041054.pdf

27 国土交通省「全国都市交通特性調査」データ提供ページ、一九九九年・二〇〇五年・二〇一〇年・二〇一五年（同）。https://www.mlit.go.jp/toshi/tosiko/toshi_tosiko_tk_000033.html

28 上岡直見「中小都市圏における自動車交通に起因するCO_2削減可能性に関する検討—東駿河湾都市圏を例として」交通権学会『交通権』第四〇号（投稿中）。なお本報告は東駿河湾都市圏総合都市交通計画協議会より「東駿河湾都市圏総合都市交通体系調査（第三回東駿河湾都市圏パーソントリップ調査）」のデータ提供を受けて実施した。

29 武藤慎一「応用都市経済（CGEUE）モデルによる都市交通政策のウェルネス評価」『日交研シリーズ』A—八一四、日本交通政策研究会、二〇二一年、五六頁。 30

30　公益社団法人鉄道総合技術研究所「短距離航空便の鉄道への置き換え」『海外鉄道技術情報』一一巻二号、二〇二一年四月、六頁。（原典 Eisenbahntechnisch Rindschau, Vol.69, No,11, 2020-11, p.9-15）

31　前出30より。

第8章　鉄道貨物の活用

有事と鉄道貨物

国鉄の分割民営が決まったとき、終始これに懐疑的だった種村直樹（鉄道ジャーナリスト）は「これで日本が将来戦争をする気のないらしい点だけは安心だ」と感想を述べたことを「はしがき」で紹介したが、近年は情勢が変化してきた。二〇二二年初頭からのウクライナ戦争に関連して「自衛隊における鉄道輸送」が注目されている。榛葉賀津也議員（国民民主党）は二〇二二年年一一月の参議院外交防衛委員会で「我が国におきまして、鉄道と国防、鉄道と軍、若しくは鉄道と戦争というものは大変密接な関係にございまして」として鉄道の利用について質問している。[1] これに対して政府参考人の田部井貞明（防衛省大臣官房審議官）はウクライナ戦争においてロシア側・ウクライナ側双方が各種装備品の輸送に鉄道を活用していると答弁している。さらに榛葉議員はＪＲ北海道の函館本線について、北海道新幹線開業後に同線が経営分離された場合の対処について質問している。

国土交通省の「今後の鉄道物流のあり方に関する検討会」[2] では防衛省から「自衛隊における鉄道輸送」[3] との資料が提出されている。同資料ではウクライナ情勢の解説に始まり、いわゆる「有事」に際して自衛隊の装備を北海道から九州まで日本を縦断して大量・高速に輸送する必要性が説明されている。かつては対ソ連を念頭に置いた防衛が重視されていたため、現在も日本の弾薬備蓄の七割は北海道にある。しかし現在は南西諸島の防衛も注目されているため、有事には北海道に配備されている装備等を迅速に九州等の南部へ移送する必要があるとされる。

これまでも訓練としてＪＲ貨物による自衛隊の戦闘車両（装甲車）や火砲等の輸送が小規模には試みられている。また戦闘車両や火砲を稼働させるためには燃料・弾薬はじめ様々な付帯装備も同時に輸送する必要がある。有事における輸送では短期間に集中して大量の輸送が求められ、鉄道は原理的にはこれに適しているが、現実のＪＲ貨物は必ずしも対応できる状態ではない。鉄道輸送は陸上かつ線路が存在する場所に限られる。かりに自衛隊の南西諸島方面における活動を想定するなら、道路輸送あるいは船舶輸送との結節点がなければ機能しない。分割民営の過程で貴重な貨物輸送の結節点を民間に売り飛ばしておきながら、今さら自衛隊輸送に活用とは何を考えているのか。

しかも現代の鉄道では、線路があれば貨物列車が運転できるわけではなく、信号・通信システムが正常に機能していなければ運転できない。貨車は自走できないので機関車が必要であるが、現在貨物列車が運行されている主なルートは北海道以外ではすべて電化区間である。電力の供給が止まれば電気機関車は動かないので運転できない。電力を必要としないディーゼル機関車は動かせるとしても年々その数は減らされてきた。

貨物列車が運転されなくなった線区では、運転に必要な線路設備を撤去したり、線路の保守体制を変更（重量の軽い旅客列車のみを前提とした保守）してしまうために、防衛にかぎらず災害など社会的な要請があって貨物列車の運行を復活しようとしても対応できなくなる。筆者は一九九四年（ＪＲ貨物発足から七年後）の著書で、災害時の代替輸送のため貨物列車が運転可能なルートを維持すべきと提案していたが[4]、はからずも二〇一一年三月の東日本大震災に際してそれが実証された。東北地域での

図8-1　貨物列車の運転線区

上岡作成

燃料不足を救済するためJR貨物は首都圏から新潟を経由して迂回するルート（首都圏からJR東日本の高崎線・上越線を経由して新潟へ、そこから磐越西線を経由して郡山へ）を利用して臨時の燃料輸送列車を運行した。

磐越西線は今や一部区間が廃止されかねないローカル線であるが、線内では一列車あたりタンク貨車で一〇両編成（約六〇〇キロリットル）で運行された。かりにその量をトラック（タンクローリー）で輸送すれば三〇～四〇両のトラックと各々のドライバーが必要となるが、鉄道では一本の列車で輸送できる。それを可能としたのは、磐越西線は一九九六年までは貨物列車が運行されていた経緯もあって東日本大震災の時点では辛うじて貨物列車が運転可能な条件が残っていたためである。

図8―1の黒太線は現状で貨物列車が運転されている線区、グレー線は過去に運転されていた線区を示す。また前述の自衛隊の装備輸送の観点でみた場合、本州内の東北～大阪までは複数ルートがあり代替性があるが、大阪から西側は山陽線のみで代替ルートがない。これは前述の防衛の観点では大きな脆弱性となる。幸いにもいくつかの線区では貨物列車が運転可能な設備が残存しているため、これらを維持すべきである。

鉄道貨物政策

国土交通省は二〇二二年に「深刻なドライバー不足や二〇五〇年カーボンニュートラル実現に向け

図8-2　貨物列車走行kmと貨車両数の推移

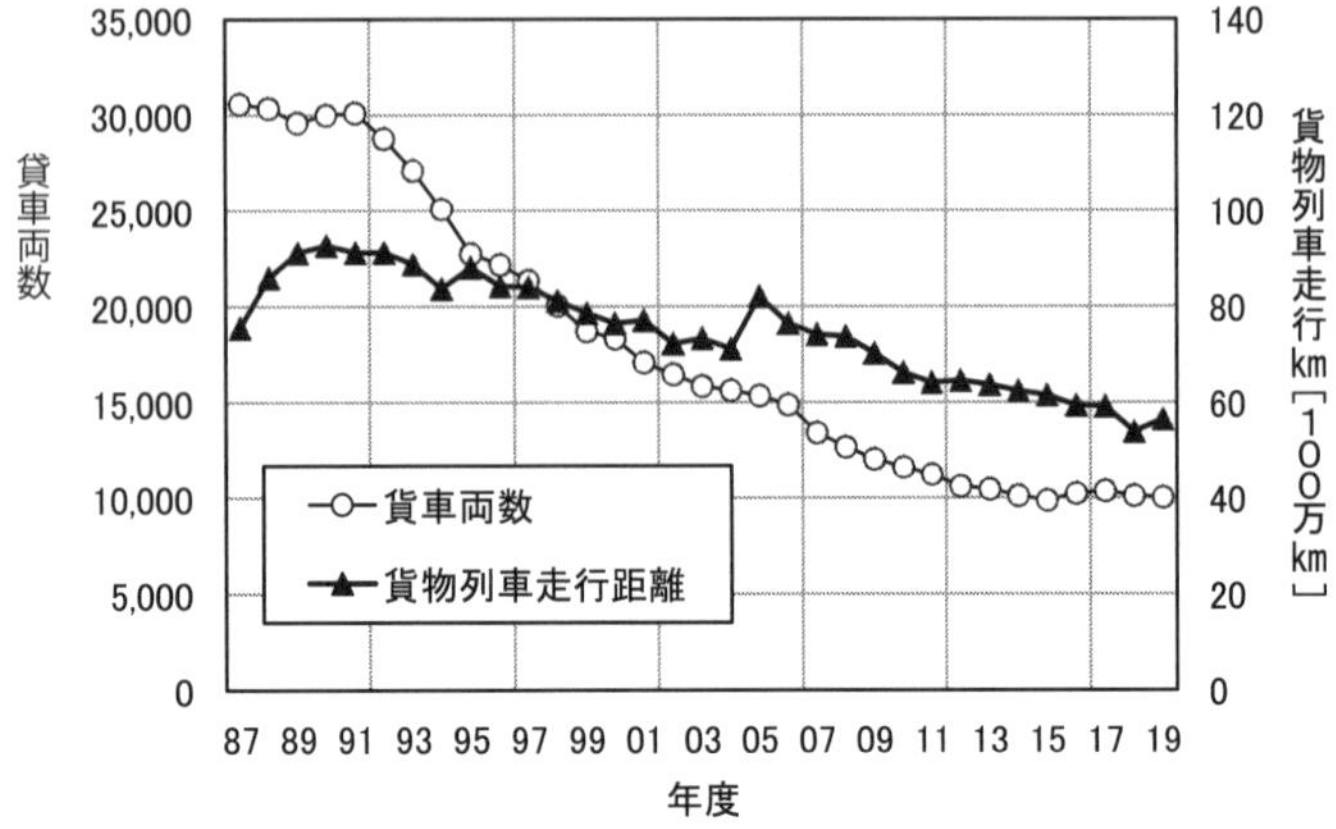

た対応の必要性など、物流における諸課題の解決を図るため、鉄道貨物が重要な輸送モードとして、その特性を十分に活かした役割を発揮するための政策のあり方等を議論する」との趣旨で「今後の鉄道物流のあり方に関する検討会」[5]を設置した。もっともこの種の検討会・委員会等は過去に何回も開催されており、今回の検討会も過去の議論の繰り返しに過ぎず新規性のある内容はない。第一回資料としてJR貨物（日本貨物鉄道株式会社）から提出された「貨物鉄道が発揮している役割と物流業界が乗り越えていくべき大きな課題」[6]の資料では、筆者が一九九〇年に執筆した『鉄道は地球を救う』[7]に所載の図と同じ趣旨（石油輸送における鉄道とトラックの効率性の比較）の図が載っているし、最近の拙著『JRに未来はあるか』[8]でも同じテーマに触れている。国はJR貨物発足後から今まで三十数年間に何をしていたのか。JR貨物発足時の一九八七年と現在（統計の制約上、令和一年度）を比較すると、図8―2のように貨車両数にして三二%、貨物列車走行距離にして七五%に減少している。

また貨物輸送は列車だけでは機能せず、駅に荷役設備がなければ機能しない。一九七〇年代までは大部分の国鉄路線と駅では旅客・貨物の双方を取り扱っており、むしろ旅客専用駅のほうが例外的であった。大都市内にあるＪＲ東日本・新宿駅でさえ一九八四年まで貨物を取り扱っていた。またＪＲ東日本・飯田橋駅（飯田町貨物駅）は分割民営後にも一九九七年まで貨物列車（印刷会社・新聞社向けの紙専用列車）の乗り入れが続いていた。しかし国鉄の「赤字」問題が深刻になるにつれ貨物輸送の縮小が急速に実施され、特に一九八四年には分割民営が不可避との見通しもあって貨物列車が大幅に削減された。このとき「ヤード系貨物列車」の大幅な整理と多数の貨物操車場が廃止された。「ヤード系」とは、大部分の国鉄路線で旅客と貨物双方を取り扱っていた時代に、駅ごとに停車して貨車を連結・解放しながら走行する貨物列車である。そうした貨物列車は行先の異なる貨車を連結しているから、それらをいったん各地の操車場に集めて方面別・行先別に再編成する拠点が「ヤード（貨物操車場）」であるが、このような形態の輸送は非効率的であるとして大幅に整理され、明治以来蓄積してきた貴重なインフラは「余剰設備」であるとして民間に売り飛ばしてしまった。

鉄道貨物の活用法

鉄道で貨物を輸送しようとしてもトラックとの積み替えが必要となるから、そのままトラックで輸送したほうが効率的であるという見解がよく聞かれる。しかしこれは短絡的な理解である。たとえば多くの市民が利用する宅配便は、個別ユーザーに対しての集配は小型（軽）トラックで、さらには大都市内では自転車や手押し台車まで活用されているが、それらの車両が個別に目的地に向かうのではなく集配センターを介していずれにせよ幹線トラックに積み替えが必要となる。現に宅配便企業が荷物を集約した拠点間の輸送に鉄道を利用している。二〇〇二年からＪＲ貨物は東京〜大阪間で「スーパーレールカーゴ」という高速貨物列車の運転を開始し宅配便事業者（佐川急便）の貸切で運行している。一編成で一〇トントラック五六台分の積載量を有している。このように、いずれにせよ積み替えが必要となる形態の貨物輸送については、鉄道だから非効率という評価は該当しない。また一方で中長期的には少子化の影響でトラック運転者（多くの場合、貨物の積み降ろし作業にも関与する）の高齢化、さらには絶対数の不足も懸念されている。

日本全体の物流に占める鉄道貨物のシェアは、輸送トン数にして約一％、輸送量（トン・km）にして約五％等[9]であるから一見するとシェアは小さい。しかしながら末端の小口配送や地域内の物流はもともと鉄道輸送の対象ではなく、それらを除いた拠点間での中・長距離輸送や大量定型品・重量物の輸送としてみると鉄道貨物のシェアは必ずしも低くない。たとえば現時点でＪＲ貨物の輸送が行われている路線は、東名・名神・山陽・東北・北陸などの主要な高速道路と並行している。この区間では輸送量（トン・km）にして鉄道は全体の二一％になり、もしＪＲ貨物の鉄道輸送がなかったとした場合、その輸送量が該当する高速道路のトラック交通に転換したとすれば道路交通に対して相当な負荷になる。

なお手小荷物・郵便輸送は国鉄では旅客営業の分野であり客車列車として運行されていたが、これもJR発足前に廃止された。例外的に新聞輸送は渋滞の影響を受けない一般の旅客列車に混載する方式で残存した。その後、新幹線を利用した小荷物輸送（宅配便相当）が続けられているほか、JR貨物ではないが鉄道事業者と宅配便企業が共同して鉄道による荷物輸送を復活する試みも行われている。[10]今後、トラック運転手の不足や環境負荷の低減への要求の強化などから拠点間輸送として鉄道貨物の重要性は高まっている。

現在はインターネットで商品を注文すれば、在庫さえあればその多くが翌日には届く。しかし日本ロジスティクスシステム協会の報告によると、二〇三〇年には荷物の三割が届かなくなるという。[11]今後、人口減少に伴う市場の縮小が予想され、宅配便の個数も減少傾向と考えられているが、それ以上にドライバー不足がネックとなるためである。二〇三〇年にはドライバーが現在の三割減となると予想されている。他産業より所得が低いこと、長時間労働などが原因と考えられている。

現在のすべての貨物輸送を鉄道に代替することは不可能であり、末端輸送は自動車が必要であるが、あえてトラックで運ばなくてもよい貨物をトラックで運んでいるのではないだろうか。たとえば、最近の貨物はいわゆる高付加価値で軽量・小口の割合が増え、また多頻度少量輸送が多くなったから、鉄道は貨物輸送にますます適さなくなったという説が見られる。しかしこれは生産のメカニズムをよく理解していない考えかたである。その最終製品の量は軽量・小口であっても、製造過程では製品の数千倍、数万倍の量の物質を取り扱う場合が多い。だからこそ高付加価値の製品ができるのである。軽量・小口の物流が増えるということは鉄道輸送に適した重量・大型品の動きもおよそ比例して増えるはずである。

たとえば電子・通信機器産業の最終製品だけをみればあえて鉄道で運ぶ必然性はない。しかし産業連関表から検討すると、たとえば半導体や電子機器の製造部門は原材料として年間に化学製品を五九万トン、重油など燃料を五九万キロリットル、鋼材や金属製品を五八二万トン購入している[12]。このような物品は輸送の全行程をトラックで運ぶ必要はなく鉄道貨物の参入余地がある。こうした工場はかつて鉄道貨物に依存していたため鉄道沿線に立地している場合が多く、工場受渡し口まではトラックを使用せずに輸送することも可能である。工場側で多頻度・少量の生産が必要とされるといっても、生産計画に従って物品が順次到着すればよいのである。

鉄道貨物は一般市民の日常生活にも無縁ではない。東京都では築地市場の豊洲への移転問題が注目を集めた。東京都には全部で一一箇所の市場があり、その総称が「東京都中央卸売市場」であるが、このうち旧築地市場は特に水産物の取り扱いで著名であった[13]。かつての配置図をみると扇型の建物が何重にも並ぶ特徴的なエリアがある[14]。ここに「東京市場駅」という貨物駅があり全国から貨物列車が直接乗り入れて水産物を搬入しており、そのホームに合わせて建物が配置されたためである。鮮魚列車はダイヤ上最優先で扱われ、特急列車も待たせて追い抜いていた。この東京市場駅についても一九八四年の貨物列車削減を受けて同年で使用を停止している。

鉄道による輸送をやめればその分だけ大型トラックが都心に乗り入れているはずであり、大気汚染や騒音の影響は都民全体に及ぶ。大都市と貨物列車は一見すると無関係のようであるが、むしろ大都市だからこそ鉄道輸送が有効になる。前述のように人が集まる場所には必然的に物も集まり、三〇〇〇万人超（範囲の定義により異なるが）の人々が居住・勤務する東京都市圏には、少なくとも食料品は物理的に現物を届けなければならない。これが東京都内だけでも一一箇所の卸売市場が存在する理由である。

ＪＲ貨物の経営上の制約

分割民営に際して全国一社の日本貨物鉄道株式会社（ＪＲ貨物）が発足したが、大部分の線路設備がＪＲ各旅客会社の所有とされた。現在もＪＲ貨物の営業路線の約八〇〇〇kmのうち、自社保有路線は三五kmのみである。ＪＲ貨物の大部分の貨物列車は「第二種鉄道事業」として、各ＪＲ旅客会社に線路使用料を払って運行している。その算定根拠として「アボイダブル（回避）コスト方式」が設けられた。

「回避」とは、線路を保有するＪＲ旅客会社の側からみて「かりに乗り入れる貨物列車がなかったとすれば必要がないはずの経費」である。何がアボイダブルかは必ずしも明確に分離できないが、貨物列車の走行によって損耗する線路その他の保守費用に対して、貨物列車の通過量に応じて按分する方式である。ただし通過量と直接連動しないその他の保守費用、人件費などの間接費、資本費などの固定費は対象外とされてきた。ＪＲ旅客会社の所有路線上を走行するＪＲ貨物については現在もこの方式であるが、旅客会社と貨物会社の相対的な関係としてみれば、貨物会社の負担を相対的に軽減し、その分を旅客会社が負担しているともいえる。

ところがJR貨物発足後の時間経過とともに変化が生じてきた。全国各地で整備新幹線の延伸・開業に伴い、JR旅客会社から経営分離されて第三セクターに移管される長距離の路線が増加した。これに該当する貨物ルートとして、JR江差線を分離した「道南いさりび鉄道（北海道）」、JR東北本線を分離した「青い森鉄道（青森県）」「IGRいわて銀河鉄道（岩手県）」、JR信越本線を分離した「しなの鉄道（長野県）」、JR北陸本線を分離した「えちごトキめき鉄道（新潟県）」「あいの風とやま鉄道（富山県）」「IRいしかわ鉄道（石川県）」、JR鹿児島本線を分離した「肥薩おれんじ鉄道（熊本県・鹿児島県）」がある。これらの路線については、アボイダブルコストとは異なる算定方式による「フルコスト方式」が適用されるようになった。その詳細な算定内容は公開されていないが、共通経費も按分する方式である。このためJR貨物にとっては負担が大きくなり、その緩和のためにアボイダブルコスト相当分との差額を独立行政法人・鉄道建設・運輸施設整備支援機構から補助する「貨物調整金」の制度が設けられている。

前述の「道南いさりび鉄道（北海道）」では旅客の平均通過数量は五〇〇人／日以下（コロナ前）で、現状では同鉄道の収入の九割が貨物調整金であり旅客列車は貨物列車の「おまけ」である。また北海道新幹線の札幌延長に伴い分離される予定の函館本線・函館〜長万部の旅客の平均通過数量は三四〇〇人／日（コロナ前）であるが、北海道新幹線が開業すれば現在運転されている特急列車の相当分が消失するので大幅に減少する。「国鉄再建法」ではバス転換が適当と分類されたレベルである。かりにこれらの線区が廃止されると北海道と本州を結ぶ貨物ルートは失われる。

一九七〇年代には二度にわたる石油危機を背景に省エネの観点から、また一九八〇年代からは地球環境問題の観点からモーダルシフト（自動車輸送から鉄道輸送へ）が提唱されていたにもかかわらず、分割民営に際して貨物の大幅縮小など整合性を欠く鉄道政策が行われた。またＪＲ貨物発足以後は、鉄道貨物が特性を発揮しうる分野に特化したはずであるが、ＪＲ貨物の側からみれば大部分の貨物列車[15]は旅客会社の線路を借りて運行することによる種々の制約のために効率的な経営が阻害される現状を招いた。ここにも分割民営の根本的な誤りが露呈している。この問題について小澤茂樹（交通経済学）は次のように指摘している。[16]

国鉄の分割民営化を契機に導入された上下分離によって、鉄道貨物輸送には「他社が保有および管理する線路を利用して列車を運行する」という状況がもたらされ、この状況が鉄道貨物輸送の供給量の制約をもたらしているのである［図・省略］。事実、ダイヤを確保できない理由で貨物列車を増発できないという事実はＪＲ貨物会社へのヒアリングで確認できているだけでなく、また、複数の荷主企業（日本郵便やヤマト運輸、三菱化学など）からは鉄道を利用したくても、供給量が制約されており利用できていないとの知見を得ている。二〇〇〇年以降、様々なインターモーダル輸送促進政策が行われてきたにも拘わらず、成果が見られないのは、鉄道貨物輸送に関する上下分離が原因の一つであると考えられる。つまり、トラックとの競争や輸送品目の減少といった鉄道外の要因だけではなく、ダイヤ配分をめぐる鉄道内の要因も鉄道貨物輸送を阻害していると考えられる。

こうした不合理な費用負担を改めモーダルシフトを推進することが望まれる。総論的にはモーダルシフト（トラックから鉄道・海運への転換）が推奨されていても、費用を荷主が負担する運賃に転嫁するのでは容易にモーダルシフトが進展しない。国鉄の貨物駅を集約して末端部分でのトラック輸送の比率を増やしたことは、鉄道貨物輸送の社会的なメリットを失わせる愚策であった。また鉄道貨物輸送を活用するために、各駅での貨物取り扱い機能を復活させるという対策が理論的には考えられるが、現実には貨物設備のインフラの多くが失われ実際の復活は不可能である。

トラックドライバーの不足

近い将来にはトラックドライバーの不足が懸念されている。[17] 貨物の中でも石油類・液状の化学品・石灰・セメント・穀物や飼料・肥料などは、個々の「荷物」ではなく全体を均一な流体とみなして扱える。これらの品目は専用の荷役設備を備えた企業ユーザー間の輸送がほとんどであるため鉄道輸送に適している。一例として石油の輸送について、鉄道とトラック（ローリー）で必要な労働力を比較する。以前の拙著でも試算しているが、[18] その後の機関車の性能向上等を反映してJR貨物の資料[19]を引用する。コンテナ輸送では、最大でコンテナ車を二六両連結した列車を運転すると、標準タイプの一二フィートコンテナ（五トン積み）を一編成に一三〇個を積載でき、一〇トントラック換算で六五台分の荷物を一列車で輸送できる。また石油類の輸送では、臨海部と内陸（勾配が少ない線区）との間を想定した場合、一列車で一〇〇〇キロリットル（二〇キロリットルタンクローリー五〇台分）を一列車で輸送することが可能である。また勾配がある内陸部線区を経由する場合は牽引両数が制約され、前述の東日本大震災における緊急輸送では一列車で六〇〇キロリットルが限界であったが、それでもタンクローリー三〇台分の輸送に相当する。

また物流労働生産性指標（LPI）という指標での比較が示されている。「LPI」とは、物流従事員の労働時間に対して、どれだけ輸送実績（輸送量×距離、トンキロ）を達成できるかの指標である。[20]トラックでは輸送距離にかかわらずほぼ一定であるのに対して、鉄道では距離が長いほどLPIが向上する。より簡単な指標でみても、二〇一九年度でJR貨物は一六五五名の運転士（ただし年々減員しているが）で一九七億トン・kmの輸送実績を達成している。一方で道路貨物輸送についてはトラックドライバー（正式には「道路貨物運送業就業者数」）が約一九四万人[21]で一八六四億トン・kmである。これより従事員一名あたりの年間の輸送実績としてみると、鉄道は一一九〇万トン・kmに対して、道路貨物輸送は九・六万トン・kmである。すなわち単純にいえば同じ輸送実績を達成するのにトラックは鉄道の約一〇〇倍の人員を必要とする。

この比較は直接の運転部分のみであり、ターミナルでの荷役や管理業務なども加えた物流全体として計算すれば評価は異なるが、それでも違いは大きい。トラック輸送のうち鉄道にシフトできる部分は限られるとしても、一部でもシフトすればトラックドライバー不足に対して大きな効果が期待できる。現に国土交通省や物流事業者はドライバー不足に対応して「ダブル連結トラック実験」を開始している。[22]すなわち「トラックの列車化」が検討されているが、それならば鉄道貨物の参入余地も十分にある。

注

1 第二一〇回国会参議院外交防衛委員会第六号（二〇二二年年一一月一五日）。https://kokkai.ndl.go.jp/#/detail?minId=121013950X00620221115&current=6
2 国土交通省「今後の鉄道物流のあり方に関する検討会」。https://www.mlit.go.jp/tetudo/tetudo_tk5_000016.html
3 防衛省「自衛隊における鉄道輸送」二〇二二年五月一九日。https://www.mlit.go.jp/tetudo/content/001485836.pdf
4 上岡直見『乗客の書いた交通論』北斗出版、一九九四年、二四〇頁。
5 国土交通省「今後の鉄道物流のあり方に関する検討会」。https://www.mlit.go.jp/tetudo/tetudo_tk5_000016.html
6 日本貨物鉄道株式会社「貨物鉄道が発揮している役割と物流業界が乗り越えていくべき大きな課題」。https://www.mlit.go.jp/tetudo/content/001473649.pdf
7 上岡直見『鉄道は地球を救う』日本経済評論社、一九九〇年、四四頁。
8 上岡直見『ＪＲに未来はあるか』緑風出版、二〇一六年、一八四頁。
9 国土交通省総合政策局「自動車輸送統計年報」「鉄道輸送統計年報」各年版より。
10 「路面電車を利用した低炭素型集配システム開始について」。http://www.yamato-hd.co.jp/news/h23/h23_14_01news.html
11 「［ドライバー不足で荷物の三割が届かない］人類史上〝最も便利すぎる社会〟が招いた［物流崩壊］の危機」文春オンライン。https://bunshun.jp/articles/-/59631
12 総務省「産業連関表」の物量表より。http://www.soumu.go.jp/toukei_toukatsu/data/io/ichiran.htm
13 東京都中央卸売市場「旧築地市場のご紹介」。http://www.shijou.metro.tokyo.jp/info/01/
14 グーグルマップ過去イメージなどで閲覧可能。
15 二〇二二年においてＪＲ貨物の営業区間は約七八二九㎞であるが、自社の保有する線路（第一種鉄道事業）は三五kmであり、その他はすべて第二種鉄道事業（線路使用料を払って他社線上を走行する）である。

16 小澤茂樹「線路使用料とダイヤ配分から見た鉄道貨物輸送の問題」『日交研シリーズ』A―566、日本交通政策研究会、二〇一三年、一頁。

17 国土交通省ウェブサイト「ドライバー不足等トラック業界の現状と課題について」。https://wwwtb.mlit.go.jp/chubu/jidosya/tekiseitorihiki/img10/10shiryou1.pdf

18 上岡直見『JRに未来はあるか』（前出）

19 日本貨物鉄道株式会社「貨物鉄道が発揮している役割と物流業界が乗り越えていくべき大きな課題」（前出）

20 加藤博敏「長距離貨物輸送の物流労働生産性～長距離フェリーを利用する複合一貫輸送に焦点をあてて」（一財）運輸総合研究所第四一回研究報告会、二〇一七年五月二三日。https://www.jttri.or.jp/members2/kenkyuh/41_kato.pdf

21 経済産業省・国土交通省・農林水産省「我が国の物流を取り巻く現状と取組状況」二〇二二年九月二日。https://www.meti.go.jp/shingikai/mono_info_service/sustainable_logistics/pdf/001_02_00.pdf

22 国土交通省ウェブサイト「ダブル連結トラック実験の実験参加者の追加について」。http://www.mlit.go.jp/common/001175895.pdf

第9章　すでに破綻したリニア新幹線

■リニアはオワコン

前述のようにローカル線は「オワコン」とも認識されているが、鉄道関連で最大の「オワコン」はリニア中央新幹線である。既成事実として工事が始まっているが、後述のとおり便益より損失のほうが大きいことは確実であり、速やかに中止すべきである。このまま建設を続行すれば、国鉄時代に新幹線の建設の影響で在来線の改良や貨物輸送の設備投資が圧迫された上に債務膨張に陥った経緯と同様に、JR東海は「第二の国鉄」になる。あるいはJR東海の経営が破綻しても東海道新幹線を止めるわけにはゆかない社会的背景から実質国有化せざるをえなくなり、その観点では「第二の東電」でもある。

リニア中央新幹線の法的な位置づけは不明朗で、意図的に曲解された枠組みで実施されている。リニアは「全国新幹線鉄道整備法（全幹法）」に基づいて建設されるが、同法は今から半世紀前の一九七三年一〇月に田中角栄内閣により地方都市を結ぶ整備新幹線の建設を促進するために作られた。同法に基づいて決定された路線は東北（盛岡〜青森）、北海道（青森〜小樽〜札幌）、北陸（東京〜長野〜富山〜大阪）、九州（博多〜熊本〜鹿児島）、長崎（博多〜長崎）のルートであり、これらは現時点までに概ね開業あるいは着工されている。ただし中央新幹線はこれに含まれていなかった。

一方で当時は右肩上がりの経済成長を前提として、五線の他にも「基本計画線」として北海道（札幌～旭川）、北海道南回り（長万部～札幌）、羽越（富山～青森）・奥羽（福島～秋田）、中央（東京～大阪）、北陸中央（敦賀～名古屋）、山陰（大阪～下関）、中国横断（岡山～松江）、四国（大阪～大分）、四国横断（岡山～高知）、東九州（福岡～鹿児島）、九州横断（大分～熊本）の計一二線三五〇〇㎞が計画路線として掲げられ「田中元首相が日本地図の上に赤鉛筆で線を引いた」と形容された。これらのルートのうちいくつかは今や廃止の検討対象に相当するほど輸送量が減っている。この中で中央（東京～大阪）が現在のリニア中央新幹線の起源であるが、全幹法の時点ではリニアの実験線もできておらず、現在のプランは想定されていない。そもそも全幹法は地方の開発効果を目的としており、当初の中央新幹線は現在の中央本線を概ねなぞるルートであった。

　現在のリニア中央新幹線の検討過程でA・B・C三案があり、A案とB案は大きく北へ迂回して松本を経由するルートであったのはその名残である。長野県では諏訪・伊那地域を回るBルートを要望していた。しかし最終的には長野県をほとんど無視して東京と名古屋を最短距離で直結するC案となった。「長野県駅」と称する中間駅は長野県の主要部を大きく外れた飯田市のみである。リニア開業時のダイヤは公開されていないが、中間駅では一時間に一本程度の停車で、JR東海の計画では駅員も配置せず待合室も設けないとしており邪魔者扱いである。これは本来の全幹法の趣旨を外れている。[1]

　リニアの技術的な開発は国鉄において一九六二年（東海道新幹線の開業前）から始まっているが、二〇一一年五月に「交通政策審議会陸上交通分科会鉄道部会中央新幹線小委員会」の答申を経て二〇一四年一〇月に工事実施計画が認可された。この時点ではJRの自主事業として二〇二七年に名古屋まで開業し、いったん建設を中断して経営体力を回復（債務の償還）した後に二〇四五年に大阪開業の計画であった。しかしその後、静岡工区で大きな問題が発生した。

リニア中央新幹線は静岡県内には駅がなく、県の北端を「南アルプストンネル（仮称）」が通過するのみであるが、静岡県では、リニアの駅が設置されない一方でトンネルが県北部を貫通する。これにより大井川の利水に影響を与えるとして川勝平太知事（二〇〇九年七月以降四期目）が工事着手を拒否した。県の有識者会議専門部会や国土交通省の専門家会議で検討が行われたが、県では工事を認める状況にないとしており、工事着手の目途は立っていない。JR東海の金子慎社長（当時）は二〇二七年開業は困難との見解を示しておりその後も進展がみられない[2]。国はリニア開業の副次的効果として静岡県内における現東海道新幹線の利便性向上を提示し着工を促進する姿勢を示しているが、県側の理解は得られていない[3]。一方で静岡県はリニアの「建設促進期成同盟会」に加入しているが、川勝知事は二〇二二年九月二二日に、開業の遅れは用地取得が進展していない神奈川県（リニア神奈川県駅・車両基地）に責任があると発言している[4]。

東京都品川区内でシールドマシンの不具合により一年半遅れ、神奈川県駅で八年遅れ、車両基地で七年遅れ、山梨県南アルプス市で三年半遅れ、山梨県駅で五年遅れ、長野県豊丘村で三年半遅れ、同県南木曽町で工事着手見通し不明、岐阜県中津川市で一年七カ月遅れ（工事関係者の死傷事故発生）、愛知県春日井市で三年半遅れ、同県名古屋市中区で三年半遅れなど、現状から起算すれば静岡県の状況にかかわらず二〇二七年に名古屋開業は全く不可能な状態にある[5]。

リニア中央新幹線の市街地部分では大深度地下工事が伴う。「大深度地下」とは、二〇〇一年に施行された「大深度地下の公共的使用に関する特別措置法（大深度地下法）[6]」に基づき、地表から四〇m

以深の地下部分（その他の条件もあるが省略）については、地上の地権者の同意や補償を必要とせずに事業を行うことができる制度である。国土交通省は二〇一八年一〇月に大深度地下法の適用についてＪＲ東海の申請に認可を与えた。同法は大深度であれば地上に影響がないことを前提としている。トラブル事例の詳細は資料を参照していただきたい。[7] 大深度でのトンネルを掘削する点ではリニアも同じである。大深度法では地上の地権者の了解を得ずにその下を使用できるが、工事に起因する地価の低下など損失があってもＪＲ東海は法的には補償を免れる。その一方で同法が適用されることから、地権者や住民との摩擦が多い実務はＪＲ東海が前面に出ず自治体の職員が代行し行政権を行使する形となる。これも当初から意図的な枠組みである可能性が高い。

大深度地下工事が大規模に適用された事例としては、リニア中央新幹線以前に、東日本高速道路（株）が実施する東京外かく環状道路の東京区間のトンネル工事（東京都練馬区の関越道大泉ジャンクション〜同世田谷区の東名高速東名ジャンクション間）が開始されている。国交省は当初、地上の住民に対して補償が必要となるような損失（物理的な損傷、生活妨害、不動産価値低下など）は発生しないとしていた。トンネル工事領域の上部は建築制限などが適用され財産価値の毀損など経済的被害が発生するため、地上に影響がないという前提はもともと不当なのであるが、二〇二〇年一〇月に、工事区間の東京都調布市で道路の陥没が生じ、大深度で進められていたトンネル工事との関連が明らかになり実害が発生した。工事の影響で地盤が緩んだためと推定され、事業者は緩んだ地盤の補修工事をするための大規模な住宅解体工事を行うことになった。このため関連する住宅四〇棟の解体が必要となる。不動産価値どころか物理的被害さえ発生している以上、大深度地下法の適用は違法性がある。リニア中央新幹線に関しては、首都圏では東京都品川区・大田区・世田谷区・町田市、神奈川県川崎市中原区・高津区・宮前区・麻生区、中部圏では愛知県春日井市・名古屋市守山区・北区・東区・中区のように広範囲で大深度地下工事が計画されており、工事延長は外かく環状線よりはるかに長く延べ五〇㎞にわたる。

リニアのトンネルは外かく環状線のトンネルより一回り小さいものの大差はなく、地表への影響・事故の懸念があり、多くの指摘がなされているが、概要としては樫田秀樹の記事等を参照していただきたい。[8] JR東海は二〇二一年から「調査掘進」を開始したが、シールドマシン（掘削装置）の不調で掘進を中断するなど早くもトラブルが発生している。しかし二〇二一年から始まった地元説明会では「地上への影響は小さい」としており、安全性の確認はもとより工事の進捗についても見通しは立っていない。

またトンネル（大深度）工事を実施すれば必ず膨大な残土が発生するが、この処理に関してもトラブルが続いている。また鉄道事業者自身ではないが、SDGsについての情報を発信していると称するウェブサイトでは「JR東海がリニア中央新幹線を開業予定のように、交通サービス業界ではいま［環境にやさしいもの］を目指しています」[9]と評価しているが、もはやSDGsも何もあったものではない。

財務破綻

リニア中央新幹線に関してはすでに安全や環境など多くの観点から問題が指摘されている。さらにコロナの影響でＪＲ東海の経営状態の悪化が予想される状況で、大きな制約となるのは財務面である。安全や環境の面で実害を直接被る住民はもちろんであるが、率先してリニア事業に反対すべきはＪＲ東海株主であろう。第３章で指摘したように、ＪＲ東海の株式の八三％は金融機関や海外投資家が保有しているが、このままリニア事業を強行すれば配当不能に陥ることは確実である。当初、事業費は東京～名古屋間で五兆五〇〇〇億円とされていたが、ＪＲ東海は二〇二一年五月二五日に一兆五〇〇〇億円の増額を発表し、見込額は七兆円に膨張した。内訳は工事の困難性対応に五〇〇〇億円、地震対策に六〇〇〇億円、発生土の処理に三〇〇〇億円としている[10]。さらに二〇二二年以降は建設資材やエネルギー価格の高騰があり、さらに額が膨張すると思われる。大阪までの事業全体では当初九兆円とされていたが、さらに膨張することは確実である。一方、工事を受注するゼネコンにとってはリニアが開業しようがしまいが、トラブル対策工事が発生しようが、工事が発生すればむしろ歓迎する立場にある。実際にはさらに膨張する可能性が高い。伊藤洋（山梨県立大学・当時）は経済誌のインタビューに対して「過去の例をみても五兆円というのは相当に控えめな数字だろう。三倍の一五兆円かかってもおかしくない」とコメントしている[11]。

二〇一六年八月に閣議決定した「未来への投資を実現する経済対策」に基づき、財政投融資（財投）を利用して三兆円の融資により大阪開業の前倒し（最短で二〇三七年）が発表された。しかし株式を上場して純粋の民間企業となったＪＲ東海には財投が適用できないため、法改正を行って「鉄道建設・運輸施設整備支援機構」に財投資金を融資し、同機構からＪＲ東海に同条件で再融資するという抜け道が用意された。融資は無担保・三〇年間返済猶予・金利〇・八％であり、通常の民間企業の事業では考えにくい優遇された条件である。この財投資金投入に関しては一般に財界寄りの視点と認識されている『日本経済新聞』系列のメディアでさえ「リニアは第三の森加計問題」と批判している。[12] リニア新幹線の大半がトンネルや防音シェルターであることから「土管列車」と揶揄[13]されたが、まさに同機構を抜け穴として利用した「土管融資」である。

JR東海の需要予測や収益の見通しは、通常の需要予測に用いられる方法[14]にはよらず、所要時間が四時間より短い範囲では鉄道のシェアが大きくなるというJR東海独自の経験的な手法により求めたとしている。[15] これは通称「四時間の壁」と呼ばれる境界値で、リニアの大阪開業時点での時間短縮により西日本への四時間圏が広がるので航空旅客がシフトするとの予測である。しかし利用者の交通手段の選択は、時間だけでなく費用（運賃・料金）も要因となる。もし航空からリニアにシフトが予想されるのであれば、航空事業者側でもそれを座視するはずはない。[16] JR東海の予測は日本航空や全日本空輸等の在来航空会社（FSA・フルサービスエアライン）を対象としているが、実際には格安航空会社（LCC）の存在がある。FSAとLCCを平均した航空運賃の実勢価格は、現時点でもJR東海の予測時点より下落している。[17] いずれにしても名古屋開業の時点では航空機に対して時間的優位性はない。東京〜大阪間の新幹線の通常運賃・料金（「のぞみ」の場合）合計で一万四〇〇〇円（二〇二三年四月現在）に対して、航空運賃は最安で五〇〇〇円台もある。筆者が試算（コロナ前）したところJR東海の見込みよりもLCCの影響でかなりの減収が予想される。利用者の選択への影響の度合いは、利用の目的が業務（ビジネス）か非業務（観光・私用など）により異なるが、名古屋開業時点で年間一一〇〇〜一七二〇億円、大阪開業時点で同じく八六〇〜一五〇〇億円の減収に相当するとの結果が得られた。

二〇一五年一二月には最大の難所とされる長さ約二五㎞の「南アルプストンネル」の山梨県側約八㎞の区間で起工式が行われ本格的な工事が開始されたが、ＪＲ東海は「工事が予定通りに進むかどうかは掘ってみないとわからない」とコメントしている。また同社の柘植康英社長（当時）は「コスト低減を尽くすのが第一だが、経営の健全性や安定配当に支障が出るとなればペースを調整するのも念頭に置く」と述べ、将来は開業時期の先送りを判断する局面もありうるという見方も示した。このまま漫然と工事を続ければ、前述の融資の返済期限が到来しても大阪開業の収入が得られず債務だけが残り、誰も責任を取らないまま最終的に国民負担に転嫁されて「第二の国鉄」が発生する。

ＪＲ東海は、建設費の増大・工事遅延・金利上昇・経済停滞などのリスク要因に対しては、状況に応じて工事のペースを落として長期債務を縮減し企業体力を回復しながら対処するとしている。その間は現東海道新幹線の収益に依存することになるが、コロナの影響でその前提は崩れ、継続的に配当が維持できないばかりか、経常赤字が長期間継続する可能性がある。これは株主にとっては容認できないであろう。

またリニアの建設を続行すれば建設費調達のための借入金の金利負担も必要となる。前述の三兆円の財投はもともと大阪開業促進の趣旨であるにもかかわらず、名古屋開業さえ見通しがつかないまま実質的にはＪＲ東海の損失補塡に充当される可能性が高い。財投はいわば「打ち出の小槌」であるが、ＪＲ東海としては株主配当を優先するであろうから、結局のところ税金が海外金融機関や投資家に流れるのと同じである。

国鉄から引き継いだ長期債務を償還しつつ、現・東海道新幹線の利益をリニア建設に投入する計画であるが、JR東海自身の予測でも、名古屋開業までは建設費が投入される一方でまだリニアの収益が入らないため、二〇二七年の名古屋開業時点では経常収支が配当可能な水準ぎりぎりまで落ち込むとしている。また金利が〇・七五%上昇するか、長期債務が一兆円増加すれば配当が困難になる危険ラインに到達すると推定している。[18] 日銀は二〇二三年一月一七〜一八日に開いた金融政策決定会合で、従来〇からプラスマイナス〇・二五%程度としてきた長期金利の変動許容幅を〇・五%程度に拡大するとした。[19] 黒田東彦総裁（当時）は「利上げではない」と説明しているが長期的には利上げ傾向にあることは間違いない。

経営予測や経済効果の妥当性に関しては、前述の答申を提出した「中央新幹線小委員会」の家田仁委員長（東京大学大学院・当時）は取材に対して次のように答えている。九兆円もかけて、世界をリードする交通システムになるのかという問いに対しては「なるかもしれないし、ならないかもしれない。東海道新幹線だって、最初は『世界の三バカ』と言われたわけでね。戦艦大和と万里の長城と。だから、分からないですわ」、収入が一五%増えるというJR東海の予測や、経済効果が年八七〇〇億円という試算は実現するのかについては「ぼくはそんなもの気にしてない。どうしても計算したいというからやったけど、真に受けていない」、さらに財投で三兆円も借りて本当に返せるのかについては「二〇年［注・大阪開業まで］なんてあっという間ですよ。明日みたいなもの」[20] と発言しているように、きわめて杜撰なものである。すなわち経営予測や経済効果に関して誰も責任を有していない。JR東海としては「国（交通政策審議会）のお墨付きを得た」と主張し、一方の審議会では家田の発言の

図9-1　JR東海の運輸収入と経常利益の予測

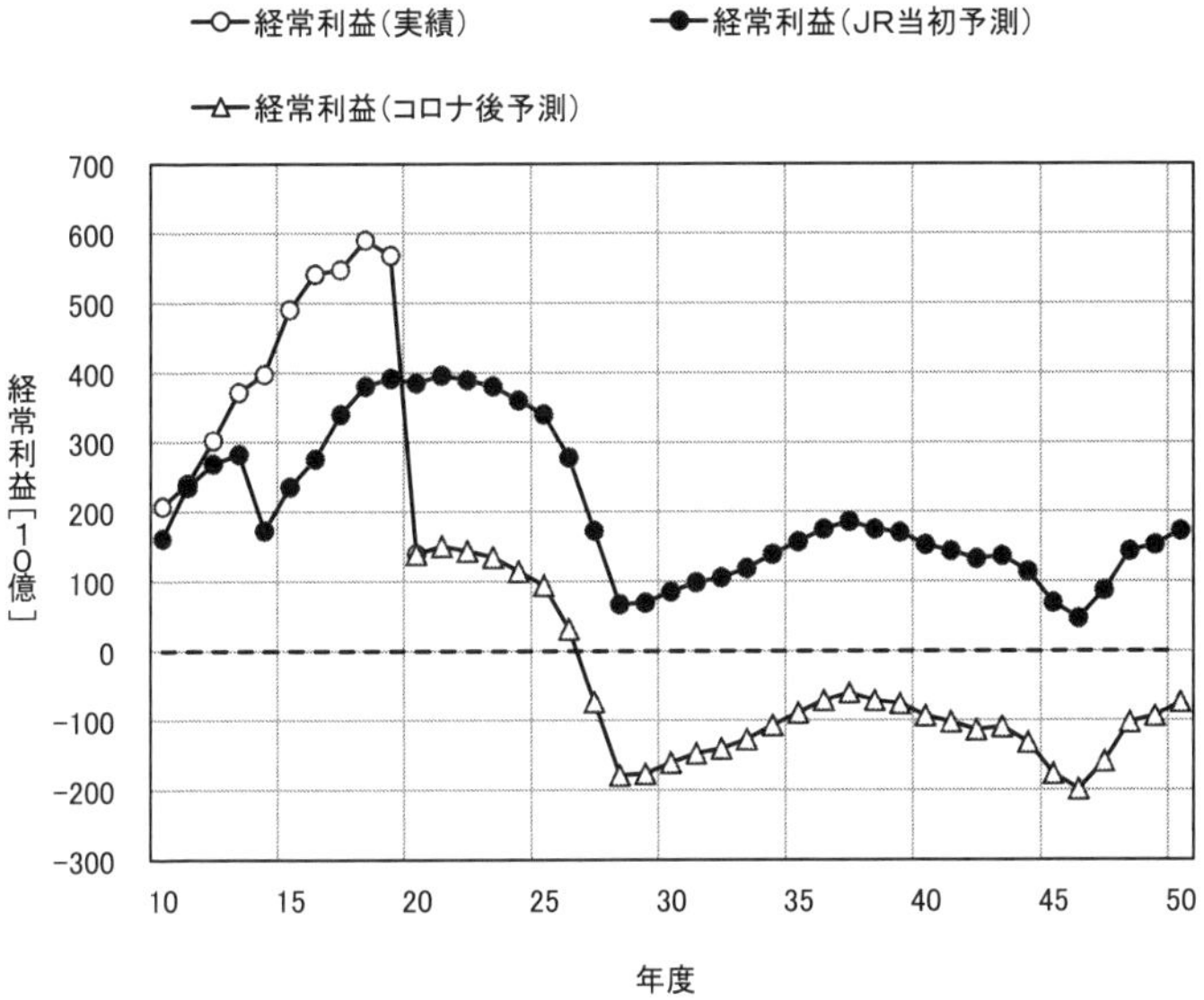

ように参考までに試算した程度の評価しか行っていない。原発問題とも共通する集団無責任体制の産物である。リニア新幹線に限らず今や新幹線の開発効果は期待できない。新幹線より在来線の維持・改善に注力すべきである。

図9―1の●はJR東海の資料による二〇五〇年前後までの経常利益の予測（コロナ前）である。この予測とは、前述のとおり交通需要予測で一般的に用いられる分担率（交通手段ごとのシェア）モデル等によるシミュレーションではなく、現東海道新幹線の収入がリニア名古屋開業までは横ばいで維持され、リニアの名古屋開業後は前述の時間短縮効果により航空機からシェアを奪う想定という独自の推計に基づくとしている。[21]実際には前述の静岡工区でのトラブルほか各地で工事の遅延があり、事業費の膨張は

避けられない。コロナ前には現・東海道新幹線の業績が好調なため図の○のように経常利益が推計時点の予測を上回っていたが、それを余裕分として見込んでも、コロナによる現東海道新幹線の運賃収入の落ち込みで「現東海道新幹線の収入が横ばい」どころか二〜三割の減少が想定される。△はこの影響を考慮した経常利益の予測を示すが、二〇二五年前後から経常赤字が続き、配当不可能が続くと思われる。

コロナ後の中長期的な影響は現時点で不明確であるが、全体としてコロナ前の八割程度の需要で均衡するのではないかとの予想が大勢である。ところがJR東海は二〇二八年度の営業収益について「コロナ前の最高益を挙げた二〇一八年度の五%増」との想定を示している。短期間でなぜそのような急激な回復が予想ができるのかについて「ワクチン接種が進み、治療の知見が蓄積されれば、早いペースで運輸収入が回復していくと考えている。リーマンショック発生後の運輸収入の回復ペースを参考とし、テレワークやリモートや新しい働き方などがある程度残ることを考慮した」「リニア開業による時間短縮効果が満たされるので、飛躍的に利便性が向上する。人の交流でビジネスチャンスが日本社会全体に広まる。想定する五%は可能だ」などと荒唐無稽な見通しを示している[22]。しかもその想定とは、名古屋開業が二〇二七年の予定どおりでリニアと東海道新幹線から収益が得られるようになる前提であるが、現実には前述のように各地での工事の遅れにより予定通りの名古屋開業は不可能である。

三大都市圏における一般の鉄道の年間利用者数は、東京都市圏で七三億二〇〇〇万人（コロナ前、以下同様）、京阪神都市圏で二四億八〇〇〇万人、中京都市圏で六億六〇〇〇万人（コロナ前）のように一〇〇億人の桁に達し、さらに全国では約二〇〇億人以上が鉄道を利用している。コロナの影響で二割ていど減った状態で収束するとしても膨大なボリュームである。一方でリニア中央新幹線は、年間利用者数は二〇四五年の大阪開業時点でも年間一億〇五〇〇万人と推定（コロナ前）されている。[23]これは全国の鉄道利用者数の〇・五％以下である。一方リニア利用者は移動距離が長いため、利用者数でなく輸送量（人・km）でみた場合には数字が大きくなる。リニア名古屋開業時の輸送量の予測はさまざまな条件設定により異なるが、国交省の「中央新幹線小委員会」では一六七億人・kmとの数値（コロナ前）がある。[24]一方、在来線のうち平均通過数量一〇〇〇〇人／日のいわゆるローカル線の輸送量を全国で集計すると、リニアとほぼ同じ一五三億人・kmに達する。すなわちリニアだけに投資を配分する客観的な根拠はなく、在来線のローカル線の改良に振り向ければ同じだけ便益を享受する人々がいるのである。

中間駅の破綻

リニア新幹線は東京・名古屋・大阪の三大都市圏の連結が目的であり、それ以外の地域への便益は乏しい。中間駅は邪魔者扱いである。「中央新幹線小委員会」の試算資料[25]によっても、経済効果は東京圏・名古屋圏・大阪圏[26]が中心であり、途中県に帰属する便益は少ない。コロナ以前からも、実体経済に効果がなかったアベノミクス空振りにより予測の前提が崩れている。また経済効果が三大都市圏、ことに東京圏に集中するのであればむしろ災害時の脆弱性を増すことになり、リニア新幹線整備の趣旨の一つとして提示されている「災害時の代替ルート」とも整合しない。

公表されている中間駅予定地は、神奈川県駅が相模原市橋本駅付近、山梨県駅が甲府市大津町付近、長野県駅が飯田市上郷飯沼付近、岐阜県駅が中津川市千旦林付近であるが、いずれも中心市街地と離れており在来線の駅との接続も良くない。二〇〇七年にJR東海は東京〜名古屋間をリニア方式で全額自己負担による建設を公表したが、中間駅については地元負担を求めている。その後、中間駅の地元負担に対する反発による事業の遅滞を回避するため、中間駅についても自社負担を提示した。しかしこれらもコロナの影響で見通しは確実ではない。JR東海は開業時のダイヤを公開していないが、二〇一三年五月〜七月における地元説明会では、一時間あたり速達列車型（中間駅通過）七本と各駅停車型一本との想定を提示している。[27] すなわち長野県駅ほか中間駅では一時間に一本の停車と考えられる。神奈川県駅が現橋本駅付近に設置される相模原市では、独自に毎時三本停車との想定を設けて経済効果等を試算[28]しているが、JR東海が地元の要請に応じて毎時三本停車を実施するとは思われない。

また長野県駅が設置される飯田市については、アンケート調査に基づく利用意向などをもとに駅利用者数を一日四七〇〇〜七〇〇〇人と推定している。[29] しかし「全国幹線旅客純流動調査」によると、県境を越えて東京あるいは名古屋との行き来は大部分高速バスである。また東京あるいは名古屋から航空機に乗り継ぎさらに遠方へ向かう旅客も少数あるが、それを入れても一日の移動数（発と着の合計）は一八〇〇人程度である。東海道新幹線の駅と比較すれば、最も少ない三河安城の半分（コロナ前）の規模である。コロナ前の推計であるにしても、どこから七〇〇〇人などという数字が出て来るのか理解できない。こうした架空の前提に基づく地域への経済効果は当然ながら過大推計であり、開発投資に見合った経済効果や税収効果も得られず、自治体の負債を増すだけとなる。このような実態がありながら、中間駅の利用を後付けでこじつける言説が飛び交っている。最近の土木学会誌に掲載されたリニアに関する認識は次のとおりである。

森地茂は「リニア中央新幹線への期待は、圏域を変えることによって、文明、文化、経済を動かせるということです。[中略] 各省庁の方を交えたリニアの中間駅に関する委員会に出席しています。駅前広場と駅周辺のビルの議論になりがちですが、そうではない議論が必要です。例えば東京から長野県の八ヶ岳に行く場合、甲府でリニアを降りて向かうようになります。大阪の人が軽井沢に行く最短経路はリニアを甲府駅で降りて高速道路で向かうルートになります。広域的な移動のルートが大きく変わり、かつ県境を越えて、鉄道ではなく高速道路を活用するようになり、手段も変北します。一〇〇km圏ぐらいでどのように考えるかというのはとても面白いテーマです[30]」という。

また奥野信宏は「これからは高速交通の結節点の活用が重要になると思います。特にリニア新幹線の中間駅には期待しています。一つは就労と生活スタイルへの影響です。例えば中津川駅は、駅近くに行政がリモートオフィスを整備すればかなり利用されると思います。現在、名古屋駅まで在来線で一時間かかりますがそれが一〇分強に短縮され、東京へも四〇分程度になります。飯田は今は東京まで四時間、名古屋まで二時間半かかるのが、共に三〇分程度になります。これまでとは違って大都市圏が視野に入った日常生活になると思います。もう一つは、民間企業のオフィスがリニア沿線の中間駅に移ることへの期待です。例えば飯田はすでに部品企業の立地が始まっています[31]」という。リモートオフィスは移動の必要を最小限とすることを目的としているのだから移動時間の短縮は重要な要素ではなく、奥野の発言はまさに支離滅裂である。

まさに一九六九年策定の「第二次新全国総合開発計画（二全総）」で「新幹線、高速道路等のネットワークを整備し、大規模プロジェクトを推進することにより、国土利用の偏在を是正し、過密過疎、地域格差を解消」そのままの発想、あるいは同時期の『日本列島改造論』[32]と同じ半世紀前の「オワコン」である。国・自治体の官僚はこれに迎合し忖度した研究や政策を行わないと自分の居場所が失われる力関係に置かれているし、研究者も同じである。誰も責任を持たないまま壮大な浪費が進められている。

注

1 波床正敏・中川大「全国新幹線鉄道整備法に基づく幹線鉄道政策の今日的諸課題に関する考察」土木計画学研究・論文集、二九巻、二〇一二年、I―一〇、四九頁。
2 『静岡新聞』「リニア　二〇二七年開業困難『責任感じる』ＪR東海社長」二〇二三年二月一八日。
3 『静岡新聞』「新幹線停車増調査　湧水の不安解消が先だ（社説）」二〇二三年一月三〇日。
4 『中日新聞』「リニア　知事『遅れ、神奈川に責任』用地取得まだ五割」二〇二二年九月二三日。
5 樫田秀樹「リニアは実現可能なのか?」「オルタナティブな日本をめざして・第八一回」二〇二三年一月三〇日。
6 正式名称は「大深度地下の公共的使用に関する特別措置法」。http://www.mlit.go.jp/toshi/daisindo/index.html
7 東京外環道訴訟を支える会編・丸山重威著『住宅の真下に巨大トンネルはいらない！』あけび書房、二〇一八年。
8 樫田秀樹「リニア中央新幹線　人命にかかわる大深度工事問題」『住民と自治』二〇二一年六月。https://www.jichiken.jp/article/0240/

9 ＳＤＧｓメディアウェブサイト「ＪＲ東海の環境にやさしい取り組みをリサーチ！」。https://note.com/sdgs_media/n/n7d2d3b69f7b8
10 東海旅客鉄道（株）「中央新幹線品川・名古屋間の総工事費に関するお知らせ」（前出）。https://jr-central.co.jp/news/release/_pdf/000041054.pdf
11 「リニア中央新幹線の建設費五・四兆円の全貌を探る」『徹底解析!!最新鉄道ビジネス』洋泉社ＭＯＯＫ、二〇一二年、七五頁。
12 金田信一郎ほか「財投三兆円投入　リニアは第三の森加計問題」『日経ビジネス（電子版）』二〇一八年八月三〇日。https://business.nikkei.com/atcl/report/16/081500232/082400011/
13 横内正明前山梨県知事、宮島雅展前甲府市長（いずれも二〇一五年二月退任）が同様の感想を述べている。『ＳａｎｋｅｉＢｉｚ』二〇一三年七月六日。
14 たとえば運輸政策研究機構『二一世紀初頭の我が国の交通需要―交通需要予測モデル―』二〇〇〇年三月など。
15 東海旅客鉄道株式会社「超伝導リニアによる中央新幹線の実現について」二〇一〇年五月一〇日、二二頁。http://jr-central.co.jp/news/release/_pdf/000008050.pdf
16 中川明「リニア中央新幹線と航空との競争」『交通権』三六巻、二〇一九年、一〇四頁。
17 国土技術政策総合研究所「国内航空の運賃に関する分析」『国土技術政策総合研究所資料』№六一二、二〇一〇年九月。http://www.nilim.go.jp/lab/bcg/siryou/tnn/tnn0612.htm
18 東海旅客鉄道株式会社（前出）、三三頁。http://jr-central.co.jp/news/release/_pdf/000008050.pdf
19 「長期金利の上限〇・二五％に、黒田総裁「利上げではない」」『日本経済新聞』二〇二二年一二月二〇日ほか各社報道。
20 「リニア新幹線　夢か悪夢か」『日経ビジネス』一九五四号（二〇一八年八月二〇日）、二五頁。
21 第三回「中央新幹線小委員会」資料、東海旅客鉄道株式会社「超電導リニアによる中央新幹線の実現について」二〇一〇年五月。http://www.mlit.go.jp/policy/shingikai/tetsudo01_sg_000067.html
22 ＪＲ東海労働組合「リニア総工事費に関する経営協議会」『ＪＲ東海労』二〇二一年六月一日号。
23 第九回「中央新幹線小委員会」資料、「費用対効果分析等の調査結果について」二〇一〇年一〇月二〇日。http://www.mlit.go.jp/report/press/tetsudo03_hh_000015.html

24 「中央新幹線小委員会」第9回配布資料。http://www.mlit.go.jp/policy/shingikai/tetsudo01_sg_000086.html
25 「中央新幹線小委員会」第9回配布資料（前出）。
26 東京圏とは茨城・埼玉・千葉・東京・神奈川、沿線他県とは山梨・長野、名古屋圏とは静岡・岐阜・愛知・三重、大阪圏とは滋賀・京都・奈良・和歌山・大阪・兵庫を指す。但しＪＲ東海の需要予測では滋賀・和歌山は考慮なし。
27 http://company.jr-central.co.jp/company/others/assessment/faq/q19.html
28 三菱総合研究所「平成二三年度リニア中央新幹線検討調査業務委託報告書」二〇一二年三月。
29 （一社）計量計画研究所「平成二四年度官民連携推進支援調査事業　リニア中央新幹線飯田駅（仮称）施設規模の検討業務報告書」二〇一三年三月、五二頁。
30 「ポストコロナの国土交通論」『土木学会誌』一〇七巻一〇号、二〇二二年、一六頁（森地茂発言）。
31 同前（奥野信宏発言）。
32 田中角栄『日本列島改造論』日刊工業新聞社、一九七二年。

第10章

鉄道活用のための政策

これまで見てきたように、国の公共交通政策はきわめて貧弱なものであるが、それとともに地方自治体（都道府県・市区町村）においても「地域公共交通」は重要な政策課題として認識されていないのではないか。ある県のウェブサイトに、公共交通の利用促進との趣旨で資料が掲載されていたが、その中のJR時刻表はダイヤ改正前の古いままだった。担当者自身が公共交通を利用する認識がない。交通計画に関する研究や実務も大都市の問題に偏しており、地域公共交通に関する計画手法がない[1]。

大都市の交通に関する議論や研究が多い一方で、小規模都市・人口密度の低い地域の交通に関する政策的な議論は乏しい。車がなければ日常生活が成り立たない地域の構造が作られてしまったため、八〇歳代になっても車を運転せざるをえない状態に陥っている。高齢者の免許返納を奨励する一方で、代わって生活に必要な交通をどのように確保するのかに対する提言はほとんどない。鉄道の経営が成り立たなければバスでよい、それもだめなら乗合タクシーでよい、結局は車に相乗りにすればよいというように、ブレーキの壊れた車で坂道を転げ落ち崖から転落するような議論しかみられない。

コロナ前（二〇一九年）年とコロナ期（二〇二〇年）の「減少率」として比較すると、新幹線と大都市圏・幹線での減少率が大きいのに対して、意外にもローカル線の減少率のほうが少ない。すなわちローカル線ほど代替手段が乏しい利用者が利用している可能性もある。高齢者の運転事故が指摘されても地域交通の課題とはリンクして考えられていない。免許返納者にバス乗車証・タクシー券などの公共交通クーポンを支給するなどの施策はみられるが、「車がないと日常の用にも外出が困難」という状況の地域では、現在の政策の延長では車に代わるほどサービスレベルの高い公共交通は供給できないのではないか。ＪＲさえ地方路線をできれば放棄したい意図を仄めかしている。一方で国・地方自治体は、道路交通に対しては最盛時より減ったとはいえ巨額の財源を配分しているが、地域公共交通に対しては道路財源の端数、計算誤差ていどの支援しか行っていない。

日本の鉄道政策の経緯

国鉄は一九四九年の発足から一九八七年の解散まで三八年間の歴史があり、同年に発足したＪＲは本書執筆時点で三六年になりおおむね同じ年月が経つ。国鉄発足前の日本の全国的な鉄道のネットワークは「公設・公営」であった。これに対して国鉄は「日本国有鉄道法（国鉄法）」に基づき設立された「公社」で、経営形態の観点では国鉄も「公設・民営」の一形態であり、ＪＲへの移行を「民営化」と称することは必ずしも正確ではない。ただし大多数の国民は長らく「公設・公営」の印象を抱いていたと思われる。

国鉄法には「能率的な運営により、これを発展せしめ、もつて公共の福祉を増進することを目的として」との記載があり、効率性を軽視していたわけではない。一方でＪＲに改編する根拠法である

「日本国有鉄道改革法（国鉄改革法）」では「我が国の基幹的輸送機関として果たすべき機能を効率的に発揮させることが、国民生活及び国民経済の安定及び向上を図る上で緊要な課題であることにかんがみ、これに即応した効率的な経営体制を確立するため」と記述されている。

国鉄の分割民営は大きな流れでみれば規制緩和政策の一環である。一九六〇年代以降の自動車輸送や航空輸送の増大により、鉄道が独占的であった交通分野で市場が競争的となり、鉄道の側が従来のような規制と内部補助の枠組みでは対抗できなくなり、鉄道の競争力を発揮できるように枠組みを変えることが規制緩和の本来の目的であった。これは日本だけではなく海外でも、当時ＥＵ発足を控えた欧州でも共通の背景であった。一方で規制緩和を行うからにはイコールフッティング（自動車輸送と鉄道輸送の競争条件を公平にする）や上下分離（線路など施設の部分と運行部分を分けて運営する）などの施策と一体の議論が必須であった。また地域の生活交通など非市場的な分野に対する配慮も必要とされる。

ところが日本の国鉄民営化は海外の鉄道民営化とは似て非なるものであり「撤退の自由」と「減量経営の正当化」だけを趣旨とする規制緩和が導入された。このため鉄道の競争力の低下は不可避となり、もともと「効率的」な経営を行っていたはずの民鉄まで引きずられシェアが低下している。ＪＲ発足直後の短期間にはバブル経済の影響で輸送量の全体が増加したため、分割民営を支持した論者の中には、鉄道が混雑するようになったことを分割民営の成功の証と述べる珍説さえ登場した。[2] こうした枠組みで実施された民営化であるから、多数の地方交通線が廃止された一方で大都市圏の利用者にも利益をもたらさず、地方中小私鉄まで路線の廃止が続出した。

またJR各社は本業が疎かになり、JR西日本の福知山事故はじめ基本的な安全にも懸念が及ぶようになった。これは交通分野における規制緩和を提唱する研究者や具体的な政策立案者の多くが「道路族」「建設族」の関係者もしくはその影響下にあったことも一因である。この構造を変えないかぎり、いかなる公共交通政策も利用者本位に改善されることはない。一九八〇年代後半の「国鉄改革」には異常ともいえる政治的努力が払われたが、それと同等の努力を以て「再改革」を行わなければならない。

また当然ながら、公的投資を伴う鉄道事業は政治と不可分の関係を有する。本書では詳述できないが、明治からコロナ後までの陸上交通（鉄道・道路）と政治の関連・経緯を中立的に要約した佐藤信之（亜細亜大学・鉄道ジャーナリスト）の著書『鉄道と政治』が参考になる。[3]

ローカル私鉄については、国は、インフラ部を自治体が所有し維持するスキームを用意した。だが、自治体は負担が増えるので、私鉄が希望してもなかなか自治体が応じないケースもみられる。地元が真に必要とするならば、政治的な選択によって解決できる問題であり、こんご個別に当事者間で協議を進めていくべきであろう。

それに加えて、国による経営支援の仕組みがほしい。国は平成九年（一九九七）に経営補助を全面的に廃止したが、たしかに補助金に頼って効率化意欲を損ね、モラルハザードに陥ることがあった。しかし、そのような弊害を回避しながら、鉄道の経営を支える方法は考えられる。すなわち、利用者の数に対して一定のルールに基づいて、金銭を支給する方法である。通学定期の割引額の一定率を自治体を経由して支給する方法もある。私鉄の通学定期はＪＲに比べて二～三倍と高額である。現に、志望先の高校や大学の選択の範囲が狭められる結果となっているが、これは文教費のなかで対応してほしいところである。

鉄道は、費用の大半が建設時に支払い済みで、少しくらいの旅客の増加では総費用が増加しない。つまり旅客の増加につながる施策を講じることで、劇的に収支が改善する可能性がある。

また、ＪＲ東日本など本州三社や大都市の大手私鉄も、長期的に収益性が低下しそうである。依然として通勤混雑の問題が解決しないなかで、設備投資の原資となるべき利益が減少してしまう。これにも地方自治体を経由した国による支援が必要である。現在すでに、地下鉄を含む都市鉄道の輸送改善投資にはさまざまな支援制度が存在しているが、いずれも投資計画に対する支援策である。企業が投資意欲を高める方策として、都市鉄道においても旅客数なり旅客人キロに応じた資金の支給の制度が必要になるだろう。

また、公営交通ではすでに実施しているが、高齢者に対して低額の全線パスを提供し、利用実績に応じて割引額を自治体を経由して国の厚生労働省の予算で支給する方法も望まれる。[4]

分割民営スキームの破綻と有識者「提言」

分割民営に際して自民党は、一九八六年五月に次のような意見広告を新聞各紙に掲載した。[5] 分割民営に関して議論されていた当時の反対・懸念に対する公式見解でもある。

国鉄が…あなたの鉄道になります。
民営分割　ご期待ください。
○全国画一からローカル優先のサービスに徹します。
○明るく親切な窓口に変身します。
○楽しい旅行をつぎつぎと企画します。
民営分割 ご安心ください。
○会社間をまたがっても乗りかえもなく、不便になりません。運賃も高くなりません。
○ブルートレインなど長距離列車もなくなりません。
○ローカル線（特定地方交通線以外）もなくなりません。
62年4月を目指して新しい鉄道をみなさんと一緒に考える――自民党

同年の秋には分割民営関連化法案の審議が国会で行われている。当時の新聞[6]によると次のような国会の状況が報じられている。

百十四年の命運　五十八時間で「審議つくせ」の声通らず　怒号、つかみ合う委員
日本国有鉄道の看板を下ろす国鉄分割・民営化関連八法案が、二十四日［注・一九八六年十

月」夜、衆院特別委員会で可決され論戦の第一幕が下りた。百十四年に及ぶ「日本国有鉄道」の命運を決める衆院特別委の実質審議は九日間、延べ五十八時間だった。論議は十分、尽くされたのか、疑問点や問題点は十分、解き明かされたのか［後略］

こうした経緯で決まった国鉄の分割民営であるが、ＪＲ各社が都市部や新幹線、関連事業の収益によって鉄道ネットワークを維持するスキームは崩壊し「ローカル線（特定地方交通線以外）もなくなりません」という約束は破綻した。一九八七年のＪＲ発足時点から時間が経過して状況が変化したためとの説明がなされるかもしれないが、二〇〇一年には改めて「当分の間配慮すべき事項」として国土交通省の告示[7]が発出され「現に営業する路線の適切な維持に努めるものとする」と記載されている。これは一九八七年の各ＪＲ会社の発足時点では、株式会社ではあるが「ＪＲ会社法[8]」に基づき政府機関等が株式を保有する特殊会社であったところ、二〇〇一年に同法の改正によりＪＲ東日本・ＪＲ東海・ＪＲ西日本が同法の適用を外れ、いわゆる「完全民営化」に順次移行するに際して、配慮すべき事項として示されたものである。

なおＪＲ九州については二〇一六年に株式を上場し完全民営化されたが、本州三社の民営化とは異なる特殊な経緯がある。ＪＲ九州は北海道・四国とともに国鉄から引き継いだ鉄道ネットワークを維持するために、国鉄債務の継承を免除するとともに経営安定基金（三八七七億円）を交付して運用益で営業損失を補塡する枠組みが適用された。二〇一四年度でもまだ営業損失を計上していたが、その状態では完全民営化ができないため「改正ＪＲ会社法[9]」により基金を資産に振り替える処理が行われた。

これは「安定基金と同様の機能を持たせた[10]」と説明されてはいるが、税金を原資とする安定基金を国に返さず「もらい切り」にしたのであり、このような枠組みは不当だとの指摘もある。[11]同社はJR北海道より相対的に経営環境は良いが、単独維持可能な路線は北九州地域と新幹線だけである。もらい切りにした資産はいずれ更新が必要になるが、完全民営化したことにより公的な支援策は絶たれるため、やがて重大な危機を迎える可能性がある。現にJR九州では二〇二三年三月のダイヤ改正で普通列車の減便が始まっている。

そして日本で初めて鉄道が運行された一八七二年から一五〇年にあたる二〇二二年に地方交通線に関する大きな動きがあった。国土交通省は二〇二二年二月から「鉄道事業者と地域の協働による地域モビリティの刷新に関する検討会[12]」を開催し、同七月には「地域の将来と利用者の視点に立ったローカル鉄道の在り方に関する提言～地域戦略の中でどう活かし、どう刷新するか～」を公表した。[13]

「提言」の冒頭に「地域の公共交通は、地域住民の日常生活や社会経済活動の基盤として、地方創生の実現や岸田政権が掲げる［デジタル田園都市国家構想］の実現に不可欠な存在であり[14]」とあるが、地域公共交通がデジタル田園都市国家構想と何の関係があるのか。「提言」では「廃止ありき、存続ありきという前提を置かずに[15]」と謳っているものの、デジタル田園都市などを持ち出す時点で廃止を奨励する姿勢が露呈し、またタイトルに相違して「地域の将来と利用者の視点」にも欠けるきわめて無責任な内容である。

検討会は、委員として主に研究者（ほか報道関係一名）、オブザーバーとして鉄道・バス事業者、自治体関係団体（全国知事会・全国市長会・全国町村会）、国土交通省関連部局で構成されている。しかし

「利用者の視点」を掲げながら利用者の利害を代表する構成員は参加していない。地域モビリティを論じるのに利用者はステークホルダーではないのだろうか。個別にみれば、研究者や自治体関係団体の中には間接的に利用者の視点を反映する構成員はいるが、検討会そのものの成り立ちからしてすでに議論の限界を露呈している。

検討会の「提言」を要約すると、地方路線の廃止や地元負担増にむけたJRと関係自治体との「協議会」を国が主導して設置し、三年で結論を得るなどとして、国交省はこれに基づく法案を通常国会に提出する。

協議の対象となる線区は平均通過数量一〇〇〇日／人未満、ピーク時の一時間あたり輸送人員五〇〇人未満の線区で、二〇一九年度（コロナ前）実績で六一路線・一〇〇区間）がこれに該当する。

この「協議」では結局のところ、存続するならば利用者には運賃値上げ、沿線自治体には「財政負担」が求められる結末が用意されている。一方で国の支援としては、鉄道存続の場合でも、ＢＲＴ（バス専用道などを使用するバス）や路線バス転換の場合でも、「新たな投資」や「追加的な投資」への支援のみで、持続的な運営支援は行われない。他の政策分野でもみられるように、公共交通の分野でも国の責任を最低限にとどめ「自助・共助・公助」の延長線上に位置づけている。

「提言」の中で「国の主体的な関与」とされているのは協議会の設置だけであり、地域公共交通を継続的に維持する本来の目的に対しては関与が示されていない。[16]「提言」では、都道府県庁所在地など拠点間を結ぶ特急列車等が走行する線区、貨物列車が現に走行している線区および災害時や有事に走行する可能性が高い線区は、当面協議の対象としないことが適当であるとする。しかしこれも当面維持することをＪＲに期待するというだけで継続的な支援等は示されていない。

国土交通省が鉄道存続に消極的な姿勢を示しているのは今に始まったことではない。同省は以前にも「持続可能な公共交通を目指す」[17]として需要規模に応じた多様な交通手段を有機的に組み合わせ云々と提言していることに対して、中瀬亮太（大阪大学大学院・当時）らは、実質的には鉄道からバスへの転換等を奨励していることを指摘し、「多様」とは行政や事業者といった供給側）にとっての評価であって利用者目線ではなく、利用者からみて選択肢が狭まることは多様化ではなく、地域の持続化に関しては十分に考慮されていないと指摘している。[18]

「交通手段再構築」の評価

前述のとおり二〇二三年二月には「提言」を受けて「地域公共交通活性化法改正法」が閣議決定された。国土交通省の解説によれば「地域の関係者の連携・協働（共創）を通じ、利便性・持続可能性・生産性の高い地域公共交通ネットワークへの『リ・デザイン』（再構築）を進める」との目的が掲げられている。法案通り可決・施行された場合、重大な影響が予想される。

法案の内容は、鉄道ネットワーク維持の観点では「提言」よりもさらに後退している。法案によると「交通手段再構築」は鉄道事業者と地方公共団体（都道府県・市町村）が主体であり、国は協議会の設置に関与するのみである。実質的には「鉄道事業者がローカル線の廃止を望めば、国がそれを追認する」という枠組みとなっている。「提言」では「廃止ありき、存続ありきという前提を置かずに」と謳っていたにもかかわらず、法案は実質的に「廃止ありき」の方向性が強く打ち出された。しかも鉄道からバス（その他のモード）に転換したところで、それが持続的に維持される枠組みは用意されていない。

法案の特徴について国土交通省では次のように解説している。[19]

(1) 地域の関係者の連携と協働の促進
(2) ローカル鉄道の再構築に関する仕組みの創設・拡充
(3) バス・タクシー等地域公共交通の再構築に関する仕組みの拡充
(4) 鉄道・タクシーにおける協議運賃制度の創設

(1)に関しては、国の努力義務として「関係者相互間の連携と協働の促進」が示されているが、法案では、国（国土交通大臣）が地方公共団体や鉄道事業者から要請があった場合に「再構築協議会」を組織するとしているが、国が主体となって地域公共交通を維持発展させる役割は記述されていない。どのような路線が協議の対象となるかについて、「提言」では「平均通過数量一〇〇〇日／人未満、ピーク時の一時間あたり輸送人員五〇〇人未満」等の目安が示されていたのに対して、法案では「輸送需要の減少その他の事由により大量輸送機関としての鉄道の特性を生かした地域旅客運送サービスの持続可能な提供が困難な状況にある区間」との抽象的な記述にとどまっている。また「提言」では都道府県庁所在地など拠点間を結ぶ特急列車等が走行する線区や、貨物列車が現に走行している線区などは、当面協議の対象としないことが適当との記載があったが、これも法案では言及がない。

その一方で鉄道事業者が協議会の組織を要請できるとされるから、結果として鉄道事業者が廃止したい線区を挙げれば、どの線区でも協議会が設置される道筋がつけられた。これが強行されれば本書の「はしがき」に示したように、新幹線と大都市周辺以外の線区は消滅する。協議会の設置は「国が認めた場合」との条件付きになっているが、具体的にどのような基準で選定されるのかは不透明である。なお「提言」では、協議会が設置された場合には最長でも三年以内に合意に至るようにとの時間枠が示されていたが、法案では時間的な制限の記載はない。

(2)に関しては、地方公共団体又は鉄道事業者からの要請により設けられる協議会において「再構築方針」が作成されれば、それに基づいて鉄道のサービスレベルを改善するための設備面・運行面などについて「鉄道事業再構築事業」を実施することは可能である。現行法でも類似の枠組みがあるが、対象は民営と第三セクター事業者であり、ＪＲは対象外である。全国的なネットワークを担うＪＲに対する積極的な支持はみられない。

(3)については、関係法令の改正等により鉄道からバス（その他のモード）への転換を促進する方向での細かい施策が設けられているが、技術的・断片的な項目に偏り、転換したところでそのモードが持続的に維持される枠組みは設けられていない。

(4)の協議運賃制度とはこれまでにない制度であるが、「協議が調《ととの》ったとき」には国土交通大臣への届け出により運賃等を定めることができるとされる。しかし公的な財政支援がないままに「協議運賃」を定めれば、現実の結果としては「値上げ」に至らざるをえないと思われる。現在でさえＪＲの「地方交通線」に分類される線区には割増運賃が適用され、中小民鉄や第三セクター鉄道はＪＲより割高の運賃となっているところ、ますます地域の利用者の負担が増す。

地域の関係者の連携・協働を強調するわりには、利用者の意見を反映する枠組みは不明確である。協議会の構成員として、国土交通大臣、地方公共団体、鉄道事業者、利用者、学識経験者などが例示されているが、過去の同種の組織体の構成・運営を参照するかぎり、この構成で利用者の意見が反映されるかは疑問である。結局のところ「交通手段再構築」とは、鉄道事業者（主にはＪＲ）の意向を国が代弁し、路線廃止を追認・促進する枠組みと評価せざるをえない。一方で鉄道を廃止して代替交通モードに転換しても、その持続性に関して国は何ら責任を持たず、財源も配分しないまま連携・協働の名の下に国の責任を放棄するものである。

「地域」とはなにか

しばしば「地域」という用語が多用されるが何を指しているのだろうか。報道などでは「東北地域」等と表現する場合があるように相当な広域を指す場合もある。地域公共交通に関する法制度として「交通政策基本法」「地域公共交通活性化法」がある。通常、法律では冒頭に必ず用語の規定が置かれるが両法とも「地域」という用語を規定なしに用いており「地域とは何か」についての定義はない。

「地域」といってもある時は町内会単位であり、また別の時は都道府県単位にもなる。

しかもこれから問題になる線区は、複数の市町村さらには複数府県をまたがる広域的な問題である。慣例的には多くの場合、地域として市町村が想定されるが、近年は広域合併が行われ東京都より面積が広い自治体も出現した。一つの自治体内でも周辺部から役場の本庁に用事があると数十㎞の移動が必要になる場合もある。市役所の職員が市内に出張するのに日帰りできないと揶揄されるほどである。「住民も自治会などで話し合ってどうすれば鉄道やバスをもっと使えるか考えるべきだ」などという一見示唆的な言説もみられるが、そのような関与が可能な制度的な枠組みも存在しない現状では不当な要求である。しかもこれから問題になるのは複数の市町村からときには府県をまたがる広域的な問題であり自治会レベルの話ではない。こうした発言の裏には「現実の多くの住民はどうせ地域公共交通に無関心なのだから、政策課題として重視する必要はない」という意識が感じられる。なお「地域公共交通活性化法改正法」では協議会の設置を要請する主体は「地方公共団体」とされているので、行政用語の定義としては都道府県と市町村（東京都特別区を含む）を指すことになる。

挑発的な言い方になるが筆者は「乗って残そうローカル線」ではなく「乗らずに残そうローカル線」を提唱している。地域公共交通が公共インフラでありセーフティネットである性格を考えると、いわゆる「頑張る地域」では地域公共交通が存続し、そうでない地域では消滅してもやむをえないという位置づけではない。これは、地域のかかわりの相違によって、雇用保険や生活保護など基本的な社会保障が提供されない地域が生じるという差異は容認されないのと同じである。また地域交通はまちづくりと不可分の関係にあるので議論は必要だが、住民など地域交通のステークホルダーにまちづくりまで関与を要求するのは不当かつ過剰な要求である。

「地域交通を地域で支える」という方向性は一つの糸口ではあるが、都道府県をまたがり、あるいは全国的なネットワークにまで地域に責任を求めることは現実的でない。こうした無理なスキームの結果、整備新幹線の開業に伴う並行在来線の分離に際して、県ごとに第三セクター鉄道が小間切れ（東北本線から岩手県内のいわて銀河鉄道、青森県内の青い森鉄道、北陸本線から新潟県内のえちごトキめき鉄道、富山県内のあいの風とやま鉄道、石川県のＩＲいしかわ鉄道など）に設立され、一般の人は聞いたこともないような県境の駅で分割されるなどは利用者本位といえるだろうか。

提案されているスキーム

平均通過数量が低い線区の典型としてしばしば注目される芸備線東部（岡山県新見市～広島県庄原市・三次市）が関連する中国地方では、地元紙の取材に対して斉藤鉄夫国土交通大臣が「半分以上は残るのではないか」等の見通しを示している。[20] ただし今回の事態の特徴として、国鉄の分割民営前後に廃止された（第三セクター等に移行しなかった線区）は、北海道では長大路線が多かったが他の多くは短距離あるいは行き止まり線（いわゆる「盲腸線」）であったのに対して、今後は「本線」を名乗る幹線の途中区間も数字上では廃止協議対象となる。

全国知事会でも「提言」に関して意見を表明し、主にＪＲが担う全国的な鉄道ネットワークの全体の方向性に言及がないこと、かりに形態を転換するにしてもその持続性に言及がないこと等に懸念を示している。全国的な鉄道ネットワークは国土強靱化や地方創生、国土の均衡ある発展などの観点からの必要性、公平に安定して確保されるべきユニバーサルサービスとしての役割などから、国が重要な社会インフラとして明確に位置づけ、維持を図るべきであるとの見解を示している。引用すると、

①国鉄改革（分割民営）を改めて検証し、基幹的線区以外の線区も含めた全国的な鉄道ネットワークを維持・活性化するための方向性について示すこと
②ＪＲ各社の地方路線の果たす役割が引き続き堅持されるように国の責任において同社に対する経営支援及び指導を行うこと
③再構築協議会の設置を法令上位置づけること。また、当該事業者の全路線の収益に関する情報が開示され、それを踏まえた上で個別の路線の役割や在り方が議論される仕組みとすること
④提言で例示する新たな形態（上下分離・ＢＲＴ・バスその他）の合意に至った場合、その持続可能性について法律等で担保するとともに国において十分な支援額を確保すること
⑤モード転換の際には当該ＪＲ路線に接続する第三セクター鉄道等に対しても必要な支援を行うこと

等を国に対して要請している。[21] 本書で指摘する内容もほとんどこれらの項目のいずれかに該当するものである。特に⑤については、これまで県・自治体の支援で維持してきた第三セクターが、接続するＪＲの線区の撤退により孤立してしまうおそれがある。ことに全国知事会会長（提言当時）が鳥取

県知事であることに着目すると、同県で国鉄若桜線を継承した第三セクターの若桜鉄道（JR西日本・因美線郡家駅〜若狭駅）の状況が典型例である。若桜鉄道は起点でJR西日本・因美線に接続しており、運行上も線内から因美線を経て鳥取駅まで直通運転を行っている。若桜鉄道は各地域の国鉄の廃止路線を継承した第三セクターの中でも最小レベルの事業者であるが、以前から集客努力を続け、コロナ直前の二〇二〇年三月には駅設備を増設して列車を増発するなど積極的な運営を行ってきた。こうした線区は、その由来が国鉄ローカル線からさらに分岐するローカル線という性格であったため、その元が廃止されてしまうとこれまでの努力が水泡に帰する。

「提言」では、再構築の事例という位置づけで次のパターンを例示している。

①第三セクター化
②分社化
③上下分離
④みなし上下分離（組織的な上下分離はしないものの費用負担等で実質的な上下分離の効果を期待する）
⑤車両の購入支援
⑥高速化・複線化
⑦駅施設の合築化（公共施設等との一体化）
⑧スマート化（電子決済など新技術の導入）
⑨バスとの共同経営

⑩ＬＲＴ化
⑪ＢＲＴ化、バス化
⑫寄付金を活用した支援

「上下分離」は新規性のあるスキームではなくすでに行われている。施設（軌道・トンネル・橋梁・駅など構造物）の「下」部分を所有・管理する組織と、列車の運行の「上」部分の組織を分ける方式である。一般に下が公有・公営で上が民有・民営である。ＪＲ発足直後の新幹線は「新幹線鉄道保有機構」が施設を保有し、ＪＲ東日本・東海・西日本は同機構に貸付料を払って運行していたが、これも広義の「上下分離方式」である。その後も整備新幹線の枠組みで建設された北海道新幹線・東北新幹線の盛岡以北・北陸新幹線・九州新幹線は貸付方式である。ただし車両はＪＲ各社が保有・管理している。

上下分離方式の背景には道路と鉄道の競争条件を公平にするという考え方（イコールフッティング論）がある。道路交通では一般にインフラが公設・公有で、利用する側は車両の保有と運行を負担するのに対して、鉄道では事業者がみずからインフラも運行も負担する。鉄道でも同様に施設部分を公設・公有とし運行は民営とすれば公平な条件に近づくという考え方である。分離した以上は「オープンアクセス」すなわち「上」は自動車と同じように複数の利用者が自由に参入できる前提であるが、実際には列車を運行するには専門性が必要であり参入できる事業者は限定される。またＪＲ貨物は自前の線路をほとんど持たずＪＲ旅客会社の路線上で貨物列車を運行しているが、上下分離の一類型といえる。また第三セクター方式は鉄道として存続する場合に最も多用された方式である。しかし成功とはいえない事例もあり、佐藤信之（亜細亜大学、交通政策）はその背景について指摘している[22]。

第三セクターは、このサプライサイダーの経済政策の影響を受けて、公共部門の縮小を目指した政策の一つであるということができるかもしれない。しかし、実際には民間の出資は低調で、ほとんど民間出資がない第三セクターというものも実在する。民間企業は、公共部門の事業活動につきまとう非効率に用心していたということができるかもしれない。その結果、民間活力の導入というよりも、むしろ公共主体に対する民間側の最低限のつき合いとして出資していたという側面が強かった。第三セクター鉄道の民間出資者というと、電力会社など地元の公益企業や金融機関が名を連ねることが多かった。第三セクターは、公共部門に対する民間活力の導入という点では失敗であった。むしろ公共部門の非効率が企業経営の重石となって立ちふさがり、官民共同出資の形を取った結果、公共側の経営上の責任は出資比率に限定され、問題が起こった場合は民間との間で責任のなすり合いが行われるなど、多くの問題を抱えることになった。しかし、公共側から見ると、新たに特別会計を設置したり、公営企業を新設するよりははるかに容易に設立することができた。法律や条例を制定する必要はなく、出資額について予算手続きが必要であるだけである。かつては、民間活力の導入として、政策的に設立が奨励されたこともあった。本来の第三セクターの位置づけは、むしろ公共性が高いものの採算性に疑問があるプロジェクトについて、公共部門が財源と責任を分担して民間部門のリスクを軽減するところに役割があったのではないだろうか。

収支以外の評価が不可欠

公益事業でも効率性を無視することはできないが「効率性」と「採算性」は全く異なる議論である。自治体単位のかかわりが生ずる地域公共交通に関しては、「公共交通に公費を投入するくらいなら福祉に回すべき」といった意見に対して説得力のある説明を用意する必要がある。公共交通の機能を担っているかぎりは、路線別の収支だけを存廃の評価基準とすることは合理的ではない。鉄道を収益事業ではなく公共インフラと位置づけるべきであるという意見はすでに数多く表明されているが、たとえば宇都宮浄人は以下のように述べている[23]。

欧州では、鉄道は収益事業とみなされていない。公的な支えが必要な「社会インフラ」と位置づけられている。さらに重要なことは、過度にクルマに依存した社会が環境悪化など様々な問題を引き起こし、生活の質を低下させ、地域を衰退させるという認識を共有している。EUは〇一年の交通白書で過度な道路依存から脱し、あらゆる移動手段の「バランス」を取ることを目標に掲げた。

そもそも、地域衰退の悪循環を打破するには、公共交通が、住民が思わず乗りたくなる利便性や乗り心地、さらには観光客を引きっける魅力も備える必要がある。地方の生活の質を上げれば若者が流出せず、観光客が増えれば地域も再生する。公共交通は「最低限の移動」をかろうじて守るだけの存在ではなく、鉄道についても目先の収支ではなく広く社会にもたらす効果を考え、活用しているのである。

近年は鉄道が存在することによって社会的にもたらされる便益を考慮した鉄道事業の評価がなされるようになった。たとえば福井県のえちぜん鉄道（旧京福電鉄から第三セクターとして継承）では旧京福電鉄から路線を継承し地域公共交通の軸として位置づけているが「えちぜん鉄道公共交通活性化総合連携計画」[24]に記述されている評価項目は次のとおりである。

①利用者に帰属する便益として時間短縮便益（バスより速達性がある）・交通事故減少便益・移動費用減少便益（バス運賃より低廉）、②外部便益としてCO_2減少便益・道路渋滞緩和便益が挙げられている。また③波及効果として観光振興効果・経済効果（中心市街地の活性化など）・土地利用促進効果（沿線人口の増加など）・医療費節減効果（大規模医療機関にアクセスしやすい）、④存在効果として間接利用効果、オプション効果、代位効果、遺贈効果、イメージアップ効果、地域連携効果が挙げられている。えちぜん鉄道は地方鉄道といえども平均通過数量が二〇〇〇人／日前後あるので、将来的にもCO_2減少便益は期待できる。なおこの検討は沿線五市町が連名で実施しているが、その枠組み自体が地域鉄道存続の一つの手がかりを示唆している。

このほか存廃問題に際して費用便益分析が報告された事例として、筆者が把握するかぎりでは一畑電鉄・島根県（分社化し一畑電車として継続中）、富山ライトレール・富山県（ＪＲ西日本・富山港線を継承）、和歌山電鐵・和歌山県（南海電鉄・貴志川線を継承）、上田電鉄・長野県（上田交通より分社化し継承）、鹿島鉄道・茨城県（存続に至らず）、日立電鉄・茨城県（存続に至らず）、名古屋鉄道岐阜市内線と路面電車・岐阜県（存続に至らず）、いすみ鉄道・千葉県（国鉄・木原線を継承）、秋田内陸縦貫鉄道・秋田県（国鉄・角館線、阿仁合線を継承）等がある。これらの報告の多くは国土交通省「鉄道プロジェクトの評価手法マニュアル」[25]の手法に準拠して行われている。本書執筆時点で参照可能な資料を章末に紹介する。[26]ただしこれらの評価はいずれも個別的であり、評価の対象項目の選定そのほか条件設定などの枠組みが確立されていないとの指摘もある。[27]

ＪＲの地方交通線に関してこのような評価を取り入れて存廃を論じた事例（研究的評価を除く）は報告されていないが、地域の鉄道の機能は経営形態によらず同じはずだから同様に便益が発生しているはずである。筆者の前著では、ＪＲの地方交通線について時間短縮便益と交通事故減少便益を一覧的に推計して紹介した。[28]また本書では新たに判明したデータを使用して、全国（ＪＲ・民鉄・第三セクター）のいわゆる「赤字線区」について、鉄道利用者の時間短縮便益と並行道路の渋滞緩和便益を改めて推計した。個々の試算結果は膨大なので表示は省略する。各鉄道事業者は線区別のデータを公開していない場合があり全線区を網羅することは現状ではできないが、試算が可能であった二七四線区の合計として、単年度評価として時間短縮便益が四七三億円と渋滞緩和便益が一〇六九億円、合計で一五四二億円と推計された。一方でこれらの線区での「赤字」（営業収益のマイナス）の合計は一六四四億円であった。データの不足により試算できなかった分を考慮すれば、全国で地方鉄道路線の存在による社会的便益は狭義の「赤字」を上回ることが確実と思われる。

こうした評価を別の側面で捉えた考え方として「クロスセクターベネフィット」という評価がある。これは「提言」の中でも言及されているが、[29] クロスセクターベネフィット（あるいはクロスセクター効果）とは「ある部門で実施された施策が、他の部門に利益（節約）をもたらす効果」である。もしその施策がなければ他の部門に出費が発生する影響をもたらす。これを交通にあてはめれば、地域公共交通サービスが存在することにより、医療・福祉・まちづくり等の行政費用が節約されている効果を指す。もし地域公共交通サービスを廃止すればそれらの費用が新たに必要になるはずである。モデル計算の一例として西村和記らは人口五万人程度の地方都市を想定して試算した結果、この地域で公共交通の維持のために国・県・市で合計七〇〇〇万円を補助しているとして、その半面でクロスセクター効果の観点で産み出している便益は三億五六〇〇万円にのぼると試算している。[30] 評価する項目として、医療（送迎サービス）・福祉（タクシー券配布、移送サービス等）・商業（訪問販売）・交通事故対策・教育（スクールバス）などが挙げられている。

実際に政策評価に利用可能なクロスセクター効果の試算例としては、滋賀県の近江鉄道の存続問題を対象に行われた事例がある。[31] 近江鉄道線のクロスセクター効果として、仮に近江鉄道線が廃止された場合に必要となる分野別代替費用の合計と、今後一〇年間を想定した近江鉄道線の一年間の国・県・市町の財政支出と事業損失額を比較して算出した。その結果、仮に近江鉄道線が廃止された場合に必要となる分野別代替費用は、最小で一九・一億円／年と推計され、国・県・市町の財政支出額と近江鉄道線の事業損失額の合計六・七億円と比較すると、両者の差として近江鉄道線のクロスセクター効果は一二・四億円／年と推計される。クロスセクター効果がプラスであることが確認されたことから、近江鉄道線を廃止して代替施策を実施するよりも、近江鉄道線を維持存続する方が効果的であるとしている。評価項目は前述のモデル計算と同様であるが、追加項目としては財政（土地の価値低下等による税収減収）が挙げられている。なおクロスセクター効果は「提言」でも言及されている[32]が、「提言」におけるクロスセクター効果は「存続により地域にメリットがあるのであれば費用は地域で負担せよ」という位置づけがされており、国の責任とは結びつけられていないので評価には注意が必要であろう。

道路には「道の駅」がある。形態はドライブインあるいは高速道路のSA・PAであるが、自治体と道路管理者が連携して設置し、休憩施設、地域振興施設等の機能を併設する。このため「半公共財」「公共性のある経営体」と位置づけられており「上下分離」の一形態（自治体が施設を建設し提供する）とみなせるとする研究者もある。[33]道の駅が上下分離であれば鉄道の駅も上下分離で考えてもよいのではないか。第3章でも触れたがすでに公共施設合築などで実質的にその形態になっている例もある。もし鉄道事業者から駅の負担を分離すれば、鉄道存続に大きな効果があるのではないか。「赤字だから仕方なく引き受ける」という発想でなく、より積極的に位置づけてもよいのではないか。

財源整備のスキーム

地域公共交通には、道路事業と比べて端数か計算誤差ていどの財源しか配分されない。現在、国として鉄道に対する欠損補助の制度はなく、バス等への運行補助はあるが全国で合計しても年間三〇〇億円程度である。一方で道路予算は四兆五〇〇〇億円に達する（二〇二〇年度）。また東日本大震災の被災から復活した三陸鉄道は注目すべき成功事例ではあるが、復旧費用は九二億円であったのに対して、復興道路の額は国費で一兆四〇〇〇億円から二兆円と報じられている[34]。しかも第6章で触れたように、復興道路の供用に伴い地域の路線バスの本数が一挙に三分の一に減少するという負の影響さえ生じている。

一例であるが、神奈川県において横浜湘南道路（七・五km）、高速横浜環状南線（八・九km）の自動車専用道路の事業が実施されている。前者は二〇〇五年に、後者は一九九九年に工事着工された。計画当初は右肩上がりの自動車交通量の増加が予想されていたが二〇〇〇年以降は実績として減少に転じ、将来はさらに減少が予想されている。こうした土木事業の常態として、進捗中にさまざまな追加・変更やトラブル対策が発生し事業費の膨張が発生する。二〇二〇年での評価に対して、わずか二年後に前者は四六〇〇億円から五七〇〇億円に、後者は五八二〇億円から七九二〇億円に増加する見込みである[35]。神奈川県内の十数kmの道路事業だけでこの規模の公費が配分されるのであるから、全国ではいかに膨大な公費が道路事業に投入されているかが理解できよう。「提言」では「まさに『頑張っている地域』を応援する文脈で活用されるべきである[36]」とあるが、それでは「頑張らない地域」では地域公共交通が提供されなくてもかまわないと位置づけているのか。道路・河川・港湾などの土木事業や、教育関連（高校まで）、生活保護・社会福祉などには「地方交付税」の制度がある。これは各自治体の財政力の差によって前述の基本的な公共サービスに偏在が生じないように、一定の算定方式（基準財政需要額）に基づいて国から財源を再配分するしくみである。[37] これらの基本的な公共サービスは「頑張る自治体」には提供され、その他の自治体には提供されなくてもよいだろうか。道路が地方交付税の対象なのに地域公共交通はなぜ対象外なのか合理的な根拠が示されたことはない。しかも道路を整備するほど自家用車の利用が促進されて地域公共交通に対して不利な状況が加速される影響もあり、国レベルの交通政策の課題として議論の必要がある。国民の基本的人権を保障する国の責務を放棄したも同然である。資源配分の歪みを是正せずに「頑張る自治体を応援」などという説明は欺瞞である。

鉄道はネットワークとして機能する。区間別の収支は各種検討のためには必要なデータであるが、それだけを基準に区間ごとに存廃を判断すればネットワークが分断され、いわゆる「蛸の足喰い」現象が発生してそれに接続していた区間の輸送量が次々と目減りし、連鎖的にネットワークが崩壊する。

ネットワークを維持する方策として多くの論者から提案がなされているが、それらを整理すると一定の共通項が見出される。第一は短期対策であり、数年の範囲内でどのような対策を講じることができるかの点である。そのためには現行の制度の枠組と財源（新立法などを必要としない範囲）で実行可能な対策を早急に実施する。

第二は恒久対策であり、個別の弥縫策（経営安定基金積み増し・安全対策費補助など）にとどまらず持続的な鉄道ネットワークの維持のために鉄道の経営形態そのものの変革が必要となる点である。これには国の法律レベルでの議論が必要となる。

第三は前項とも関連するが、今後も完全民営化が事実上困難と思われるＪＲ北海道・ＪＲ四国・ＪＲ貨物の組織的あるいは制度的な統合である。ことに貨物輸送の比率が大きいＪＲ北海道については日本全体の物流との関係でも検討する必要がある。いずれにしても長期対策では上下（あるいは上中下）分離が必要という見解は各論者とも共通している。

また前述のように狭義の採算性だけでなく外部便益やクロスセクターベネフィットを評価に加える以上は、実際の組織形態は何にせよ上下分離の枠組みが必要となる。現在は例えばJR北海道に対して経営安定基金積み増しと助成金・無利子貸付、追加支援などの援助を行っているが、これらのうち貸付金は無利子とはいえ返済義務があり将来の返済義務がある。鉄道ネットワークの持続的な維持に結びつくかは疑問がある。恒久対策の範囲では宮田和保（北海道教育大学）は次のように提案している。[38]

○JR会社法を改正し、JR北海道および四国について完全民営化の放棄を明示
○JR北海道とJR貨物を統合（新会社）し鉄道支援機構（仮称）が株を保有し交通サービスの提供を保証する
○ユニバーサルサービス料金の導入（郵便・電気・通信等と同様の考え方）
○JR各社からの法人税の一部を特定財源化しJR北海道に充当する
○新会社の株を道・市町村に譲渡する
○「地域公共交通活性化再生法」の活用（ただし地域の個別対策でなく国家的な総合政策の中での位置づけが必要）

大塚良治（江戸川大学）は財務的な統合として、JR全社を対象に持株会社（仮称・日本鉄道グルー

プホールディングス）を創設しＪＲ各社をその傘下に組み入れることを提案している。既に株式を公開した本州三社と九州については、第三者割当増資または株式公開買付けにより株主総会において拒否権を行使できる発行済み株式の三分の一超を持株会社が取得するとしている。この方式で二〇一六年度の予想配当額を上場四社合わせておよそ一一〇〇億円とすると、株式の三分の一を取得すれば三六七億円の配当収入をＪＲ北海道などの支援に回すことが可能と試算している[39]。

これら長期的対策はいずれも法律改正と財源措置が必要であり、国レベルでの議論が必要となる。いずれにしても単にＪＲ北海道・四国・貨物の救済という観点ではなく、鉄道ネットワークの維持が国民全体にもたらす利益に対する認識を広めることが必要である。前述のように全国の鉄道事業者を合算すれば約一兆三五〇〇億円の営業黒字（二〇一九年度）であるから、前述のように「全国鉄道基金」といったしくみを設ければ、現状の鉄道ネットワークの維持どころか、ドイツのように廃線区間の復活と改良、新規路線の建設（第10章参照）も現実に可能である。

また佐藤信之（前出）は安定的な資金調達スキームとして次のように提案している。

> 国の道路整備費を一〇〇〇億円削減して、この金額を地方に交付金として再分配する。国費が減少したのに対応して地方費もその分減少するため、地方でも地方単独事業分の削減を含め一〇〇〇億円程度の道路財源を捻出することで、あわせて二〇〇〇億円がまず基金に積み立てられる。さらに、これに国・地方の一般会計からの繰り入れをそれぞれ一〇〇〇億円ずつ積み立てると、年間四〇〇〇億円の金額となる。これを五年間の債務負担行為で実施すると二兆円の基金が

用意できることになる。各自治体へは一定のルールに従って配分されることになるが、大雑把に一都道府県当たり二〇〇億円から二〇〇〇億円程度の金額となるであろう。

この半分はもともと道路投資額から転用したものであるので、これを道路に使うならば道路整備への影響はないし、全額道路整備に充てれば道路整備は今までよりも促進されることになる。一方、公共交通を永く存続させるために長期的に活用したい場合には、基金を運用して益金を公共交通に対する資本費補助、維持・管理費補助などに充てるというのも良いだろう。あるいは、資金計画が見込み違いで建設費用の返済が進まない鉄道に対しては、鉄道資産の一部を基金で買い取って負債を削減するのも良いであろう。

なおこれとは別に、線区の特性や事業形態を問わず「災害復旧基金」の機能を有するしくみの創設が不可欠である。新幹線や大都市圏の鉄道は、かりに大規模な自然災害で大きな被害を受けても、そのまま放置・廃線に至ることはまず考えられず何らかの復旧対策が講じられてきた。しかし地方鉄道路線は災害に対してさらに脆弱である。二〇二三年四月末現在で長期不通となり再開時期が不明な線区は、米坂線・陸羽西線・津軽線・花輪線（以上ＪＲ東日本）、肥薩線・日南線・日田彦山線（以上ＪＲ九州）、木次線（ＪＲ西日本）、根室本線（ＪＲ北海道）、南海電鉄高師浜線、くま川鉄道湯前線、大井川鐵道大井川本線である[40]。なお陸羽西線と南海電鉄高師浜線は災害ではなく工事等の影響である。また木次線は雪害とされているが、除雪費用の節減を目的として多雪期の運休が慣例化しており「冬眠」と称される状態である。

分野ごとの提言

(i) 整備新幹線

前述のようにもともと整備新幹線は、一九七三年一〇月の田中角栄内閣による「全国新幹線鉄道整備法」によって計画が決定された。このうち五線は、名称の若干の変遷はあるが、東北（盛岡～青森）、北海道（青森～小樽～札幌）、北陸（東京～長野～富山～大阪）、九州（博多～熊本～鹿児島）、長崎（博多～長崎）として現時点までに概ね開業あるいは着工されている。加えて当時の高度成長を背景に、五線の他に「基本計画線」として一二線三五〇〇㎞が掲げられていた。

一九七七年～七八年にかけて自民党は景気浮揚策として着工の圧力をかけ、一方で国鉄の長期債務が問題とされ分割民営へと進む中で、国全体の交通政策とは無関係に強行された。国鉄が存在している間に手をつけておく等の姑息な手段が用いられ、将来構想の一環として駅の駆け込み改築などが行われた例もある。しかし財源や並行在来線の問題は先送りされ、発足したばかりのＪＲ各社も慎重な姿勢を見せ、特に並行在来線の廃止で事業が不可能となるＪＲ貨物は警戒を示している。種村直樹は、ＪＲ発足の時点でもこれらは「亡霊」だと称して、最初の五線についても見直すべきだと指摘していた[41]。

筆者は一九九四年の時点で、整備新幹線のうち在来線に比べてわずかな時間短縮にしかならないルートについては在来線の改良を優先すべきであり、新幹線方式で建設するにしても低コスト型（たとえば単線方式）を採用すべきであると提言した[42]。山形・秋田の両新幹線については在来線直通方式が採用されたことにより、結果的にそれに近い形態となった。既存の新幹線では最高速度を五〜一〇％減速することにより、社会的には騒音・震動・エネルギーの低減をはかり、事業者としても車両や線路の保全経費の低減をめざすべきである。新幹線といえども最高速度で連続して走行する区間は一部であって、必ずしも最高速度に連動してトータルの到達時間が短縮されるわけではなく、最高速度を多少低下させても総合的に大きな影響はない。従来は移動時間は無駄時間と認識され、できるだけ移動時間を短縮することが交通の機能と考えられてきた。鉄道でも数分の所要時間の短縮のために巨額の投資を行う例もある。

しかし最近は時間価値に対する考え方が異なってきたのではないか。近年は乗車中にもパソコンが使用できインターネットに接続できるとなれば、オフィスと完全に同等とはいえないまでも、ビジネスでも移動時間は必ずしも無駄時間とは限らなくなってきた。所要時間を多少短縮したところで鉄道のシェアが高められることはない。むしろ前述の北海道新幹線の例のように、乗り継ぎのダイヤの不整合によって待ち時間を含めた実質的な所要時間がかえって増えるなどのケースもみられる。

リニア新幹線に対する評価は第9章で取り上げているが、新幹線全般に対する魅力も低下している。建設中の新幹線は「全国新幹線鉄道整備法」に基づく建設であり沿線自治体の負担が前提であるが、事業費の膨張や工事・着工の遅れなどから沿線自治体の評価は厳しくなりつつあり、自治体財政の制約からもかつての誘致熱はみられなくなっている[43]。現時点で未開業の区間は、リニア以外では北海道新幹線の新函館北斗～札幌（着工済）、北陸新幹線の金沢～敦賀（着工済）、北陸新幹線の敦賀～新大阪（未着工）、九州新幹線長崎ルートの新鳥栖～武雄温泉（未着工）であるが、いずれも開業の見通しは不透明である。

一方でいまだに整備新幹線の建設促進を唱える地域もある。最近では大分県で東九州新幹線（福岡から大分・宮崎側を経由して鹿児島まで）の整備推進期成会のシンポジウムが開催された[44]。しかし現状のJR九州の平均通過数量をみると、日豊本線の大分駅～佐伯駅は五〇〇〇人／日以下、佐伯以南は一〇〇〇人／日以下であるから、前掲のとおり国交省の「提言」に照らせば廃止協議対象になりかねない状況である。

かりに建設が決定すればJRは並行在来線の分離を条件とするであろうから、並行在来線の存続問題の生起は不可避で自治体の負担がさらに増す。整備新幹線は公費で建設するので打出の小槌だと思っているのだろうか。

一方で北陸新幹線の敦賀以西については、福井県小浜市から京都駅を経由して新大阪駅に至るルートが二〇一六年に決定しているが、京都縦断区間の約六〇kmの大半が大深度工事になり、関連自治体では陥没事故、地下水や河川への影響、残土処理などの懸念が示されている。新聞社の世論調査（二〇二二年四月）では、「推進」が三割未満、「再検討」「中止」が合わせて六割に達した。また建設費は二〇一六年時点で二・一兆円と試算されているが、各地の整備新幹線はじめ土木事業で建設費が膨張していることから自治体財政への影響も指摘されている[45]。

(ii)在来線におけるダイヤの改善

加藤博和(前出)は鉄道が基幹交通機関としての機能を担うためには、自動車では代替できない速達性、定時性、おトク感をいかに出すかについて「郊外の無料P&R(パーク・アンド・ライド)、待たずに乗れ専用軌道(レーン)で信号停止のない高速安定走行、集客施設・地区へのアクセスが良好なこと、アクセス・イグレス(二次交通)との完全結節、表定速度(停車時間なども含めた起点から終点までの実質的な平均速度)五〇km/時(都市内では二〇km/時)、運転間隔三〇分(都市内一五分)が必要であるとする。[46]

筆者の体験では、横浜市内のバス停で待っていたところ、後から来た若い人が時刻表をのぞきこみ「一五分に一本だって! 冗談じゃない」と言って通りがかったタクシーに乗っていった。家田仁(前出)は「ドライに言えば、ローカル線の多くは役割を終えているのではないか」という一方で「欧州ではローカル路線でも日本でいえば幹線並みの質の高さがある。日本では、北海道のように本線でも単線だったり、非電化だったりする」[47]と述べている。ローカル線のサービスレベルの低さはインフラ不足が原因と指摘しながら、その解消ではなく廃止に同調する一方通行の議論には整合性がない。

一つの提案として、線路や車両の増備など大きな追加的投資を必要とせずにサービス改善が可能な「タクトダイヤ」がある。タクトダイヤとは、個々の路線を毎時同分(毎時〇分、毎時〇分・三〇分など)のパターンダイヤとした上で、一つの路線内だけではなく接続する路線との乗り換えを地域全体

図10-1　タクトダイヤの例

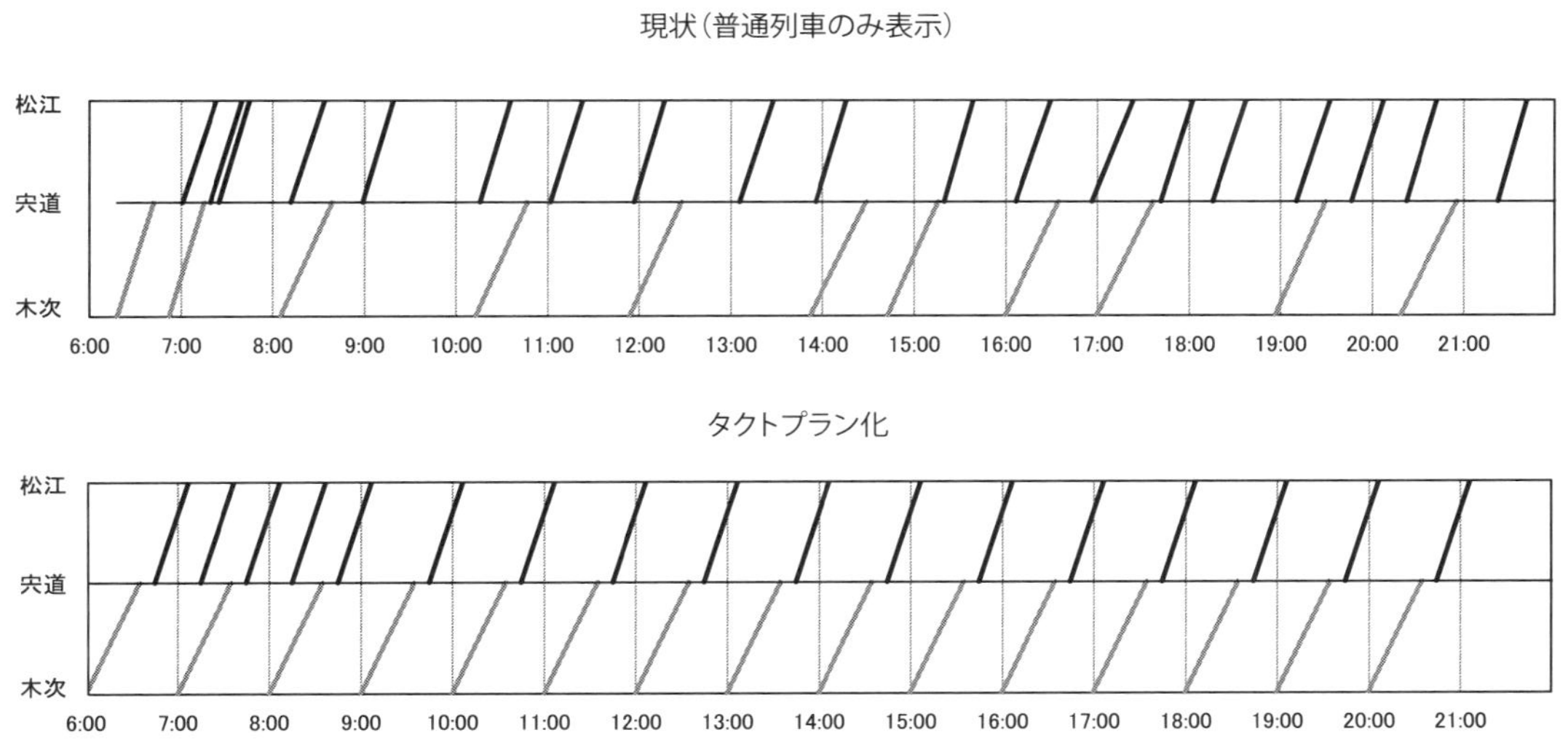

で面的に整合させる手法である。これにより利用者からみて乗り継ぎによる損失時間を最小にするなどのメリットがあり、事業者にとっては運行経費の削減に寄与する場合もある。

EU圏で導入が進んでいるが必ずしも外来の発想ではない。東海道新幹線が開業（一九六四年）した当初は、ひかり・こだまが毎時一本ずつ毎時同時分に発車するダイヤであり、従来の在来線特急とは全く異なるコンセプトであった。さらに東海道新幹線の新大阪（後に岡山）から先の在来線では新幹線と接続する特急（急行）が運転され、一種のタクトダイヤであった。また在来線の都市間輸送でも一九七二年から「エル特急」として同様に毎時一本ずつ毎時同分に発車するダイヤが各地で設定された。これらは、ネットワーク全体としてではないもののタクトダイヤの一種といえる。一例として島根県内の山陰本線と木次線のタクトダイヤ化を想定した例を紹介する。木次線は山陰本線の宍道駅から分岐する路線で、上り方向は松江（県庁所在地）への需要が多い。しかし図10―1上のように日中は列車間隔が大きく開く時間帯があり、山陰本線との接続が良くない便もある。そこで同図下のように山陰本線と合わせて一時間等間隔のタクトダイヤ化とすると、どの時間帯も均等に列車が運行され待ち時間も最小化する。実際には山陰本線と木次線は単線であり、図のように整然としたタクトダイヤにはならないとしても、列車本数全体をそれほど増やさずに利便性の向上ができるのではないか。

(iii) 都市圏の鉄道

大都市圏で鉄道はどのくらいの経済価値（外部便益）を生み出しているのか推計してみる。道路交通の分野では、道路の容量を増やすことによって渋滞が解消されることによる時間節約効果を経済価値として評価している。もしそのような評価をするならば大都市圏の鉄道の経済的な存在価値も同様に評価されるべきである。かりに鉄道ネットワークがなかったとして、現状の交通量を道路（自動車交通）で処理しようとしたら渋滞はどのくらい激化するだろうか。二〇一一年三月一一日の東北地方太平洋沖地震に際して、当日の夜に東京都市圏の大部分の鉄道が運行を見合わせた。このため自動車での移動（家族による送迎など）を試みた人もあり、東京都市圏の道路では深刻な渋滞が発生した。もし鉄道がなかったらそのような状態が日常化することになる。もし東京都市圏に鉄道がなければ、道路を利用する全員に対して時間の損失が生じることになる。東京都市圏全体にわたって発生する時間損失を経済的価値に換算すると、粗い計算ではあるが平日だけを集計しても年間およそ四五兆円に相当する。すなわち東京都市圏に鉄道が存在しなければこの金額に相当する経済的損失が発生するはずである。この関係を考慮すれば、鉄道の混雑解消その他のサービスレベル改善のためにいくらかの公費を投じることは正当化されるであろう。

日本では一九六〇年代から七〇年代にかけて、自動車交通の妨害になるとして多くの都市で路面電車が廃止された。東京二三区には最盛時には延長二一三㎞の路線ネットワーク（都電）があり年間五億五〇〇〇万人を輸送していた。限られた面積に人と物の動きが集中する大都市では、道路の効率的な利用が必要であり、路面電車を利用したほうが経済的観点では便益が大きい。もし現在も都電のネットワークが利用されていたらどのくらいの便益が発生したか試算する。二三区の主な道路に路面電車を専用軌道として復活させたとすると、車線面積が全体で約一五％占有される。その一方で自動車交通から路面電車へ転換することにより、自動車の走行量が朝夕ピーク時で約二六％減少する。双方の影響を合わせると二三区の朝夕ピーク時の平均走行速度が一九・六km／時から二二・一km／時に向上する。わずかな差のように思えるが、このとき二三区を走行する自動車の利用者全体がその恩恵を受けるのであるから、時間価値で換算（前出）して全体を積算すると年間約二〇八〇億円の時間便益に相当する。言いかえれば都電を廃止したことによってそれだけの便益が毎年失われてきたのであり、全域ではないにしても都電の復活は検討すべきである。

「小さい交通」

大野秀敏（元東京大学、都市計画）らは「小さい交通」を提唱している[48]。近代社会はこれまで「大きい交通」すなわち遠く・早く・大量を目指してきた。それは航空機・新幹線・高速道路によりかなりの程度まで達成され、人々の暮らしの質を高め多様化させてきた功績の一方で、「大きい交通」が都市を支配することによって弱い地域や弱い個人は置き去りにされる弊害を生じた。「大きい交通」と最も基本的な「徒歩」との間に「小さい交通」を介在させることを提案している。具体的な乗り物として足漕ぎ車椅子、電動車椅子、手漕ぎ自転車、電動バイク、電動スクーター（ウィル）、自転車タクシー、人力車、小型モノレール（スロープカー）、斜面移送システム、斜行エレベーター、低速小型電動バス（イーコム・エイト[49]）、小型ＥＶ（ファン・ヴィー、アイ・ロード）が例示されているが、単にこれらの道具を用意しただけでは「交通」としては機能しない。自家用車はほんらい「小さい交通」の性格を備える一方で、これが高速（高規格）道路と結びつくと俄かに「大きい交通」に変質してしまうという指摘は重要である。都市のあり方、ライフスタイルに対する考え方を見直す必要がある。

吉田樹は、高齢者の免許返納に福島県郡山市・安積町地区でのタクシー会社による会員制乗り放題システム（月額一万円）を調査し、会員数六六名を獲得し、うち七名が免許返納に至ったと報告している[50]。これは単にシステムの枠組みだけの問題ではなく、サービス供給者に対する信頼性が成否に影響すると指摘している。この事例では何ら新規性のあるハードウェアを導入していないが「小さい交通」の一形態といえる。

身体的条件の制約などから徒歩・自転車では対応できず自動車の機能が必要な範囲では、超小型モビリティの利用が考えられる。二〇一九年四月の東池袋自動車暴走事故では、東京都区部の中での移動のために八七歳（当時）の男性が運転していた。東京都区部では、人口のうち鉄道駅から五〇〇mまで六一％、一kmまで八八％、二kmまで九九％がカバーされている。それでも自ら運転するほうが移動が楽なため運転していたと考えられるが、これは自動車というより電動車椅子としての利用形態である。

もともと東京都区部では自動車の平均走行速度は二〇～三〇km／時ていどであり、最高速度をこの程度に抑えた超小型モビリティがあれば、仮に他の交通主体に衝突したとしても被害は軽減されたはずである。東池袋の事故に関して、そのような高齢でなぜ運転するのかと批判がみられたが、二〇二二年一月には川崎市で高齢とはいえない五〇歳（当時）の女性運転者がわき見運転で同様の事故を起こしている。

現在、超小型モビリティとして一～二人乗りの車両で、法的には原動機付自転車の枠で「ミニカー」と、軽自動車の枠で「認定車」「形式認定車」の枠が定められている。市販車としてはトヨタではC＋ｐｏｄ等がある。トヨタの説明によると、C＋ｐｏｄの最高速度は六〇㎞／時で、高速道路を使わない近距離移動には充分な速度であり、満充電からの走行距離は一五〇㎞であり日常の移動には充分としている。[51]公道走行には普通運転免許（軽自動車枠の車両）が必要で、一般車両と混在して走行する以上はやむを得ないが高齢で免許証を返納すれば使えない。また平均的な世帯では、三人以上の家族・グループでの移動もあるので通常の乗用車も必要となる。ただしC＋ｐｏｄのメーカー希望小売価格は通常のコンパクトカーと同程度の価格帯であることから、C＋ｐｏｄは富裕層向けの複数保有の奨励の性格を有する点に注意が必要である。

原田昇（中央大学・交通工学、都市計画）は「交通まちづくり」の観点から、まちづくりと一体となった交通整備を提案している。[52]まず「歩いて暮らせる」まちづくりが重要である。人との交流すなわちソーシャルネットワークは心身の健康にとって重要である。コロナでは逆に「ソーシャル・ディスタンス」が重視されたが、これはあくまで緊急事態であって「新しい日常」として固定すべきではない。活動の低下はフレイル（虚弱）のリスクを増すことは既に多くの指摘がある。さらに原田は「歩けなくても暮らせる」まちづくりも提起している。その手段としては外出支援・移動販売・移動代替（通信手段など）である。言いかえれば「小さい交通」の重視であり、マイカーに依存して「駐車場の中に街がある」ような都市では実現が不可能である。公共交通を軸としたコンパクトシティが前提となる。

道路空間の再配分

「大きい交通」から「小さい交通」[53]へ、「速い交通」から「遅い交通」へ、「高い交通」から「低い交通」をもっと重視すべきである。前二者は説明不要と思われるが「高い・低い」とは、見上げるような高架や地の底に降りる上下移動を伴わず、できるだけ平面で構成された交通ネットワークである。鉄道を降りたら同じホームの目の前にバス乗り場があるような交通体系である。自動車が最短距離を使う一方で、歩行者がぐるぐると大回りさせられたり上下移動を強いられるレイアウトは未来のあるべき交通の姿ではない。

これまでの交通政策では「交通」といえば自動車交通を指し、自転車や歩行者は脇役どころか自動車交通の邪魔者と位置づけられてきた。交通研究者の間でも二〇世紀のうちは、自転車交通を研究テーマとすると「夏休み自由研究」と嘲笑されたという。しかし今こそ「低速交通」の役割に注目すべきである。①鉄道が最大限利用されている東京都二三区、②大都市ではあるが自動車依存度が高い愛知県名古屋市、③典型的な「クルマ社会」とみなされる福井県福井市の三パターンについて調査した結果では、典型的な自動車依存社会の福井都市圏でさえも「低速交通」の分担率は二割あり、名古屋都市圏で三割、東京都二三区では四割近くに達する。すなわち「低速交通」に配慮した都市・道路（街

図10-2　道路空間の再配分―姫路市の例

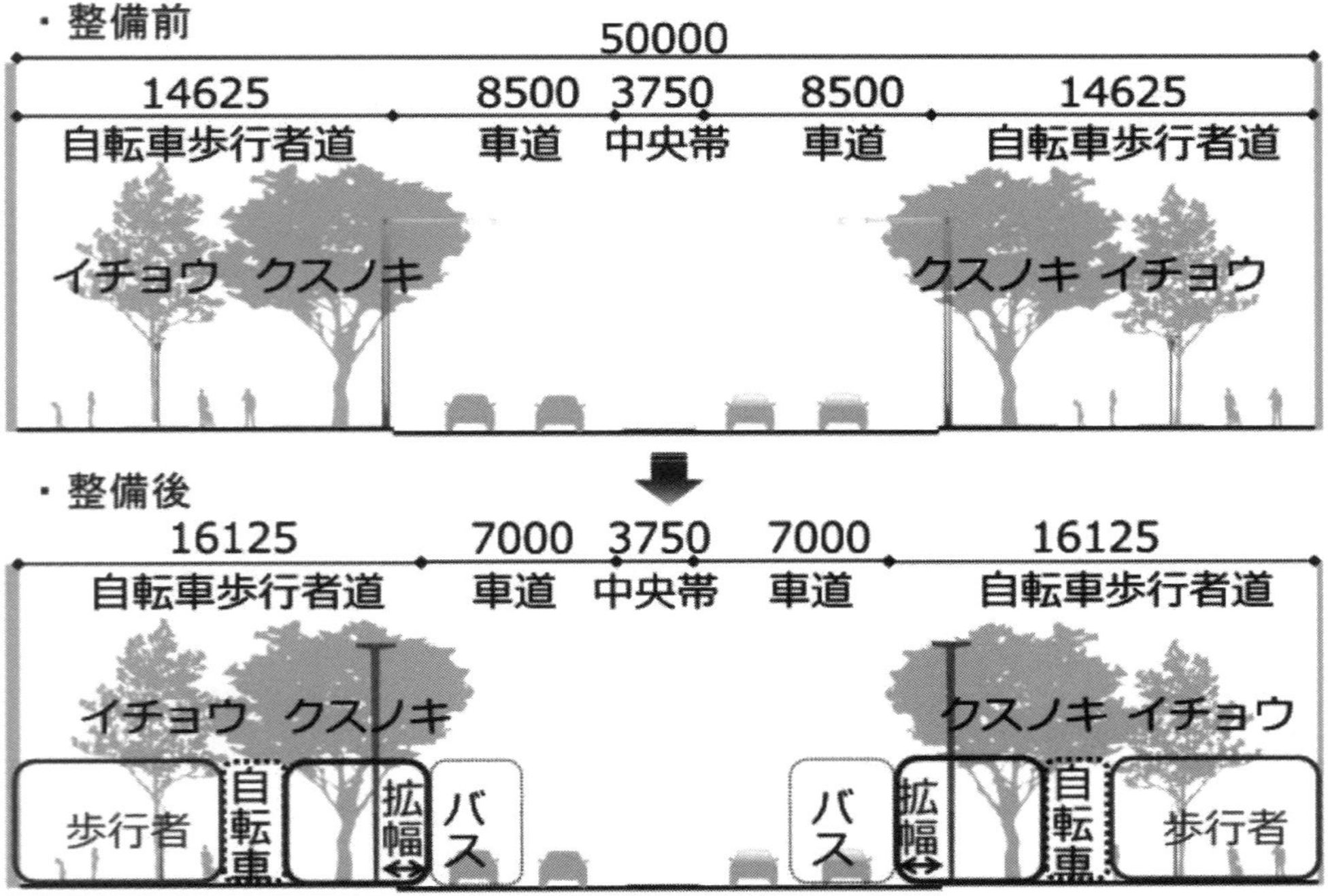

路）のあり方が求められる。

図10-3　自転車走行空間の妨害

道路の使い方が変わらなければ道路交通の分野で人々のモビリティ改善にはならない。道路空間を再配分することによって、道路空間の有効利用、環境の改善、移動制約者への配慮など、より効率的に都市交通の質を高めることができる。これは空想ではなく実際にEU圏では数多く実施され、日本でもいくつか実施例がある。元から路面電車が存在した愛媛県松山市の「花園町リニューアル事業[54]（二〇一七年）」や、兵庫県姫路市の「姫路市・大手前通り再整備[55]（二〇二〇年）」のように、車道を削減して歩行者・自転車・公共交通に道路空間を再配分する施策である。図10―2に姫路市の例を示す。

　東京都では二〇〇八年から自転車通行空間の整備が始まったが局部的にとどまっている。一方、二〇一二年から生活道路を中心に警視庁が「自転車ナビマーク（青矢印の路面表示）」の導入を始め、二〇一六年からそれが交通量の多い幹線道路にも拡大された。並行して、法的に自転車は車両という解釈から自転車の車道通行を指導するようになった。しかしこれは自転車利用者に危険をもたらしているとの指摘もある。[56]

図10―3（写真）は千代田区内の「自転車ナビライン」である。写真の箇所は東京五輪を契機に設定された。[57]しかしこのナビラインとは「自転車の通行方法を示す表示」の意味しかなく、自転車の保護・優先は法的に規定されていない。写真のように駐車車両で自転車の通行が妨害される場合が多いが、警視庁は「駐車車両があったら避けて走れ」などと本末転倒の解説をしている。[58]二〇二〇年五月一二日には自転車の配達員が首都高速を走行する事案が発生した。[59]警視庁の任意聴取に対して配達員は「時間短縮のために首都高速を走った」と説明したが、このような実態では首都高を走りたくなるのは当然である。むしろ首都高速に自転車レーンを設けたほうがいいのではないか。

必要なサービスレベル

第7章で触れたように、いま社会のあらゆる分野でSDGsが注目されている。

別の側面で見ると、SDGsの目標は人々のQOL（生活の質・Quality of Life）をいかに改善するかと言いかえることができるが、QOLとして何が重要か、優先度の高低は個人の属性（社会的条件）によって異なる。かりに集団としての集計値（たとえばGDP）が向上したからといって、個人のQOLが改善するとはいえない場合もある。この考え方は、ブータンが掲げたGNH（国民総幸福量、Gross National Hapiness）[60]とも対比して考えることができる。林良嗣（中部大学、交通工学）は、個人のQOL

図10-4　生活インフラへの距離別人口

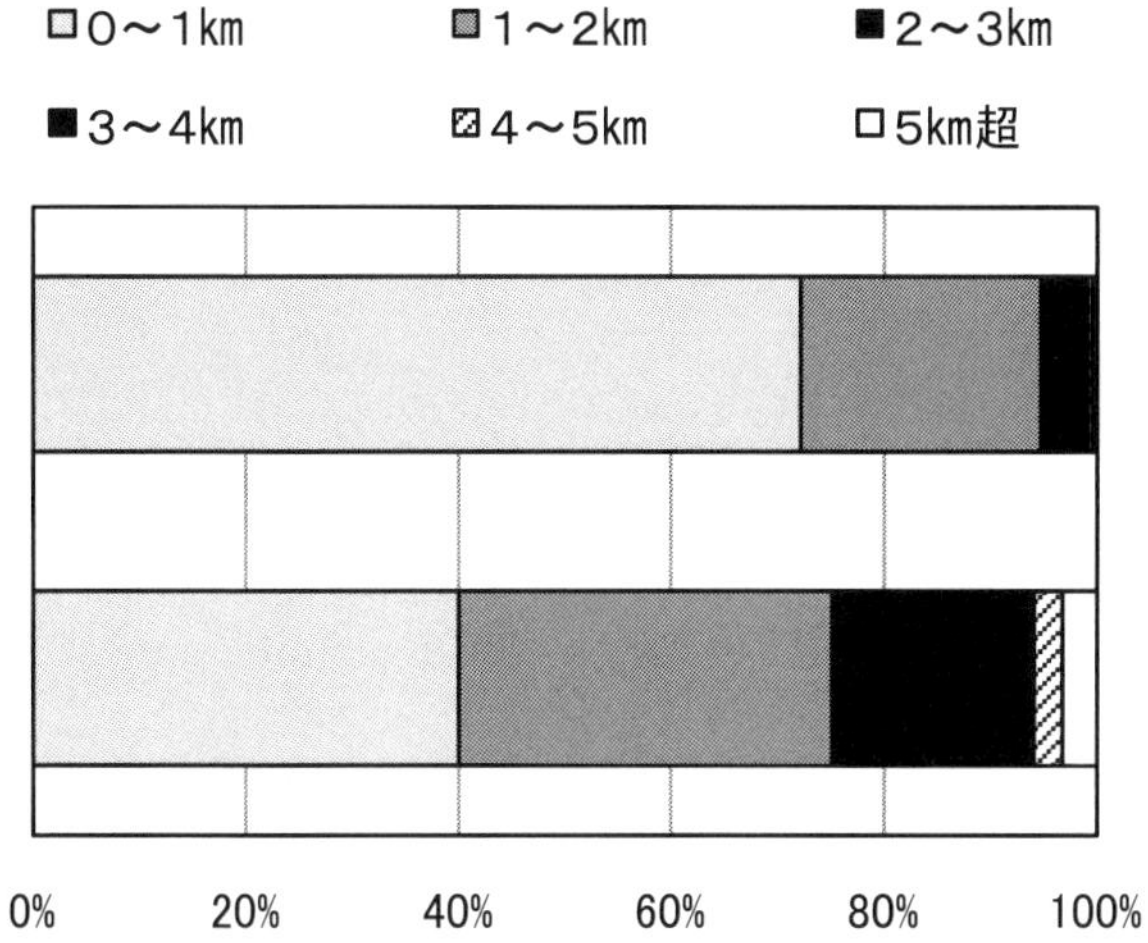

を合計すればＧＮＨに相当する指標となると提案している[61]。

市民生活を考えた場合、地域における「生活の質」を確保する要因はいくつか考えられるが、生活必需的な社会インフラとして代表的な最寄りの医療機関を例として、どのくらいの割合の住民がどのくらいの距離でアクセスできるかの分布状況について、東京都と愛知県で比較した結果[62]を図10－4に示す。東京都では、七割以上の住民が徒歩・自転車で容易に移動可能な一km以内の距離でアクセスできるのに対して、愛知県ではその割合が四割にとどまる。距離が延びれば何らかの交通手段が必要となる。自分自身で車が利用できず、公共交通がなければ誰かに乗せてもらわなければならない。モビリティの格差により生活の質が左右される。愛知県は一六年連続（二〇一八年まで）で交通事故死者の日本ワースト一位を続けた。同県は「愛知県道交法」「名古屋走り」などと揶揄されるように運転マナーが悪いから交通事故が多いとも言われているが、それは根本的な要因ではない。地域の構造が車を使わざるをえないからである。

公共交通のサービスレベル（運賃・料金、所要時間・運行頻度その他、第5章参照）は高いに越したことはないが、経営形態が何であれ財源・人員などのリソースは有限である。政策目標として、何をどれだけ提供すればいいか、それにはどのくらいの負担が必要なのか、数値的な指標が必要となる。これより「社会的に必要とされる公共交通のレベル」はどのように設定されるべきかが課題となる。それは単に利便性の議論ではなく、人々の社会参加あるいはその反面としての社会的排除の観点で捉える必要がある。

第2章では「交通の格差」について触れたが、それは食糧における「飢饉」がなぜ起きるのかという問題と類似性がある。食糧の総量が充分に供給されている下でも飢饉は起こりうるのであって、量的な不足が原因でなく配分の問題であることは経験的にも指摘されてきた。アマルティア・セン（一九九八年ノーベル経済学賞）はそれを「エンタイトルメント」の崩壊として定式化している。[63] 交通についても同様であり、道路と自動車には膨大な投資が行われた一方で、徒歩・自転車・公共交通への配分は乏しい。センは、人が自分の潜在能力を自分のしたいことに変換できる社会的に保証すべき条件として交通にも言及している。センの「貧困指標」を地域のモビリティ水準に適用して評価した研究もある。[64]

国土交通省では、市町村が生活交通の確保のためにバス運行計画を策定するに際して①採算性、②生活の質（QOL指標・暮らしやすさの満足度）、③顧客満足度（CS指標・交通サービスに対する満足度）、④平等性（ＥＱ指標・集落間の平等性）をシミュレーションするソフトを提供するなどの試みがある。[65] サービスレベルの平等性を検討する場合、例えば公共交通の運行頻度は高い方が望ましいとしても、大都市圏において鉄道が数分おきに運行されるのに対して地方都市・農村部でも同等のサービスレベルを提供することは現実的ではない。地域の生活実態に即していずれのレベルでバランスをとるかが問題となる。ＱＯＬは一般的な指標は提案されているものの、個人により何を重視するかは異なるので必ずしも客観的な評価はできない制約がある。また筆者は、分配の平等性を定量的に評価する手法として所得の分配等でしばしば用いられる「ジニ係数」を交通に適用し、山形県山形市・茨城県水戸市・東京都練馬区を事例に、地域公共交通に対する居住場所によるアクセスの偏在、すなわち「便利な人」と「不便な人」の格差の定量化を試みた。[66]

同じく国土交通省は、地域公共交通の「サービスのアクセシビリティ指標」を提示している。[67] これは全国の自治体について、①空間的アクセシビリティ指標（可住地面積あたりの鉄道あるいはバス路線密度）、②時間的アクセシビリティ指標（鉄道あるいはバスの総走行km／鉄道あるいはバス路線の長さ・結果的に運行頻度となる）、③総合アクセシビリティ指標（①と②の積）、④金銭的アクセシビリティ指標（市町村の平均所得指数で基準化したkmあたりの運賃の逆数）により評価した報告である。各々の自治体について求めた①から④の指標の全国平均値を算出し、各々の自治体が同一類型の自治体に対して公共交通アクセシビリティが平均に対しどのレベルにあるのかを視覚化している。これにより各々の自治体が、類似条件にある自治体と比較して公共交通がどのレベルにあるか、どのくらい改善を行うべきかの政策指標となる。また公共交通の供給効率性評価・行政負担の基礎数値を提供し、公共交通アクセシビリティをどのくらい改善するにはどのくらいの行政負担が必要となるかの推定を可能としている[68]。

海外鉄道政策

これまでも研究者・実務者をはじめ国の研究機関でも、海外での鉄道政策の紹介・分析等は数多くみられるが、情報提供にとどまり現実の国内政策として一向に具体化しない。こうした実態から本書では海外の鉄道政策には多くの紙数を割かないが、いくつか興味深いトピックスを紹介する。もとより海外がどこでも鉄道活用に成功しているのではないが、それでも民営化やそれに伴って生じた弊害を是正する動きがみられる。コロナによる輸送需要の低迷に悩まされている状況は各国とも共通であるが、そのまま鉄道の縮小を放置することはなく、鉄道を活用する政策がみられる。

鉄道の経営に関する基本的な指標である平均通過数量（前述・一日一㎞あたりの利用者数）は、EU圏で最も高いオランダで一万七〇〇〇人／日、EU圏平均では約五八〇〇人／日である（コロナ前[69]）。ことに三大都市圏で運行する大手民鉄、東海道新幹線を運行するJR東海は国際比較では特異的である。JR東日本ではローカル線まで平均しても約五万人／日（同じくコロナ前）である。JR三島会社（北海道・四国・九州）では約四〇〇〇～一万人／日、中小私鉄で約一万人／日である。一方でEU圏では、鉄道活用に積極的なドイツ・フランス等でも七〇〇〇～一万人／日であるから、日本のJR三

図10-5　日本とＥＵ圏の鉄道平均通過数量の比較

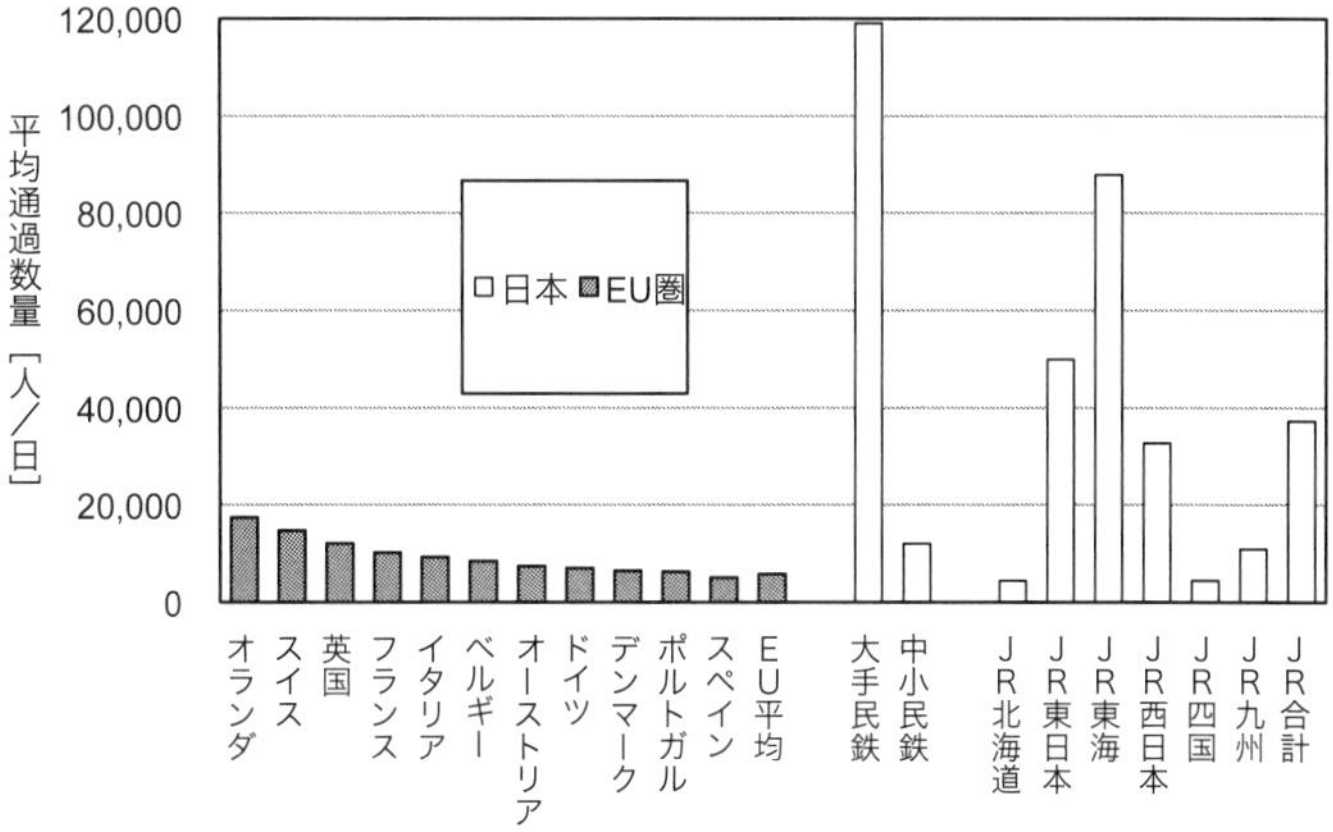

島会社に近い。これは第1章でも指摘したように採算性だけでは維持できないレベルである。すなわちＥＵ圏では日本より一けた少ない平均通過数量で鉄道ネットワークが維持されている。それは鉄道を社会的共通資本として位置づけているためである。国ごとの数値と日本との比較を図10―5に示す。

欧州の鉄道そのほか公共交通全体の政策は基本的に「ＰＳＯ（Public Service Obligation）」の考え方が共有されている。欧州でも一九八〇年代から新自由主義的な規制緩和政策が交通政策の分野にも導入されていることは確かである。地域交通の運行事業者を入札で選定するケースもあるが、その際に運行頻度や料金など一定のサービスレベルを維持する義務を定め、それが合理的な範囲で採算性を満たさない（いわゆる「赤字」）場合には公的補償が行なわれる。

スイスの「地域旅客輸送補填規則」では、一定のサービスレベルを確保するための公的補填の基準（シビルミニマム的な考え方）が適用されている。一日あたりの便数が一定基準に満たない路線は公共交通とみなさなれない。輸送量に応じ一定のサービスレベルを義務づける。平均通過数量五〇〇人／日以上の路線では一八往復／日に、すなわち人々の生活時間帯にすれば毎時一便のサービスレベルを規定する。事業者の努力による負担を超える分については公的補塡を行う。ただしこれを日本に適用した場合、現状のＪＲにサービスレベル義務を課すだけではむしろ路線廃止の加速になってしまうので、公的補塡の枠組みをどのように作るかが問題である。

いまＪＲ北海道の経営危機が注目されているが、経営環境が類似したスウェーデンの鉄道政策と比較する。スウェーデン国鉄（ＳＪ）は人口希薄かつ寒冷で広大な国土に路線網を有して性格的にＪＲ北海道と類似しているが、経営指標としてはＪＲ北海道より厳しい。ＳＪはＪＲ北海道の約四倍の路線網を保有するが、平均通過数量ではＪＲ北海道の約八割である。かりに日本の基準をあてはめれば国内の鉄道全廃に相当する。スウェーデンの経済政策には「市場経済領域（ビジネス・エコノミー）」と「社会経済領域（ソシオ・エコノミー）」を区分する考え方があり鉄道政策にも適用されている。

一九七〇年代のスウェーデンの鉄道政策では、商業的に成り立つ幹線系はビジネス領域としてＳＪが運営し、それ以外の線区で社会的に必要とされるが財政的支援がなければ成り立たない線区はソシオ領域として区分された。この領域に関して県（に相当する行政単位）がＳＪから輸送サービスを購入する形で損失を補助する方式が取られた。[70] ビジネスとソシオの境界はどこかを決めること自体が恣意的であるという批判もみられたが、スウェーデンの鉄道政策は政府が関与して公平性や環境配慮を達成しようとする姿勢を基本としている。これは日本とは全く異なる面である。

次いで一九九八年にはＥＵ発足を控えて大きな転換が実行された。ビジネスとソシオを区分する考え方は堅持されているが、さらに上下分離が実施されて「下」を担当するスウェーデン鉄道庁（BV）と「上」を担当する組織に分かれると同時にオープンアクセスが導入された。また交通体系の経済的・社会的・文化的・環境的な持続性を基本方針として、自動車から鉄道へのシフトを促す財政的配慮（道路より鉄道へのインフラ投資を重視）を伴っている。黒崎文雄（運輸調査局）は次のように述べている。

例えば、スウェーデンの国鉄改革［注・一九九八年の改革］は、鉄道と道路の競争基盤を平等にするイコール・フッティングの実現を目指して行われた。これに伴い、鉄道事業者が支払う線路使用料は維持管理費用の一二％程度に留まるものの、全国の鉄道路線の平均通過数量が二〇〇〇人に満たない厳しい輸送市場であっても、スウェーデンでは十分に快適な鉄道サービスが提供されている。欧州諸国は、低い人口密度と早くから進んだモータリゼーションのため、鉄道事業も非採算の歴史が長く、それを支える運営手法についても豊富な経験を有している。[71]

英国は鉄道発祥の地であり歴史的には国内の基幹路線も民営鉄道が主流を占めていたが、第一次・第二次世界大戦などの政治的経緯などから国有化が進められた。戦後は日本と同様に不採算路線が問題となり、日本よりも大規模な廃線も実施された。さらに新自由主義を進めるサッチャー政権以降の鉄道政策により、一九九三年から分割・民営化が実施された。基本的には上下分離すなわちインフラ保有・管理組織と運行組織の分離であるが、無秩序な細分化・アウトソーシング化によるトラブルが頻発した。インフラを担当するレールトラック社は二〇〇二年に破綻し、結局は公的機関が引き継ぐことになった。英国国鉄の民営化にかかわる問題についてはクリスチャン・ウルマーが著書で整理している[72]。

最近の状況は「英国政府はこの五月に〔中略〕英国鉄道に統一された責任あるリーダーシップを提供するための再生プログラムを公にした。その骨子は一九九三年の『鉄道法』施行以来続いている鉄道経営の細分化体制を国家の責任ある単一のリーダーシップに置き換えることにある。このため、関連業界を含む鉄道界全体の再編を監督する国家による単一の指針を設け、効率化を推進すると共に、鉄道を輸送部門における脱炭素の主役と位置付ける。従来運輸省、全ての列車運行会社を統括するRail Delivery Group、インフラ管理者等が管轄していた業務を「GreatBritish Railways」という新しい単一組織が統括する。ただし、ほとんどの旅客輸送サービスは民間の営業権取得業者が引き続き受け持つ。見込まれる成果として、新しい旅客サービスとチケット体系の提供、財務的に持続可能な鉄道、地域密着性の向上、脱炭素による環境適合性、貨物輸送の柔軟性・速達性の向上、労働力の革新及びシンプルな業界構造などが見込まれている。政府は今後数か月かけてステークホルダーと協議し、二〇二二年以降に法案を国会に提出する見込みである」[73]と報告されている。

ドイツでは「休止した鉄道路線の営業再開」として「本来は成長すべき分野であるにも関わらず、国の方針により縮小される分野が存在する。鉄道輸送はそのようなものの一つである。ドイツの政治は何十年間も鉄道輸送の成長を主張しつつ、同時に鉄道ネットワークの縮小も進めてきた（一九九四年以降、約六〇〇〇kmが休廃止された）。しかし今や、こうした政策は誤りであると考える人が増えている。二〇三〇年までに鉄道乗客数を倍増し、鉄道貨物輸送の市場占有率を少なくとも二五％にまで増やすことと、鉄道ネットワークを縮小することとは整合しない。多くの休廃止路線の営業再開を検討すべきである。もちろん、単に営業を再開するだけなく、デジタル化や電化を進めると同時に、必要であれば延伸も検討すべきである」[74]と報告されている。またドイツでは新規鉄道プロジェクト（日本の新幹線）が約一五〇〇km、既存線区の改良が約一〇〇〇km計画されている。

またフランスの例では「昨年一二月の法改正により、フランスではレジオンが域内の地方鉄道路線と支線の運用責任を担うことになった。これは主として輸送量の少ない路線を対象としたものであるが、地域圏行政府が望めば、これを機に路線の運用権限を国から地域圏へ移譲できることを意味する。運輸省とSNCF（フランス国鉄）インフラ部門もこれを是認している。これはマクロン大統領の地方分権化政策に沿ったものであり、さらなる法改正により鉄道網はフランス国鉄直轄路線、国と地域圏が共同で管理する路線、要望に応じて地域圏に移譲される路線の三カテゴリーに分割されることになる。これに伴い、SNCFグループの社員は期限付きで地域圏に配属替えとなる。地域圏に移譲された路線では、軽量化された燃料電池車両の導入、信号設備の簡素化、管理基準の見直しなどにより、コスト削減が見込まれる。移譲に際しては現在の路線分類との整合性、輸送量の推移、従来からの管理規約の変更など、さまざまな制約や検討事項があるが、政府のテコ入れにより着実に進行することになる」[75]と報告されている。なおフランスの地方政府はレジオン（日本の北海道・東北・信越・中部等のブロックの規模）・デパルトマン（都道府県相当）・コミューン（市相当）の三層制である。これを適用すれば、日本でＪＲの「本線」を名乗る幹線はおおむねレジオンの管轄に属することになる。

政策に関するまとめ

「はしがき」で触れたように、日本の「公共交通」は「乗り合わせ」を意味するだけで、公共システムとしては運営されていない。このため狭義の事業収益性、いわゆる「赤字」の評価だけで存在意義が否定され、いずれは公共交通全廃への一方通行を辿るだけになってしまう。これに対して本章で紹介したように、海外では政策的に公共交通を維持・拡充する試みが実施されている。究極の「車社会」である米国でさえも公共交通の無料化を試みる都市があり、公共交通は公共システムとして位置づけられている。また欧州圏では、気候変動対策に関心が高い背景もあり、以前から公共交通の維持・拡大に積極的である。

日本の鉄道は、定時性・効率性・安全性など総合的な信頼性においては今なお世界のトップクラスと評価できる。またバスも鉄道なみとはいえないまでも、鉄道に準じた信頼性を保ってきた。ところが一九八〇年代以降、鉄道・バスとも輸送量の少ない地域を中心に路線の休廃止が相次ぎ、辛うじて存続している路線でも減便などサービスレベルの低下が著しい。それが利用者の減少を招き、さらなるサービスレベルの低下につながる負のサイクルに陥っている。ことにバスに関しては、地方都市・農村部にとどまらず大都市圏でも減便・路線の休廃止が続出している。

また二〇二三年の「地域公共交通活性化法改正法」の運用により、地方路線の廃止に関してJRに実質的にフリーハンドが与えられた。日本の鉄道ネットワークの崩壊が加速し、新幹線と大都市圏の路線しか残らない状態を招くおそれが生じた。これまでも地方都市・農村部を中心に、自動車を自由に利用できない住民は日常の移動にも困難をきたしているが、その状況がますます加速する。高齢者の免許返納が呼びかけられる一方で、その受け皿となる代替的な移動手段に関する議論は乏しい。

ＭａａＳ・ＩＣＴ（第5章）などの情報通信技術や、ＢＲＴ・自動運転・デマンド交通（第6章）など新しいシステムの提唱もある。これらは各地域において適材適所を確認した上で導入するならば多少の効果はあるとしても、地域の移動手段を持続的に維持する目的に対しては本質的な対策ではない。たとえばシステムの導入時には公的な支援があるが、維持のための財源や体制が乏しく、結局は縮小・廃止につながる等の事例が少なからず見受けられるからである。逆にこうした構造面の対策がなされていれば、在来型の公共交通でも機能していたはずである。

「政策」とは一言でいえば「財源」の問題に帰着する。本章で触れたように、道路には莫大な財源が投入される一方で、公共交通の維持や改良は、国・地方自治体とも事業者まかせとなっている。公共交通に対する公的な支援は、道路財源に比べるとその端数・誤差ていどの額でしかない。本章でも例示したとおり、延長距離がわずか九㎞弱の高速道路の事業に七九二〇億円が投入される一方で、国として鉄道に対する欠損補助の制度はなく、バス等への運行補助は全国で年間三〇〇億円ていどにとどまる。日本の基幹的な鉄道ネットワークを担うＪＲ各社も民営化されて収益優先の運営が行われ、大都市圏での混雑は解消されない一方で、地方鉄道路線でのサービスレベルの低下が著しい。何のための民営化だったのかも改めて問われるべきである。

公共交通は、狭義の収益計算にはあらわれない多くの社会的便益をもたらしている。また広く捉えれば、日本国憲法で規定される基本的人権、すなわち言論や表現の自由、居住や職業選択の自由、学問の自由や教育を受ける権利、健康で文化的な生活、司法制度の利用などに対して、国民が誰でも普遍的にアクセスできるための社会基盤である。「頑張る地域を応援する」などという矮小化された位置づけで捉える課題ではない。持続的な社会の形成・維持に向けて、公共交通の議論が高まることを期待したい。

注

1 喜多秀行「社会的共通資本としての地域公共交通サービスの計画方法論」『第六五回土木計画学研究発表会・講演集』二〇二二年、CD—ROM版。
2 岡野行秀「国鉄改革とJR一〇年」『JR連合』一九九六年五月号、八頁。
3 佐藤信之『鉄道と政治』中公新書二六四〇、二〇二一年。
4 佐藤信之前掲書、二九四頁。
5 『朝日新聞』一九八六年五月二二日朝刊。
6 『朝日新聞』一九八六年一〇月二五日朝刊。
7 国土交通省告示「新会社がその事業を営むに際し当分の間配慮すべき事項に関する指針」二〇〇一年一一月七日。https://www.mlit.go.jp/notice/noticedata/sgml/2001/62aa2847/62aa2847.html?s=09
8 正式名称は「旅客鉄道株式会社及び日本貨物鉄道株式会社に関する法律」。https://elaws.e-gov.go.jp/document?lawid=361AC0000000088
9 正式名称「旅客鉄道株式会社及び日本貨物鉄道株式会社に関する法律の一部を改正する法律」。http://www.

shugiin.go.jp/internet/itdb_housei.nsf/html/housei/15120010622061.htm

10 加藤隼「JR九州完全民営化に向けた法整備―JR会社法の一部を改正する法律の成立―」。『立法と調査』参議院事務局企画調整室、二〇一五年、三七〇号、三八頁。

11 小宮一慶「JR九州上場と新国立競技場問題を考える　国民の税金を勝手に使わせてはならない」東洋経済オンライン、二〇一五年九月二日。http://toyokeizai.net/articles/-/82515

12 国土交通省鉄道局「鉄道事業者と地域の協働による地域モビリティの刷新に関する検討会について」。https://www.mlit.go.jp/tetudo/tetudo_tk5_000011.html

13 国土交通省鉄道局・鉄道事業者と地域の協働による地域モビリティの刷新に関する検討会「地域の将来と利用者の視点に立ったローカル鉄道の在り方に関する提言～地域戦略の中でどう活かし、どう刷新するか」二〇二二年七月。https://www.mlit.go.jp/tetudo/content/001492230.pdf

14 前出「提言」一頁。

15 前出「提言」三一頁。

16 前出「提言」三一頁。

17 国土交通省総合政策局「持続可能な公共交通を目指して」二〇一五年二月。http://www.ecomo.or.jp/environment/bus/pdf/bus-6th_seminar_mlit.pdf

18 中瀬亮太・青木保親・葉健人・土井健司「公共交通多様性の観点による交通体系の定量的評価と持続可能性に関する研究」土木計画学研究・講演集、六五巻（CD―ROM）二〇二二年六月。

19 国土交通省「『地域公共交通の活性化及び再生に関する法律等の一部を改正する法律案』を閣議決定～地域公共交通『リ・デザイン』（再構築）に向けて～」二〇二三年二月一〇日。https://www.mlit.go.jp/report/press/sogo12_hh_000292.html

20 『中国新聞』「[半分以上残すことになるのでは」ローカル線見直し協議対象巡り国交相」二〇二二年八月一一日。https://www.chugoku-np.co.jp/articles/-/200437

21 全国知事会「全国的な鉄道ネットワークの方向性及び財政支援等に係る要請」二〇二二年一一月八日。https://www.nga.gr.jp/ikkrwebBrowse/material/files/group/2/03%2020221108%20tetudou%20youseibun.pd

22 佐藤信之『コミュニティ鉄道論』交通新聞社、二〇〇七年、一八七頁。

23 宇都宮浄人「私の視点」『朝日新聞』二〇一七年七月一日。

24 福井市・勝山市・あわら市・坂井市・永平寺町「えちぜん鉄道公共交通活性化総合連携計画」二〇一二年三月、四一ページ等より。

25 国土交通省鉄道局「鉄道プロジェクトの評価手法マニュアル（二〇一二年改訂版）」。https://www.mlit.go.jp/tetudo/tetudo_fr1_000040.html

26 （一畑電車）一畑電車沿線地域対策協議会「一畑電車支援計画」二〇一一年七月。https://www.pref.shimane.lg.jp/admin/region/access/tetudo/ichibata.data/keikaku.pdf

（富山ライトレール）富山港線路面電車化検討委員会「富山港線路面電車化に関する検討報告書」二〇〇四年二月。http://sustran-japan.eco.coocan.jp/datafile/CBA_toyama.pdf

（和歌山電鐵）ＷＣＡＮ貴志川線分科会「貴志川線存続に向けた市民報告書〜費用対効果分析と再生プラン〜」。https://web.wakayama-u.ac.jp/~ktjapanw/wcankishigawa0501.pdf

（いすみ鉄道）千葉県「いすみ鉄道費用対効果分析調査結果概要」。https://www.pref.chiba.lg.jp/koukei/shingikai/isumi/documents/isumisankou18.pdf

環境自治体会議環境政策研究所（自主研究）

（日立電鉄）①「日立電鉄線存続に向けた市民報告書」二〇〇四年八月。http://sustran-ひjapan.eco.coocan.jp/datafile/CBA_hitachi.pdf

（名古屋鉄道岐阜市内線・路面電車）②「岐阜地区新鉄道費用便益分析評価概要書」二〇〇六年二月。ただし既存の市内線・路面電車をそのまま存続するのではなくリニューアルする前提での試算。http://sustran-japan.eco.coocan.jp/datafile/CBA_gifu.pdf

（秋田内陸縦貫鉄道）③「秋田内陸縦貫鉄道費用便益再検討」二〇〇九年二月。http://sustran-japan.eco.coocan.jp/datafile/CBA_nairiku.pdf

27 奥嶋政嗣「人口減少地域における公共交通維持による社会的便益の計測方法についての整理」『日交研シリーズ』A―八一一、日本交通政策研究会、二〇二一年、四五頁。

28 上岡直見『鉄道は誰のものか』緑風出版、二〇一六年、一六二頁。

29 「提言」三二頁。

30 西村和記・土井勉・喜多秀行「社会全体の支出抑制効果から見る公共交通が生み出す価値―クロスセクターベネフィットの視点から―」『土木学会論文集D３（土木計画学）』七〇巻五号、二〇一四年、Ⅰ―八〇九頁。

31 近江鉄道沿線地域公共交通再生協議会「近江鉄道沿線地域公共交通網形成計画策定基礎調査業務［クロスセクター効果分析調査報告書］」二〇二〇年三月。https://www.pref.shiga.lg.jp/file/attachment/5182624.pdf

32 「提言」三四頁。

33 辻紳一『道の駅の経営学―公共性のある経営体の持続可能性を求めて―』大阪公立大学出版会、二〇二二年、ⅰ頁。

34 鶴通孝「三陸鉄道の希望」『鉄道ジャーナル』六五八号、二〇二一年八月、二〇頁より、元田良孝（元岩手県立大学教授、交通工学）コメント。

35 総務省ウェブサイト「地方交付税制度の概要」。https://www.soumu.go.jp/main_sosiki/c-zaisei/kouhu.html

36 国土交通省関東地方整備局「神奈川県圏央道連絡調整会議（第四回）開催結果について」（前出）。https://www.ktr.mlit.go.jp/ktr_content/content/000846574.pdf

37 「提言」四二頁。

38 宮田和保「JR北海道の現状と課題」『JR３０年を問うシンポジウム』二〇一七年三月二八日資料より。

39 宇都宮・阿部・大塚の提案は「JR北海道、資金不足危機からの大胆再建案」『東洋経済オンライン』二〇一七年三月二七日より。http://toyokeizai.net/articles/-/164305

40 NHK NEWS WEB「長期間不通になっている路線」その他より、二〇二三年一月末現在。https://www3.nhk.or.jp/news/traffic/interruption.html

41 種村直樹「レールウェイ・レビュー」『鉄道ジャーナル』第二五六号、一九八八年二月、一二二頁。

42 上岡直見『乗客の書いた交通論』北斗出版、一九九四年、二八六頁

43 『日本経済新聞』「新幹線、移ろう誘致熱　静岡知事［リニアは存亡の危機］」二〇二三年一月二九日。https://www.nikkei.com/article/DGXZQOCC0539T0V00C23A1000000/

44 読売新聞「東九州新幹線を議論　整備推進期成会、ルート巡りシンポ」二〇二三年二月一日。https://www.yomiuri.co.jp/local/oita/news/20230131-OYTNT50156/

45 『京都新聞』「（社説）北陸新幹線延伸　懸念増す京都縦断、再考を」二〇二三年二月五日。

46 国土交通省「交通政策基本計画小委員会」。http://www.mlit.go.jp/policy/shingikai/s304_koutuuseisaku01.html 第七回資料（加藤博和委員）二〇二〇年二月六日。http://www.mlit.go.jp/policy/shingikai/content/001328260.pdf

47 「ローカル線は維持できるか　JR東日本社長らに聞く」『日本経済新聞』二〇二二年九月五日

48 大野秀敏・佐藤和貴子・齋藤せつな『〈小さい交通〉が都市を変える―マルチ・モビリティ・シティをめざして』（前出）。

49 （株）シンクトゥギャザー社ウェブサイト。https://www.ttcom.jp/ecom-8/ecom-8-2/

50 吉田樹「高齢者が［安心しておでかけできる］地域社会に向けて」『交通工学』五七巻四号、四頁、二〇二二年。

51 トヨタ「C＋pod」。https://toyota.jp/cpod/

52 原田昇「［歩けなくても暮らせる］交通まちづくり〜おでかけ支援×集いの［場］の構築」『第二回人生百年時代の包摂と支援の生活環境をつくる　コンパクトシティの住環境再考』二〇一八年一一月一九日。http://up.t.u-tokyo.ac.jp/SpecialSeminar/documents/20181119harata.pdf

53 大野秀敏・佐藤和貴子・齋藤せつな『〈小さい交通〉が都市を変える』NTT出版、二〇一五年。

54 松山市「広報まつやま」二〇一七年一一月一日。https://www.city.matsuyama.ehime.jp/shisei/koho/khm/khm/khm2017/kouhou20171101.files/20171101-01.pdf

55 姫路市「大手前通り再整備事業概要」。https://www.city.himeji.lg.jp/shisei/cmsfiles/contents/000000/118/seibigaiyou.pdf

56 早川洋平「世界の潮流から外れる日本の自転車政策―ドグマ化した車道通行原則と非科学的な政策形成」『交通権』三六号、二〇一九年一二月、四三頁。

57 千代田区「自転車走行空間整備状況図」。https://www.city.chiyoda.lg.jp/documents/27387/setsubi-jokyo.pdf

58 警視庁「自転車ナビマーク・ナビライン」。https://www.keishicho.metro.tokyo.jp/kotsu/jikoboshi/bicycle/menu/navimark.html

59 『日本経済新聞』「自転車が首都高を走行　ウーバー配達員か」二〇二〇年五月一三日ほか各社報道。

60 ただしブータンのGNHは、客観的な指標や国際間の比較として用いるには適切でない等の批判もある。

61 林良嗣・森田紘圭・竹下博之・加知範康・加藤博和編『交通・都市計画のQOL主流化』明石書店、二〇二一年、二一頁。

62 国土交通省「国土数値情報ダウンロードサービス」。http://nlftp.mlit.go.jp/ksj/index.html
総務省「地図でみる統計（統計ＧＩＳ）」。http://e-stat.go.jp/SG2/eStatGIS/page/download.html
経済産業省「商業統計メッシュデータ」。http://www.meti.go.jp/statistics/tyo/syougyo/mesh/download.html
等より整理。

63 絵所秀紀・山崎幸治『アマルティア・センの世界』晃洋書房、二〇〇四年、八八頁。

64 吉田樹・秋山哲男・竹内伝史「地域モビリティの計測と生活交通サービスの評価」第三三回土木計画学研究発表会・講演集ＣＤ―ＲＯＭ版、二〇〇六年六月。

65 国土交通省「WEBComPASS（コンパス）・ComMASS（コンマス）とは?」。https://wwwtb.mlit.go.jp/chugoku/kousei/compassqa.pdf

66 上岡直見「公共交通における平等性の数量評価試論」『交通権』三六巻、二〇一九年、九二頁。https://www.jstage.jst.go.jp/article/kotsuken/2019/36/2019_92/_article/-char/ja

67 国土交通省総合政策局「地域公共交通の「サービスのアクセシビリティ指標」評価手法について（試算と活用方法）～第二版～」二〇一七年四月。http://www.mlit.go.jp/common/001180055.pdf

68 家田仁・今岡和也・白熊良平・井藤俊英・野地寿光「地域公共交通サービスにおける時間的・空間的アクセシビリティ評価の試み（前編・後編）」『運輸と経済』二〇一四年三月、九三頁、同四月、一四九頁。

69 European Comission, Statistical pocketbook 2021, pb2021-section23.xlsxhttps://transport.ec.europa.eu/media-corner/publications/statistical-pocketbook-2021_en

70 堀雅通『現代欧州の交通政策と鉄道改革』税務経理協会、二〇〇〇年、二五頁、堀雅通「スウェーデンにおける交通政策の展開と鉄道改革」『運輸と経済』六六巻一一号、五二頁、二〇〇六年など。

71 黒崎文雄「検証と模索を続ける欧州の鉄道政策」運輸調査局「研究員の視点」二〇一三年。http://www.itej.or.jp/assets/seika/shiten/shiten_144.pdf

72 クリスチャン・ウルマー、坂本憲一訳『折れたレール―イギリス国鉄民営化の失敗』ウェッジ、二〇〇二年。

73 公益財団法人鉄道総合技術研究所「綻びた鉄道システムの修復」『海外鉄道技術情報』二〇二一年一〇月、八頁。https://www.rtri.or.jp/publish/wrt/2021/sdd6bj000009x6d-att/sdd6bj000009x8x.pdf

74 公益財団法人鉄道総合技術研究所「休止した鉄道路線の営業再開」『海外鉄道技術情報』二〇二二年一月、六頁。https://www.rtri.or.jp/publish/wrt/2022/wrt202201.pdf

75 公益財団法人鉄道総合技術研究所「フランス地域圏における地方路線の再生」『海外鉄道技術情報』二〇二一年七月、五頁。https://www.rtri.or.jp/publish/wrt/2021/sdd6bj000008k83-att/sdd6bj000008kan.pdf

あとがき

日本の鉄道一五〇年の歴史の中で「時刻表が薄くなった」のは戦時中のみである。物資の欠乏で薄くせざるをえなかったのであるが、本質的な問題は人々の移動の自由が制約されたことである。移動の自由の制約は、居住・職業・生活・思想や言論・教育などあらゆる権利の制約と密接に関連する。いま戦時中に匹敵する重大な危機が日本の鉄道に訪れている。第1章で触れたように国交省は「鉄道事業者と地域の協働による地域モビリティの刷新に関する検討会」を開催し、輸送量の少ないローカル線について今後のあり方を検討する協議会の設置を推進する「提言」を公表した。

次いで二〇二三年二月にはそれを制度化する「地域公共交通活性化法改正法」が閣議決定された。法案通り可決・施行された場合、重大な影響が予想される。国土交通省では「利便性・持続可能性・生産性の高い地域公共交通ネットワークへの『リ・デザイン』（再構築）」と称しているが、内容的には廃止へ誘導する施策が列挙されている。言いかえれば鉄道事業者（主にはＪＲ）に不採算路線廃止のフリーハンドが与えられた。当面は輸送量の少ない線区から着手されるであろうが、やがて次々と範囲が拡大し、加速度的に鉄道ネットワークの崩壊が起きる（「はしがき」参照）。

もとより将来的な人口動態の推移から、鉄道にかぎらず公共交通全般の経営環境が厳しくなることは以前から予想されており、それがコロナの影響で一回り早まったに過ぎないともいえる。しかし、いずれ来るべきその事態に対して、何らかの具体的な対策が検討されてきたのかといえば、そうとは思われない。二〇〇〇年以降だけでも全国でJRや中小民鉄の地方鉄道路線が一二〇〇km弱の鉄道路線が廃止されているが、それに対して国や自治体は有効な対策を講じてこなかった。

「輸送量が少ないからバス（鉄道以外の他のモード）でよい」という提案は一見現実的に思われるが、他のモードに転換したところで現在の交通政策の下では持続性がない。短期的な「赤字額」が縮小したとしても採算性で評価しているかぎりはいずれバスも廃止される。鉄道からバス転換した多くの地域では、ほぼ例外なく利用者が鉄道時代より減少し、地域により時間差はあるがバスも縮小・廃止の道を辿ってきた。全国的な話題に上る機会が少ないが実はバスもかなり危機的であり、二〇〇〇年以降の累積で六一万六〇〇〇kmのバス路線が休廃止となっている。バス転換は実質的には公共交通全廃への一方通行である。

最近のJRの姿勢にも疑問を抱かざるをえない。JRにとって誰が「お客さま」なのか。ダイヤ改正のたびに減便・減車が続き、積み残しが発生しても「詰めて乗ればいい」といって地元の苦情に耳を貸さない（第3章）。無人駅が増えてトイレも待合室も撤去される。地域の住民はJRにとって「お客さま」には含まれていないのか。これに対して第三セクターのえちぜん鉄道では駅やトイレの整備に力を入れた結果、発足当時から通勤定期客が倍増した。社会と鉄道の第一の接点は「駅」である。駅を重視しない鉄道に未来はない。

一方で廃止協議の対象となるようなローカル線の多くは、車窓が風光明媚である。JR各社はそうした路線に一人あたりの料金が数十万円から百万円超のクルーズトレインを運行している。JR西日本の長谷川一明社長は鉄道の将来像について「鉄道そのものを旅をいざなう乗り物にしていくことも重要です。メタバース［注・コンピュータの中に構築された三次元の仮想空間］のようなバーチャルな空間を車内に組み込む発想があってもいいでしょう」と語っている[1]。しかしこれらは地域の住民が期待する鉄道の機能とは全く無縁である。

一方で市民の意識として「都市部の鉄道利用者が負担した運賃収入がローカル線の維持に使われるのは不当だ」という言説がしばしば聞かれる。しかしこれは誤認である。「営業係数（一〇〇円の営業収入に対する営業費用の額）が一万円を超える」といった極端な線区の例が興味本位に取り上げられるが、第1章で述べたように額として日本の鉄道全体に占める割合はわずかである。これまで多くの地方鉄道路線が廃止されたが、大都市の鉄道利用者の利益（値下げ、混雑解消、利便性向上など）として還元された実績があるだろうか。

ここで携帯電話（スマートフォン）を考えてみよう。これらはユーザーが所持する機器同士が通信しているのではなく、背後で基地局・サーバーなど膨大なシステムの稼働が必要である。いま過疎地でも至る所に基地局が設置されている。その「コスト」を地域別として計算すれば過疎地では一通話が何万円にも相当するだろう。鉄道のローカル線と同じ関係である。しかし実際にはそのような料金が課金されることはなく、システム全体として大都市のユーザーが過疎地のユーザーを補助して全国的なネットワークが成り立っている。「自分は都市内での通話にしか使わないのに過疎地の費用を負担するのは不当だ」という批判は聞いたことがない。

近年は一般市民が貨物列車を目にする機会は減っているが、第8章で降れたように、ウクライナ戦争に関連して鉄道を防衛装備の輸送に活用しようと提唱する政治家も現れた。しかし鉄道貨物輸送は車両（機関車・貨車）と線路だけでは機能せず、荷扱い設備など輸送拠点のインフラが必要である。国鉄分割民営の過程で、明治以来蓄積してきた貴重なインフラを民間に売り飛ばしておきながら、今になって防衛に利用しようとは、まさに鉄道に対する国の無策、政治家の無理解を象徴している。

このように問題は多岐にわたり一見複雑であるが、政策面からみれば本質は単純ではないだろうか。すなわち財源配分の偏りである。第9章で降れたようにリニア中央新幹線は、東京（品川）～名古屋間で当初は三兆五〇〇〇億円とされていた事業費がすでに五兆円に膨張し、最終的には大阪開業までに一五兆円に達するのではないかとも予想する論者もある。コロナの影響で当初の収支見通しは崩れているが、それには全く斟酌なく工事は続けられている。

しかもリニアは民間企業としてのJR東海の自主事業とされていたのに、法律を改正して抜け穴を作り、本来は民間企業に適用できない財政投融資を投入して三兆円の資金を援助している。また道路に関しては、一例であるが神川県内の十数kmの高速道路事業（これも地下トンネル）に対して一兆三六二〇億円（二〇二三年三月現在）の事業費が計上されている。それでも開業の見通しが立たず、さらに事業費が膨張する可能性がある。財源はそれぞれ異なるとはいえ、同じ交通投資の中で余りにもバランスを欠く。こうした金額の五％でも在来線の維持・改善に振り向ければ、明治以来築き上げてきた鉄道ネットワークが維持される。

しばしば「郷愁でローカル線は残らない」との言説がみられるが、そのような制約を設ける正当な根拠が説明されたことはない。それは最初から「廃止ありき」の議論である。ローカル線の廃止は郷愁の面だけではなく、より広範な問題をもたらす。それは国の「かたち」が壊れることである。「かたち」とは物理的な路線ネットワークだけではない。環境・文化・暮らし・地域のあり方までかかわる総合的な概念である。いま注目されているSDGsの理念にも深く関連する。SDGsは単に全体・総量としての成長をめざすのではなく、また狭義の環境問題にも限定されず、一人ひとりのQOL（暮らしの質）にも注目し、格差を緩和し誰一人取り残さないことに重点が置かれているからである。

これまで緑風出版から何冊も本を出していただいたが、本書も緑風出版の高須次郎氏・高須ますみ氏・斎藤あかね氏にご尽力いただいた。改めてお礼を申し上げたい。

注

1　佐藤嘉彦ほか「JR西日本社長に聞く　JR発足以来の分岐点、個別最適から協調へ」『日経ビジネス』二〇二二年一〇月三日。https://business.nikkei.com/atcl/NBD/19/special/01239/

[著者略歴]

上岡直見（かみおか　なおみ）
1953年 東京都生まれ
環境経済研究所 代表
1977年 早稲田大学大学院修士課程修了
技術士（化学部門）
1977年～2000年 化学プラントの設計・安全性評価に従事
2002年～2022年 法政大学非常勤講師（環境政策）
連絡先 sustran-japan@nifty.ne.jp

［著書］
『乗客の書いた交通論』（北斗出版、1994年）、『クルマの不経済学』（北斗出版、1996年）、『地球はクルマに耐えられるか』（北斗出版、2000年）、『自動車にいくらかかっているか』（コモンズ、2002年）、『持続可能な交通へ—シナリオ・政策・運動』（緑風出版、2003年）、『市民のための道路学』（緑風出版、2004年）、『脱・道路の時代』（コモンズ、2007年）、『道草のできるまちづくり（仙田満・上岡直見編）』（学芸出版社、2009年）、『高速無料化が日本を壊す』（コモンズ、2010年）、『脱原発の市民戦略（共著）』（緑風出版、2012年）、『原発避難計画の検証』（合同出版、2014年）、『走る原発、エコカー——危ない水素社会』（コモンズ、2015年）、『鉄道は誰のものか』（緑風出版、2016年）、『JRに未来はあるか』（同、2017年）、『Ｊアラートとは何か』（同、2018年）、『日本を潰すアベ政治』（同、2019年）、『自動運転の幻想』（同、2019年）『原発避難はできるか』『新型コロナ禍の交通』（同、2020年）『自動車の社会的費用・再考』（同、2022年）など。

時刻表《じこくひょう》が薄《うす》くなる日《ひ》

2023年5月25日　初版第1刷発行　定価2700円＋税

著　者　上岡直見©
発行者　高須次郎
発行所　緑風出版
〒113-0033　東京都文京区本郷2-17-5　ツイン壱岐坂
［電話］03-3812-9420　［FAX］03-3812-7262［郵便振替］00100-9-30776
［E-mail］info@ryokufu.com［URL］http://www.ryokufu.com/

装　幀　斎藤あかね
制　作　R 企 画　印　刷　中央精版印刷
製　本　中央精版印刷　用　紙　中央精版印刷　E1200

ISBN978-4-8461-2306-2　C0036

自動運転の幻想

上岡直見著

四六判上製
二三二頁
2500円

自動運転は自動車や交通に関わる諸問題を解決できると期待が高まっている。自動車メーカーの開発も急ピッチだ。本当にそうなのか？　本書は自動運転の技術問題と交通問題を多角的な視点から分析、自動運転の限界と幻想を指摘。

ＪＲに未来はあるか

上岡直見著

四六判上製
二六四頁
2500円

国鉄民営化から三十年、ＪＲは赤字を解消して安全で地域格差のない「利用者本位の鉄道」「利用者のニーズを反映する鉄道」に生まれ変わったか？　ＪＲの三十年を総括、様々な角度から問題点を洗いだし、ＪＲの未来に警鐘！

鉄道は誰のものか

上岡直見著

四六判上製
二二八頁
2500円

日本の鉄道の混雑は、異常である。混雑解消に必要なことは、鉄道事業者の姿勢の問い直しと交通政策、政治の転換である。混雑の本質的な原因の指摘と、存在価値を再確認する共に、リニア新幹線の負の側面についても言及する。

Ｊアラートとは何か

上岡直見著

四六判上製
二七二頁
2500円

今にもミサイルが飛んでくるかのようにＪアラートが鳴らされ、国民保護訓練がなされた。そんなことで国民を護れるのか。朝鮮半島の緊張緩和に向けた模索が続く今、社会的・経済的・技術的な事実に基づく保護政策が求められる。

日本を潰すアベ政治

上岡直見著

四六判上製
三〇四頁
2500円

「日本を取り戻す」を標榜する安倍政権だが、その政策は米国追従かと思えば旧態依然の公共事業のバラマキ、消費税引き上げなど、支離滅裂である。本書では、防災、原子力、経済、防衛、教育など各分野でその誤りを指摘する！

持続可能な交通へ

～シナリオ・政策・運動

上岡直見著

四六判上製
三〇四頁
2400円

地球温暖化や大気汚染など様々な弊害……。クルマ社会批判だけでは解決にならない。脱クルマの社会システムと持続的に住み良い環境作りのために、生活と自治をキーワードに、具体策を提言。地方自治体等の交通関係者必読！

日本を壊す国土強靭化

上岡直見著

四六判上製
二八四頁
2500円

自民党の推進する「防災・減災に資する国土強靭化基本法案」を総点検し、公共事業のバラマキや、原発再稼働を前提とする強靭化政策は、国民の生命と暮らしを脅かし、国土を破壊するものであることを、実証的に明らかにする。

市民のための道路学

上岡直見著

四六判上製
二六〇頁
2400円

今日の道路政策は、クルマと鉄道などの総合的関係、地球温暖化対策との関係などを踏まえ、日本の交通体系をどうするのか、議論される必要がある。本書は、市民のために道路交通の基礎知識を解説し、「脱道路」を考える入門書！

脱原発の市民戦略

真実へのアプローチと身を守る法

上岡直見、岡將男著

四六判上製
二七六頁
2400円

脱原発実現には、原発の危険性を訴えると同時に、原発は電力政策やエネルギー政策の面からも不要という数量的な根拠と、経済的にもむだということを明らかにすることが大切。具体的かつ説得力のある市民戦略を提案。

地域における鉄道の復権

持続可能な社会への展望

宮田和保・桜井徹・武田泉編著

A5判上製
三二〇頁
3200円

本書は、JR北海道の危機的状況にたいして、新自由主義による従来の「分割・民営化」路線の破綻を総括・批判し、「持続可能な社会」の考え方を基本に、鉄道路線の存続・再生、地域経済・社会の再生の道を提起する。